O ASSASSINO DO ZODÍACO

SAM WILSON

O ASSASSINO DO ZODÍACO

Tradução

Gilson César Cardoso de Sousa

JANGADA

Título do original: *Zodiac.*

Publicado originalmente por Penguin Books, Ltd., Londres.

1ª edição 2018.

4ª reimpressão 2020.

Editor: Adilson Silva Ramachandra
Editora de texto: Denise de Carvalho Rocha
Gerente editorial: Roseli de S. Ferraz
Produção editorial: Indiara Faria Kayo
Editoração eletrônica: Join Bureau
Revisão: Vivian Miwa Matsushita

Dados Internacionais de Catalogação na Publicação (CIP)
(Câmara Brasileira do Livro, SP, Brasil)

Wilson, Sam
Assassino do zodíaco / Sam Wilson; tradução Gilson César Cardoso de Sousa. – São Paulo: Jangada, 2018.

Título original: Zodiac.
ISBN 978-85-5539-100-2

1. Ficção policial e de mistério (Literatura inglesa) I. Título.

17-11232 CDD-823.0872

Índice para catálogo sistemático:

1. Ficção policial e de mistério: Literatura inglesa 823.0872

Jangada é um selo editorial da Pensamento-Cultrix Ltda.

Direitos de tradução para o Brasil adquiridos com exclusividade pela
EDITORA PENSAMENTO-CULTRIX LTDA., que se reserva a
propriedade literária desta tradução.
Rua Dr. Mário Vicente, 368 — 04270-000 — São Paulo, SP
Fone: (11) 2066-9000
http://www.editorajangada.com.br
E-mail: atendimento@editorajangada.com.br
Foi feito o depósito legal.

PARA TONY, DIANA E KERRY

PREZADO LEITOR:

O Assassino do Zodíaco é um romance policial ambientado em uma versão da América dividida por signos astrológicos em vez de raça ou religião. Nela, o dia e a hora do nascimento determinam o lugar da pessoa na sociedade. Nada é preto no branco. Não há um governo central perverso e controlador, nem bairros exclusivos para cada signo.

A distopia é um pouco mais sutil. A segregação está profundamente enraizada, o que torna difícil eliminá-la. Se a pessoa nasceu Taurina; se brincou na infância em um parquinho com crianças Taurinas; se outros Taurinos a fazem se sentir bem porque a veem como um dos seus, enquanto os demais a tratam com desconfiança... então, para que mudar a situação? Para que discutir a questão da identidade?

Moro na África do Sul, onde problemas com raça, classe e cultura não podem ser ignorados. Quando me ocorreu a ideia para este livro, ela me pareceu tão óbvia que, não tive dúvida, alguém já devia ter escrito a respeito. Afinal, a Astrologia é uma maneira de separar pessoas que quase todos entendem, mas não pressupõe a bagagem emocional de raça ou religião. Não se trata de preconceito (embora eu conheça pessoas que não quiseram sair com alguém ou mesmo contratar essa pessoa por causa de seu signo). Vi nisso algo com que poderia me entreter e que, ao mesmo tempo, me dava a oportunidade de explorar a discriminação e a intolerância sem oferecer respostas prontas. Além do mais, a ideia me permitia inventar um mundo novo. Como essa sociedade funcionaria? Que tipo de evolução histórica levaria a semelhante panorama? De que modo as pessoas garantiriam que seus filhos nascessem sob o signo certo? Que pressupostos afetariam uma investigação criminal? E o que induziria alguém a matar?

Eis a grande questão para o detetive Jerome Burton. Quando o chefe de polícia é morto, e a única testemunha é sequestrada, Burton recebe a ajuda da astróloga Lindi Childs para resolver o caso. Lindi é uma Aquariana liberal, ao passo que Burton é um conservador Taurino. Lindi busca respostas nas estrelas; Burton é pragmático. Os dois são incompatíveis, mas precisam trabalhar juntos porque tudo, no céu e na terra, converge para um implacável assassino que executa um plano celestial.

O tempo urge. Os signos se hostilizam. E, a cada nova morte, a cidade se aproxima mais e mais da própria ruína...

Sam Wilson

BEM-VINDO A SAN CELESTE...

Capricórnio
Terra

22 de dezembro – 20 de janeiro

Os Verdadeiros Capricornianos podem formar o menor grupo na cidade, mas são suas estrelas mais brilhantes, que controlam a maior parte de sua riqueza e instituições. Os Neocapricornianos – filhos de pais de outros signos – costumam ser muito desprezados pelos Verdadeiros Capricornianos.

Aquário
Ar

21 de janeiro – 19 de fevereiro

Liberais, modernos: são profissionais criativos, estilistas, arquitetos, *freelancers* com bolsa de notebook a tiracolo e coleções de discos de vinil. Embora úteis à sociedade, consideram-se pessoas à parte, diferentes da maioria.

Peixes
Água

20 de fevereiro – 20 de março

Hippies e "espíritos livres", produtivos de vez em quando. Muitos são artistas, viciados ou pretensos videntes. Em geral, não são considerados empregáveis, mas contam com forte apoio familiar.

Áries
Fogo

21 de março – 20 de abril

O submundo da cidade: violentos, incontroláveis e não empregáveis. Boa parte deles mora em uma grande e perigosa área miserável conhecida como Ariesville.

Touro
Terra

21 de abril – 20 de maio

Leais, confiáveis e realistas – mantêm a cidade em movimento. Muitos deles trabalham em instituições do setor público, como a polícia.

Gêmeos
Ar

21 de maio – 20 de junho

São os *yuppies* comunicativos de San Celeste, amantes dos prazeres da vida. Com sua lábia e flexibilidade moral, muitos desses malandros enriqueceram nas áreas de publicidade e vendas.

... ONDE AS ESTRELAS SEMPRE BRILHAM.

Câncer
Água

21 de junho – 21 de julho
O maior grupo da sociedade. Pessoas sensíveis, que defendem o *status quo* e desempenham os mais diversos cargos de administração, pois são consideradas naturalmente confiáveis.

Leão
Fogo

22 de julho – 22 de agosto
O rugido desses caras ecoa! Formam um grupo pequeno, mas muito ruidoso, bem em sintonia com os Cancerianos. Também conservadores, trabalham em geral como artistas, políticos e gurus.

Virgem
Terra

23 de agosto – 22 de setembro
Tendem a ser introvertidos e obsessivos. É comum vê-los trabalhando como engenheiros e administradores de sistemas. Têm vasta cultura em ficção científica e fantástica.

Libra
Ar

23 de setembro – 22 de outubro
Conhecidos como "gente do povo". Trabalham quase sempre na área de serviços. Qualquer emprego que exija um sorriso em vez de uma estratégia de vendas agressiva é oferecido a um Libriano.

Escorpião
Água

23 de outubro – 21 de novembro
Os nativos de Escorpião serão a nova elite? Mais agressivos e gananciosos que os Capricornianos, e conhecidos centralizadores, acumulam rapidamente *status* e poder.

Sagitário
Fogo

22 de novembro – 21 de dezembro
Ao lado dos Aquarianos, compõem a outra metade da classe média com tendências esquerdistas. Encontrados muitas vezes nas áreas da educação ou da filantropia, afirmam ter coração de ouro.

CAPÍTULO UM

Rachel ia chegar atrasada no primeiro dia de trabalho, mas a culpa não era dela. A lavanderia da Gull Street só abria às oito da manhã, e o gerente da Serviço Expresso de Arrumadeira insistia em que seus uniformes estivessem sempre limpinhos, embora cada funcionária só tivesse uma troca. Ela trabalhara até tarde na noite anterior, em uma festa de quadragésimo aniversário numa casa Sagitariana em West Skye, e um retardatário embriagado havia derrubado acidentalmente um pouco de guacamole no avental branco, após uma tentativa meio desajeitada de passar uma cantada nela.

– Ainda bem que está vestindo isso aí – dissera o bêbado, procurando disfarçar seu embaraço. Ignorava que a jovem não poderia aparecer no dia seguinte na casa de um novo cliente com o uniforme sujo. Após quatro horas de um sono agitado, ela havia saltado da cama antes que a lavanderia abrisse e correra para lavar a roupa. Sentara-se diante da máquina e ficara olhando as peças girarem lá dentro, enquanto o tempo voava, aproximando-se das nove – hora em que Rachel deveria estar na casa do novo cliente.

Esperou o máximo que pôde, interrompendo então o ciclo de secagem, e foi para o banheiro da lavanderia a fim de pôr o uniforme. Só percebeu como a roupa estava úmida quando o calor sumiu e o vestido azul xadrez ficou grudado nas pernas, pegajoso e frio. Enfiou em uma sacola de plástico as roupas quentes que havia despido e pegou um ônibus para Conway Heights. A cada minuto da viagem, consultava o relógio. Quando viu que eram nove horas e ainda não tinha chegado, seu coração quase parou. Não gostava de decepcionar ninguém. Era de Libra.

Conway Heights, um distrito elegante, ficava nos subúrbios ao sul de San Celeste. Rachel observava distraidamente, pela janela, o desfile de quadras de tênis, árvores podadas e réplicas de vilas toscanas. Tudo limpo e caro. Rachel se sentiu uma intrusa ali.

O ônibus parou na esquina da Morin Road. A sacola plástica de Rachel, estufada de roupas secas, balançava de encontro às suas pernas enquanto ela subia correndo os três quarteirões até Eden Drive. As casas por onde passava tinham todas jardins com palmeiras e canteiros de flores bem cuidados.

A casa do cliente de Rachel era uma ampla construção de um só andar, com paredes amarelas e teto baixo. Foi preparando mentalmente uma justificativa enquanto avançava pelo caminho de cascalho até chegar à porta principal. Estava prestes a pôr o dedo no botão do interfone quando percebeu a porta entreaberta.

Bateu nela com os nós dos dedos, abrindo-a um pouco mais.

– Olá! – chamou. – Serviço Expresso de Arrumadeira.

Nenhuma resposta.

Uma lasquinha de madeira se projetava à meia altura do batente. Tocou-a. Tinha o comprimento de seu dedo e estava perto da fechadura. A porta havia sido forçada.

– Olá! – chamou de novo, pressionando o botão. A campainha vibrou em algum lugar dentro da casa, mas ninguém respondeu.

Rachel estremeceu dentro do vestido úmido. Recuou para a luz do sol e ergueu os olhos; em seguida, pousou-os na estrada. Não notou sequer um sinal de vida ou som, exceto o de veículos distantes e cães latindo.

Cerrou os dentes e tirou da sacola plástica o celular rosa e vermelho. Alguém atendeu depois de dois toques.

– 911. Qual é o tipo de sua emergência?

– Alô? – disse Rachel, um pouco insegura. – Estou do lado de fora... hum... do número 36 da Eden Drive, em Conway Heights. Acabei de chegar, e a porta está entreaberta. Ninguém respondeu quando chamei.

Ouviu-se um leve tamborilar de dedos percorrendo um teclado, e a operadora voltou a falar. Sua voz era simpática e calma. Havia certa cadência Libriana naquela voz, o que era tranquilizador.

– Certo. Estou mandando uma viatura. Seu nome, por favor?

– Rachel Wells.

– E a casa é sua?

– Não. Trabalho para a Serviço Expresso. Sou arrumadeira.

– Está bem, Rachel. Os policiais chegarão em oito minutos. Mas preciso lhe fazer mais umas perguntas. Tudo bem, querida?

Querida? Libra, sem dúvida.

– Sim, claro! – concordou Rachel.

– Ok. Pode me descrever sua aparência, para que os policiais a reconheçam quando chegarem?

– Sim. Tenho 1,70 de altura. Cabelos loiros. Estou de vestido azul xadrez e avental branco. Isso é suficiente?

Esperou, mas não houve resposta.

– Alô? – insistiu.

Por um momento, achou que a ligação tivesse caído. Ouviu, porém, uma voz distante. Afastou o aparelho, mas continuou escutando o som. Um homem falava nas proximidades.

No lado esquerdo da casa, havia um muro de jardim coberto de trepadeiras e um portão de ferro ornamentado, pintado de branco.

Ouviu de novo a voz do homem vindo lá de trás e sentiu uma onda de alívio. Claro. O cliente estava no quintal, por isso não respondera ao seu chamado. Tudo em ordem. Girou o trinco do portão e entrou, passando a mão pelos cabelos para se certificar de que seu rabo de cavalo continuava no lugar.

– Olá! – chamou de novo. – Senhor Williams?

Contornou a casa, passando por uma arcada de vime onde se entrelaçavam videiras quase secas. A casa fora construída em uma encosta, e o terreno precipitava-se para baixo, oferecendo uma visão panorâmica da cidade até a Torre WSCR.

Atrás da casa, havia uma piscina vazia. Ao lado, uma vala de drenagem. Os azulejos ali tinham sido removidos e empilhados junto ao muro dos fundos.

– Alô? Rachel? – disse a atendente no celular.

Rachel levou-o de novo ao ouvido.

– Oi, desculpe. Pensei ter ouvido alguma coisa.

– Na casa?

– Não, no quintal. Mas não há ninguém aqui.

– Escute, Rachel – disse a atendente –, vá para a frente da casa, do contrário, os policiais não vão saber se estão no lugar certo. – Seu tom de voz era firme, mas Rachel percebeu mais alguma coisa no ar. Medo.

Quando se virava para o portão, ouviu outro barulho. Um som abafado, gorgolejante, quase inaudível. Parou para escutar melhor. Após alguns segundos, escutou de novo: vinha da vala junto à piscina.

– Tem alguém aqui – murmurou.

– Rachel – insistiu com vigor a atendente –, por favor, volte para a rua.

Mas Rachel já corria para a vala.

– Meu Deus! – exclamou. – Oh, meu Deus, meu Deus!

– Rachel? – chamou a atendente.

O homem no fundo do fosso tinha uns 50 anos. Cabelos curtos e grisalhos, calças pretas e camisa branca de mangas compridas, suja de lama nas costas e de sangue no peito. Seus olhos se fixaram nela por um segundo, antes de se revirarem. A boca estava fechada e escorria sangue de uma narina. Rachel deixou a sacola escorregar da mão e se aproximou mais da extremidade, na tentativa de ajudar.

– Ambulância! – gritou no celular. – Pelo amor de Deus, uma ambulância!

– Quem está ferido, Rachel? – A voz era calma.

– Um senhor. Tem um corte na barriga. Suas tripas... meu Deus, posso ver as tripas dele! Pensei que fossem uma mangueira ou coisa assim. Estão esparramadas na lama...

Rachel então sentiu o cheiro e apertou o nariz com os dedos. Intestino perfurado. Deu um passo para trás e respirou fundo. Sempre dissera a si mesma que conseguiria se controlar em casos de emergência. Conhecia suas prioridades. Pessoas primeiro. Aspirou de novo o ar puro e se aproximou mais uma vez da vala. O homem se contorcia e sua respiração era curta, entrecortada. Tinha os punhos e os tornozelos atados com fita adesiva.

– Querida, preciso que fique comigo, ok? – pediu a atendente.

– Sim. Estou aqui. Ele foi amarrado e amordaçado. Há muito sangue.

– Tudo bem, então continue falando comigo, para que eu possa ajudá-la. Tente estancar o sangue antes da chegada dos paramédicos.

– Tenho uma sacola de roupas aqui.

– Limpas?

– Não. Mas lavei meu avental, que estou vestindo agora...

– Perfeito. Tire-o e enrole-o para fazer uma corda comprida. Vou lhe dizer onde amarrá-la. A ambulância chegará logo, mas até lá você deve estancar a hemorragia.

Rachel desamarrou o avental e tirou-o pela cabeça. Enquanto o enrolava, um movimento chamou sua atenção. Dentro da casa estava escuro, mas achou que alguém se escondera atrás das cortinas cor de creme, que cobriam a porta corrediça. Estremeceu.

– Ah, meu Deus!

– Que foi, Rachel?

– Acho que vi alguém na casa.

A atendente ficou em silêncio. O único som era o zumbido de estática do celular.

– Alô? – disse Rachel.

Ouviu apenas um clique, como se a atendente acabasse de interromper uma ligação com outra pessoa. Em seguida:

– Rachel, quero que vá para a rua.

– Mas o homem...

– Agora, Rachel!

Ouviu um ruído na casa. Um homem de casaco escuro abria a porta corrediça de vidro. Usava um boné de beisebol, e um cachecol preto escondia a parte inferior de seu rosto. Rachel deixou cair o avental enrolado e correu.

– Ele está vindo atrás de mim! – gritou no celular. – Ah, meu Deus!

O portão lateral tinha sido fechado depois que ela entrara no jardim. Correu até ele e tentou abri-lo, mas não conseguiu. O homem se encontrava a poucos passos de distância. Rachel arremessou o celular para longe e agarrou o trinco com ambas as mãos, forçando-o a abrir. Passou pelo portão e fechou o trinco, justamente no momento em que o homem a alcançava. Por um instante, ficou cara a cara com ele. Tinha olhos azuis, que faiscavam. Ela virou-se e correu. Quase de imediato, o trinco estalou e o portão se abriu de novo.

Um carro preto vinha pela rua, logo adiante. Rachel pulou na frente dele, os braços agitando-se no ar. O carro freou prontamente e parou a

poucos centímetros de seu corpo. O motorista, um homem de meia-
-idade com um casaco elegante, olhou para ela, surpreso. Rachel contornou o veículo e debruçou-se na janela.

– Ajude-me! – gritou. – Deixe-me entrar, por favor!

Podia ouvir os passos do homem que se aproximava. O motorista viu-o também e tomou uma decisão. Pressionou um botão na porta a seu lado, e Rachel ouviu um clique, enquanto o fecho central se destravava.

Ela abriu a porta de trás e saltou no banco. Mas, quando tentou fechá-la, o homem que a perseguia a reteve com firmeza. Rachel se estirou no banco e chutou a mão do perseguidor.

– Acelere! – gritou. – Acelere já!

– Fique quieta – murmurou o motorista. Rachel olhou para cima e viu o cano prateado do revólver. – Bem quietinha.

Rachel estremeceu. O homem com o cachecol sobre o rosto empurrou suas pernas, espremendo-se ao lado dela, e fechou a porta.

– Tem fita? – perguntou o motorista, sempre apontando o revólver para Rachel. O cabelo era entremeado de fios prateados. Parecia um gerente de banco ou um ator fazendo o papel de diretor-presidente em algum programa de televisão.

– Sim – respondeu o outro.

– Amarre os punhos dela.

Sirenes uivaram a distância, cada vez mais perto. Rachel sentiu uma pontinha de esperança.

– Droga – resmungou o motorista. – Pegue isto.

Passou o revólver para o homem do cachecol. Rachel aproveitou para chutá-lo de novo, tentando tirar a arma de sua mão. Mas o sujeito foi rápido. Segurou o revólver e apontou-o para a cabeça de Rachel em um único movimento fulminante.

– Nada disso – disse ele.

O carro partiu, o homem no banco de trás sempre de arma em punho. Devagar, com a outra mão, ele tirou do bolso do casaco um rolo de fita adesiva metálica. Removeu o cachecol de cima da boca e, com os dentes, partiu meio metro de fita.

– Estenda os punhos – ordenou.

Rachel não se moveu. O homem deixou a fita no banco, inclinou-se para ela e desferiu um soco violento em seu queixo. Os olhos de Rachel se encheram de lágrimas com o choque.

Preciso arranjar um jeito de sair desta.

Juntou os punhos e estendeu os braços. O homem segurou-os com uma só mão, firmemente. Colocou o revólver no colo e atou os punhos dela com a fita.

As sirenes lá fora uivaram mais alto, mas o ruído foi abafado quando uma ambulância passou por eles. Rachel observou-a, mas ela não deu sinal de que iria diminuir a velocidade. Ninguém na ambulância a tinha visto. A atendente da emergência talvez ainda estivesse na linha, falando para o celular caído no chão. Não havia ninguém para socorrê-la.

Rachel tinha de se virar sozinha.

CAPÍTULO DOIS

O rosto do chefe de polícia Peter Williams era mais fino do que Burton se lembrava, com finas rugas se irradiando dos cantos dos olhos. Burton nunca tinha reparado nelas em nenhuma das vezes em que Williams ficara à frente, falando para uma sala repleta de policiais. Uma longa fita prateada cobria sua boca, passando pelo rosto e indo até os finos cabelos da nuca. Outras tiras atavam os punhos e tornozelos. Via-se um corte em sua barriga, horizontal, à altura do umbigo. Os intestinos do chefe saltavam do corte.

– Que droga! – resmungou o detetive Kolacny.

Burton ergueu a cabeça e protegeu os olhos do sol matutino com a mão. Kolacny estava de pé na extremidade da vala, mordendo o canto do lábio. Usava óculos escuros.

– Descobriu alguma coisa?

– Ainda não – respondeu Burton. – Mas pode haver algum vestígio de DNA se o assassino cortou a fita com os dentes.

Kolacny sentiu um arrepio por causa do odor terrível. O intestino grosso do chefe fora perfurado e expelira o conteúdo no fundo da vala. O assassino, fosse quem fosse, fizera de tudo para garantir que o órgão não pudesse ser costurado.

– Não se esqueça de limpar os sapatos – recomendou Kolacny.

Burton lhe lançou um olhar frio. Humor negro era coisa frequente na maioria dos cenários de crime quando não havia civis por perto. Tornava a profissão suportável. Mas, com todos os diabos, aquele era o chefe de polícia!

– Mil desculpas – disse Kolacny. Tirou os óculos e fez cara de envergonhado.

– Tudo bem. Você é novo no ofício. Fotografou a terra?

– Que terra?

Burton afastou-se da vala e apontou com o dedo. Um círculo de terra se espalhara pela grama, com cerca de um metro e meio de diâmetro. Boa parte dela caíra entre as folhas ou sob elas, tornando-o um tanto imperceptível.

Kolacny se ajoelhou para ver melhor.

– Quem fez isto? Será que essa terra caiu de um carrinho de mão ou coisa parecida?

– Não, acho que não.

Burton foi para o meio do gramado e esticou o braço direito. Prescreveu um giro, imitando alguém que espalhasse terra, e reproduziu o desenho no chão.

– Estranho... – murmurou Kolacny, o cenho franzido. Inclinou-se mais. – Parece que jogaram terra aqui também... e aqui.

Havia duas linhas de uns trinta centímetros de comprimento projetando-se do círculo, a cerca de quarenta e cinco graus uma da outra. Burton não tinha visto aquilo.

– Significa alguma coisa? – perguntou Kolacny.

– Não sei – respondeu Burton. – Podem ter surgido quando alguém caminhou sobre o círculo. De qualquer modo, informe isso ao Departamento de Fotografia. Algum sinal da arrumadeira?

– Nenhum – disse Kolacny. – Liguei para a firma de limpeza. Deram-me o endereço e o telefone da mãe dela.

– Falou com ela?

– Ainda não tive tempo.

– É melhor fazer isso logo, antes que a mãe fique sabendo de tudo pela televisão.

Os repórteres já se juntavam na frente da casa, e os policiais que protegiam a cena do crime começavam a se irritar com eles. Nenhum tira gosta que a mídia meta o nariz em assuntos de polícia. Muitos deles tinham conhecido Williams pessoalmente.

– Venha – chamou Kolacny. – Há uma coisa lá dentro que você precisa ver.

Conduziu Burton pela porta de vidro corrediça, aos fundos, até a sala de estar, três degraus mais baixa que o resto da casa. Burton demorou alguns segundos até que seus olhos se acostumassem à escuridão. Havia menos móveis do que se lembrava de ter visto ali quando visitara o chefe antes de seu divórcio.

Kolacny subiu com ele os degraus e enveredou por um pequeno corredor até a porta da frente. Mostrou a lasca de madeira onde a porta havia sido forçada.

– O arrombamento deve ter feito um barulhão – observou.

– Já falaram com os vizinhos? – perguntou Burton.

– Kallis e McGill estão tratando disso.

Burton abriu a porta com a mão enluvada e olhou para fora. Vans das grandes redes de TV estacionavam na frente da casa, e repórteres falavam para suas câmeras usando a casa como pano de fundo. Do outro lado da estrada, Burton podia ver um dos policiais uniformizados, McGill, conversando com um grupo de vizinhos boquiabertos. Uma lente de *zoom*, junto às vans, apontou para Burton.

Quando ele se virou, percebeu um pequeno retângulo de plástico no alto do batente: um adesivo magnético, parte do sistema de segurança da casa. Mostrou-o a Kolacny.

– Por que acha que o alarme não funcionou?

– Talvez Williams só o ligasse à noite.

Burton acompanhou os fios que saíam do adesivo e ao longo do alto da parede do corredor. Em uma reentrância no canto avistou a caixa do sistema – um teclado numérico com o logotipo da UrSec e um estojo de metal com a bateria embaixo, no chão. O fio entre ambos tinha sido cortado. Kolacny olhou por cima do ombro de Burton.

– Que merda! – exclamou.

– Sim – concordou Burton.

Ouviram uma algazarra na sala. A perícia entrava com seus macacões brancos. Kolacny mostrou-lhes a porta da frente e o fio cortado do sistema de segurança. De modo meticuloso, eles começaram a espalhar pó para colher digitais e a procurar evidências de DNA, enquanto Burton vistoriava o restante da casa.

Era curioso... Williams continuara morando na mesma casa após ser promovido a chefe de polícia. A casa era grande, mas nem de longe a maior da vizinhança. É que, como a maioria dos policiais, Williams era de Touro. Não gostava de mudar nada.

O quarto, embora em ordem, quase não tinha móveis. A cama estava feita, o que não deixava de ser surpreendente, uma vez que Williams havia chamado uma arrumadeira. Totalmente em ordem, porém, o quarto não estava: havia pó sob a cama e, no criado-mudo, um notebook velho. Talvez Williams fosse o tipo de pessoa que limpasse superficialmente a casa antes da chegada da arrumadeira, para não dar má impressão.

Via-se um taco de golfe no assoalho. Burton foi examinar os armários. Metade deles continha os uniformes e os trajes de fim de semana de Williams, dobrados com cuidado ou em cabides, e o restante estava vazio, como se ele houvesse deixado espaço para a volta da ex-esposa. Ou então queria que tudo permanecesse como antes.

No canto do quarto, atrás da porta, Burton encontrou um botão de alarme e, na parede embaixo dele, alguns pontos vermelho-escuros. Sangue. Chamou a perícia.

Enquanto os peritos tiravam fotos e recolhiam amostras, Burton andou pelo restante da casa, observando cada detalhe metodicamente. Tudo parecia sem vida. O único lugar com alguma cor era um quartinho secundário, com paredes vermelhas e cartazes de bandas. A filha de Williams, Ashleigh, ocupava o local quando visitava o pai. Ela devia ter uns 10 ou 11 anos. Burton não a via desde que tinha 3.

Na época, significara muito para Burton ser convidado para jantar com o capitão do Departamento de Homicídios. Ele e Kate, recém-casados, moravam em um apartamento minúsculo, e a vida de Williams lhe parecera uma grande promessa de futuro. Mas a noite não tinha sido nada boa. Williams fizera inúmeras perguntas a Kate e ficava olhando fixamente para ela enquanto ouvia as respostas, o que era constrangedor. Além disso, havia arriscado várias piadas à custa de sua esposa. Burton e Kate, porém, queriam causar boa impressão, e Williams os enchera de uísque escocês. Tarde da noite, falavam tão alto que a filha de Williams tinha saído para o corredor, esfregando os olhinhos sonolentos, e pedido a eles que "fizessem silêncio", o que arrancara gargalhadas de todos.

Isso tinha acontecido havia muitos anos.

A casa já estava meio morta antes do assassinato de Williams. Se esse era o futuro que aguardava Burton – se continuasse brigando com Kate ou se sua filha nascesse sob o signo errado e seu casamento não sobrevivesse a isso –, não era muito provável que se saísse melhor que Williams.

CAPÍTULO TRÊS

Daniel Lapton devia estar em uma reunião no dia em que descobriu que tinha uma filha. O vice-presidente para Ásia e Austrália havia organizado um encontro com possíveis investidores coreanos e, embora a presença de Daniel não fosse muito necessária ali, pensou-se que ter alguém com o sobrenome Lapton na mesa seria ótimo para as aparências. Daniel sabia que já era hora de começar a levar mais a sério os negócios de família. Seu pai tinha morrido um ano antes, e a empresa vinha se arrastando desde então no piloto automático. Mas, no dia da reunião, ele acordou tarde. Ficou olhando para o teto de madeira durante uns quinze minutos e em seguida pegou o telefone de cima do criado-mudo a fim de ligar para a secretária do vice-presidente e apresentar suas desculpas, alegando uma "emergência médica". Não iria enganar ninguém. Todos na empresa sabiam que ele não se parecia em nada com o pai.

Vestiu um roupão de seda e desceu para a cozinha. O café da manhã não esperava por ele. Tinha dado folga aos empregados – agora que voltara ao lar, não queria ninguém por perto durante algum tempo. Vasculhou a despensa até achar um pão razoavelmente fresco, que mergulhou em uma tigela de *taramasalata* tirada de um dos refrigeradores.

Já satisfeito, desceu para a sala de estar e se afundou em uma das poltronas de couro preto. Ligou a televisão e assistiu, durante alguns minutos, a um documentário de guerra. Começou a se sentir culpado. Se seu pai estivesse vivo, diria que o mundo andava cheio de gente mais faminta e desesperada do que Daniel jamais poderia desconfiar; gente que roeria a trilha rumo ao seu império como cupins roem uma casa. Verdadeiros Capricornianos não delegam decisões a subordinados. São ricos porque merecem ser. Ao contrário dos fracassados.

Um mês depois da morte de seu pai, Daniel deixara a casa da família e viajara pelo mundo, hospedando-se em todos os hotéis Lapton. Lapton Europa. Lapton Pacifica. Lapton Afrique. Sentia-se um príncipe de contos de fada fingindo ser uma pessoa comum só para descobrir como a vida era de fato em seu império. Não se iludia, é claro. Sabia que o colocavam nas melhores suítes e que por certo a matriz avisava os hotéis em segredo de sua chegada.

Na verdade, não inspecionava seu império; tentava fugir dele. Mas fugir era impossível. A essa altura da vida, não iria mudar. Não iria praticar *base-jumping* nem beber santo-daime na floresta e muito menos dormir no chão de um mosteiro. Também não queria saber de novidades, fossem coisas ou pessoas. Assim, depois de dez meses, voltara ao ninho, já na meia-idade, porém sem disposição para alçar voo. Não havia outro lugar para ele. Pensou em consultar um astroterapeuta, mas era um Lapton e não acreditava em terapias. Ele mesmo é quem tinha de conhecer e resolver os próprios problemas.

Perambulou pelos corredores da casa, que ainda considerava de seu pai, passando por toda uma geração de antiguidades e bugigangas – prateleiras de livros com encadernação de couro, mesas de bilhar, astrolábios e barômetros encaixilhados. Seguindo um impulso súbito, enveredou por um corredor com piso de ladrilhos brancos e pretos que conduzia ao escritório do velho. Quando criança, aquele era um lugar fora de seu alcance, embora o tivesse explorado várias vezes às escondidas.

A difusa sensação de estar pisando em território proibido invadiu-o de novo ao entrar.

O escritório era o mesmo de sempre. Pequeno. Uma escrivaninha encostada à parede do fundo; em cima, uma estante repleta de livros e pastas. Uma cadeira giratória com assento de couro e braços de madeira na frente da escrivaninha, e um armário de arquivos à direita. As paredes e o carpete eram marrom-escuros. O tipo de espaço destinado a nunca receber a luz do sol. Daniel acendeu a luminária de mesa e notou um maço de papéis que parecia intocado desde a morte do pai. Só por curiosidade, começou a folhear os papéis e, aos poucos, viu-se empilhando documentos interessantes e outros que não valiam a pena. Era o tipo de trabalho que deveria delegar a um advogado da empresa ou a um dos ex-assistentes do pai, mas achou que aquela era uma boa oportunidade para conhecer melhor o velho.

Depois de empilhar os papéis na mesa, vasculhou os documentos do armário. Eram muitos. Contratos. Formulários de imposto. Papéis antigos com impressão matricial, agora quase ilegíveis. Encontrou uma pasta com velhos recortes de jornal e caricaturas de seu pai em charges de política. Lembrou-se de que, quando criança, ficava furioso ao ver que alguém ousara ridicularizar sua família. Seu pai era um homem que trabalhava duro e não merecia ser desrespeitado. Só na adolescência é que Daniel havia começado a questionar tudo isso.

Colocou a pasta em uma pilha que marcou mentalmente com a inscrição “guardar” e pegou outra. Continha uma série de cartas entre o pai e o diretor da companhia de seguros da cadeia de hotéis, remontando à época em que Daniel tinha cerca de 17 anos e morava com a mãe no outro lado do país. Seus pais haviam se divorciado quando ele estava com apenas 6 anos, mas a vida e os negócios deles continuaram entrelaçados. Na ocasião, sua mãe tentava se estabelecer como dona de um restaurante. O Greenhouse era uma antiga cobertura de um dos hotéis da família, o Lapton Celestia. No saguão envidraçado, com vista para o porto, serviam-se coquetéis e *tapas*. Nunca teve grande clientela e fechou em menos de um ano. Sua mãe foi se arriscar então no setor da moda.

Daniel ia pôr a pasta na pilha "jogar fora", quando um nome no alto de uma das páginas chamou sua atenção.

> Sr. Lapton:
>
> Depois de nosso telefonema na última semana, referente à situação de Penny Scarsdale, primeiro fomos ao setor de obstetrícia do hospital, onde fizeram um teste de paternidade por amniocentese que confirmou as afirmações dela. Como a data prevista para o parto é no começo de março, a criança provavelmente nascerá em Peixes, de modo que a família recusou sua oferta para ficar ela própria encarregada de tudo.
>
> Apresentei então sua nova proposta e, segundo me pareceu, vão aceitá-la. Falei com Dennison pessoalmente sobre isso e ele está lavrando os contratos. Conversará com o senhor assim que terminar.
>
> – Tyrese B. Coleman
>
> Diretor da Regional da Costa Oeste
>
> Grupo UrSec

O resto da pasta continha relatórios médicos e páginas com textos jurídicos complicados. Daniel examinou-os por alto, depois releu a carta, palavra por palavra. No meio da leitura, suas mãos começaram a tremer. Mas ele mal se deu conta disso.

Ele tinha uma filha.

CAPÍTULO QUATRO

Burton tentou ligar para a mãe de Rachel Wells, Angela, mas ela não atendia nem o celular nem o telefone fixo. Seu endereço era em Westville, perto da Central de Polícia de San Celeste, de modo que, voltando da cena do crime, fez um desvio para ir ao seu apartamento.

As ruas em Westville eram estreitas, mas limpas. Os Librianos pertenciam à classe média baixa e às vezes viviam nas mesmas áreas que os Cancerianos, partilhando o mesmo senso de orgulho cívico. Não se viam jardins, e todas as janelas do primeiro andar tinham grades; entretanto, no panorama geral, a fachada das casas e edifícios de apartamentos era bem pintada e livre de grafites.

Parecia um bom lugar para se viver, pensou Burton, caso as coisas piorassem e sua família fosse obrigada a se mudar após o nascimento da filha. Não era longe do mercado Pisciano, aonde Kate ia quase todas as manhãs de sábado. Havia lugares piores.

Estacionou a velha perua cor de tijolo na frente do prédio de Angela Wells e subiu ao terceiro andar. A porta do apartamento era de pinho envernizado. Bateu e ouviu um ruído surdo lá dentro.

– Quem é? – perguntou uma voz.

– Detetive Jerome Burton, do Departamento de Polícia de San Celeste – respondeu Burton. – A senhora é Angela Wells? Precisamos conversar sobre sua filha.

A porta se abriu alguns centímetros, e o rosto de uma mulher idosa apareceu. Seu cabelo era tingido de laranja-escuro, e o vestido tinha um padrão floral. Ela fixou o olhar em Burton.

– Conheço você – disse a mulher. – Eu o vi no noticiário há algum tempo.

– É possível – admitiu Burton.

– O que estava fazendo naquela ocasião?

– Resolvi um caso de assassinato – respondeu ele. Dar-lhe detalhes não era uma boa ideia.

Mas aquilo pareceu suficiente para Angela Wells. Ela destravou a corrente e abriu a porta.

– Entre.

Burton entrou em uma saleta que recendia a uma infinidade de odores. Havia duas poltronas com cobertura de crochê diante de um televisor pequeno. Um cachorro velho e peludo rosnou para ele, sem energia para latir.

– Quieto, Humphrey – advertiu Angela.

O cachorro olhou para o outro lado e começou a lamber o próprio pelo.

Na tela, um *reality show*. Membros de todos os signos viviam juntos na mesma casa, vestindo camisetas de cores diferentes, para deixar bem claro quem era quem. Angela desligou o aparelho.

– O que quer com minha filha? – perguntou. – No momento, ela está trabalhando, mas disse que vai voltar às três.

Burton procurava as palavras certas. Era difícil encontrar a linha tênue entre o desespero e a falsa esperança.

– Senhora Wells, receio que sua filha tenha se envolvido em um incidente.

Explicou a situação com o máximo possível de tranquilidade. Enquanto o detetive falava, os olhos de Angela Wells percorriam a sala, olhando para tudo, menos para ele.

– Não sabemos onde sua filha se encontra – continuou Burton. – Mas estamos fazendo tudo ao nosso alcance para encontrá-la. Se a senhora souber de alguma coisa, qualquer coisa, avise-nos. Certo?

Deu-lhe seu cartão. Ela o pegou sem olhar, virada para a janela, ausente, enquanto acariciava a cabeça do cachorro.

– Senhora Wells?

– Hein? – Parecia surpresa por ele ainda estar ali. – Oh, sim. Desculpe. Foi um choque.

– Eu sei. Lamento muito, senhora.

– Rachel é realmente uma boa garota – murmurou ela, em tom sincero. – É claro que eu diria isso de qualquer maneira, mas é a verdade. Recebo uma pequena aposentadoria por invalidez, por causa da minha artrite, mas nunca é suficiente, e ela precisa trabalhar...

A voz dela esmoreceu. Poucos anos antes, Burton lhe ofereceria os serviços de assistência psicológica da cidade, mas, devido aos cortes no orçamento, havia agora rígidos limites ao que se considerava um trauma. Tudo o que podia fazer era garantir a ela que lamentava pelo desaparecimento da filha.

– Está bem – disse Angela, dirigindo a Burton um breve e corajoso sorriso. – Obrigada por vir.

– É meu dever, senhora. E, se precisar de alguma coisa, ligue para esse número aí. Farei o que puder para ajudar.

– Obrigada.

Ela o acompanhou até a porta e fechou-a com a chave e a corrente. Burton esperou um momento no corredor, mas não ouviu nenhum som dentro do apartamento. A televisão não foi ligada de novo.

CAPÍTULO CINCO

A Central de Polícia, com sua fachada de pedra, era um dos edifícios mais antigos de San Celeste. Aos poucos, expandira-se até tomar conta de todo um quarteirão, projetando alas de concreto bruto a partir da estrutura original. O trânsito ao redor era sempre ruim, e, enquanto o carro de Burton percorria as últimas quadras, ele ligou para a empresa de segurança doméstica pelo viva-voz.

Explicou a situação à secretária e pediu para falar com um técnico que estivesse a par do sistema de alarme da casa do chefe Williams. A ligação foi sendo transferida de cá para lá, e Burton podia perceber o temor na voz dos funcionários ao se darem conta de seu envolvimento em um assassinato de grande repercussão. Mas Burton tinha paciência e, enfim, puseram-no em contato com um engenheiro que parecia ser do signo de Virgem e fora nitidamente instruído a não admitir nada.

– Se cortaram o fio, o sistema deixou de funcionar – explicou o engenheiro. – Mas alguém tinha de estar na casa para cortá-lo. Então é bem provável que a responsabilidade seja do proprietário.

– Está me dizendo que o chefe de polícia cortou os fios do próprio sistema de segurança?

– Hum, lamento – falou o engenheiro. – Não sei o que dizer. Ninguém poderia cortar o fio se já não estivesse dentro da casa.

– Me ligue se descobrir como aconteceu – pediu Burton, e desligou na cara do engenheiro, que devia estar morrendo de medo de perder o emprego.

Estacionou na garagem subterrânea, pegou o elevador até o terceiro andar e atravessou o corredor que passava pela Divisão de Crimes contra a Pessoa, chegando ao Departamento de Homicídios. Era uma sala comprida, com janelas altas e envidraçadas que lembravam a Burton uma estação ferroviária, sempre recendendo a café e produtos de limpeza. Caminhou por entre as mesas pintadas de branco até a porta do escritório, onde Kolacny o esperava com uma pasta aberta sobre a escrivaninha.

– Olá – cumprimentou Burton. – Já informou a ex de Williams?

– Ainda não – respondeu Kolacny. – Mas liguei para o irmão, que é o parente mais próximo. De qualquer modo, a mulher já deve ter visto o noticiário a essa altura.

– Ora, ora, Lloyd – repreendeu Burton –, ela merece ser devidamente informada. Afinal, é a mãe da filha dele.

– Vou ligar, vou ligar – prometeu Kolacny, passando um envelope a Burton.

– O que é?

– Veio da perícia. Dizem que o sangue no quarto é, quase com certeza, de Williams. Estava fresco. Ah, e Mendez quer falar com você.

– Mendez? O que será que aconteceu?

Ninguém se dava bem com o capitão Ernesto Mendez, o chefe da Homicídios. O homem estava no fim da faixa dos 40, tinha pintas na pele, e seu cabelo negro era tão bem penteado quanto o de um político. Bom policial, sob vários aspectos – entrosado, eficiente, motivado –, mas sempre pronto a pisar nos subordinados apenas porque podia fazer isso. Todo policial tem o direito de desabafar de vez em quando, mas

Mendez, nessas ocasiões, não exorcizava nenhum demônio. O que queria mesmo era tripudiar.

Burton voltou pela área central e subiu ao último andar. A porta do escritório de Mendez estava fechada e guardada por um policial à paisana, que olhou Burton da cabeça aos pés.

– Nome?

– Detetive Jerome Burton. Homicídios. E você, quem é?

– Serviços Especiais de Investigação. O que deseja?

– O capitão Mendez me chamou. O que está acontecendo aí?

O policial à paisana abriu a porta para Burton. Mendez conversava com dois outros homens. Um era o delegado-chefe Killeen, que comandava a Divisão de Crimes contra a Pessoa. O outro, Bruce Redfield, era o prefeito de San Celeste.

Burton só tinha visto o prefeito na televisão. Era mais alto que ele, magro, com os cabelos de comprimento médio penteados para trás. Parecia-se, na visão de Burton, com um violinista ou um negociante de arte, elegante, mas com uma polidez um tanto artificial. Mendez viu Burton e, interrompendo a conversa, acenou-lhe para que entrasse.

– Burton – exclamou com alegria. – Como vai meu melhor detetive?

– Bem, obrigado – respondeu Burton, cauteloso. Os cumprimentos de Mendez sempre beiravam o sarcasmo.

– Senhor prefeito – disse Mendez –, este é o detetive de que lhe falei. Ele conduziu a investigação do assassinato do senador Cronin. E pegou o culpado.

– Ouvi a respeito – replicou o prefeito Redfield, oferecendo a Burton uma mão muito fina e abrindo um sorriso. – Ótimo trabalho.

– Obrigado, senhor.

Trocaram um aperto de mãos. O cumprimento do prefeito foi firme e frio.

– Soube que você conhecia Williams pessoalmente.

– É verdade – concordou Burton. – Foi meu primeiro capitão quando me tornei detetive.

O prefeito fez um leve aceno de cabeça.

– Também o conhecia. Um bom homem. Servidor da cidade e meu amigo. Se eu puder ajudar em alguma coisa na investigação, é só dizer.

– Para nós, este é um caso pessoal – interrompeu o delegado-chefe. – Não podemos deixar as pessoas pensarem que o Departamento de Polícia de San Celeste é um alvo fácil.

– Exatamente – disse o prefeito. – Vamos mostrar à cidade que fazemos justiça de maneira rápida e eficaz.

– Já encontramos uma pista promissora – informou Mendez, agarrando a oportunidade de se exibir para os superiores. – Burton descobriu um símbolo desenhado na grama, perto do corpo. O do signo de Touro.

– Verdade? – perguntou o prefeito, virando-se para Burton.

Burton franziu o cenho. Mal se podia ver o tal símbolo, se é que era mesmo um símbolo. Podia ser apenas terra esparramada ao acaso. Aquele, porém, não era o momento para parecer inseguro.

– De fato – respondeu ele. – Um círculo com duas linhas se projetando dele.

O prefeito olhou para Mendez.

– Essa violência está relacionada aos signos?

Mendez assentiu.

– É o que estamos investigando, senhor. Para mim, não há dúvida de que o assassino do chefe Williams pertence ao Ascendente Áries e desenhou o signo para zombar de nós.

O Ascendente Áries era um grupo militante de Arianos que defendia os direitos humanos. Denunciava o que, a seu ver, caracterizava um crescente signismo no sistema de justiça. Noventa por cento dos policiais eram de Touro – e eles prendiam, em desproporção, pessoas de signos "inferiores", sobretudo Áries e Peixes. O grupo existia havia décadas, mas vinha chamando mais atenção nos últimos meses, após uma onda de suposta brutalidade policial. Seu líder, Solomon Mahout, começava a se tornar um rosto conhecido na televisão e motivo de mau humor para todos os que estivessem na sala.

– Canalhas – resmungou o prefeito. Sua máscara política caiu por um instante, revelando uma cólera surpreendente. – São uns animais, isso sim. O que podemos fazer para contê-los?

– Já estamos dando a Burton o apoio total da Divisão de Crimes contra a Pessoa – disse Mendez.

– Certo – concordou o delegado-chefe. – Essa investigação tem prioridade. E vou arranjar um astrólogo de confiança para colaborar no caso.

Burton quis protestar. Não tinha muita experiência com astrólogos, e aquela não lhe parecia uma boa hora para outras pessoas se intrometerem.

Mendez deve ter lido seu pensamento, pois se apressou em dizer:

– Precisamos garantir uma condenação, Burton. Um astrólogo como testemunha do Estado pode preencher lacunas importantes no caso.

Burton não gostou da insinuação de que não era capaz de resolver um caso difícil, mas entendeu. Já tinha visto suspeitos culpados saírem livres por causa de um júri parcial. Astrólogos eram uma boa maneira de impedir esse tipo de coisa. Décadas de programas de TV sobre analistas astrológicos e astrólogos forenses haviam convencido o público de que eles eram os agentes mais confiáveis na guerra contra o crime.

– Tem alguém em mente? – o prefeito perguntou ao delegado-chefe.

– Sim, senhor. Chama-se Lindiwe Childs. Ela viaja pelo mundo inteiro ensinando diversas agências de segurança a identificar viajantes com base na data de nascimento. Agora ela está em San Celeste, trabalhando para a Agência do Aeroporto. Vou mandar a Burton mais detalhes sobre ela.

– Ótimo! – disse o prefeito, oferecendo de novo a mão ao detetive. Enquanto Burton a apertava, o prefeito segurou seu braço, para dar maior ênfase.

– Pegue esse canalha, detetive – exclamou. – Contamos com o senhor.

CAPÍTULO SEIS

Lindi fazia café em sua pequena cozinha quando a campainha do apartamento tocou. Foi atender, apertando o cinto do roupão. No corredor estava um homem de aparência séria, alto, bem barbeado e de cabelo loiro e curto. Vestia terno, mas sem gravata.

– Bom dia. Lindiwe Childs?

– Lindi, por favor. E o senhor é...?

– Detetive Burton.

– Ah, sim! Como vai?

Lindi apertou a mão do homem, tendo de largar o cinto. Ficou com receio de o roupão se abrir. Não estava nua sob ele, vestia short e um top branco que comprara em uma loja na Espanha; era mais uma questão de vulnerabilidade.

– Vim na hora certa? – perguntou Burton. – Você disse depois das dez.

“Disse mesmo, não foi?”, pensou Lindi. “Que droga!”

– Sim, não há problema – garantiu ela, afastando-se para lhe dar passagem.

Ainda se sentia meio zonza por causa da noite anterior. Megan, sua única amiga em San Celeste, levara-a para conhecer gente nova e mostrar-lhe o cenário gay. Conhecera duas garotas interessantes, mas, de modo geral, havia achado a cidade mais preconceituosa que a maioria das outras onde estivera. Mesmo na Cidade do Cabo a sexualidade já rompera as barreiras de raça, religião e signo; mas nas boates aonde Megan a tinha levado em San Celeste vira apenas signos de profissões criativas – Aquário, Sagitário e Gêmeos –, que tendiam a formar rodinhas à parte. Lindi pedira a Megan que a levasse a um lugar um pouco diferente, e as duas haviam acabado em um bar Leonino barra-pesada. Após um jogo de sinuca, os frequentadores começaram a zombar das tatuagens descoladas de Megan, e Lindi concordou em ir embora. Em meio a tudo isso, esquecera-se do policial.

– Espero não tê-la acordado – desculpou-se ele.

– Não, não – disse Lindi, apontando para o roupão. – Desculpe-me por estar vestida assim. É o que uso quando estou escrevendo. Perco a noção do tempo.

O apartamento não estava pronto para visitas. Havia pilhas de livros de pesquisa e folhas avulsas pela sala, montes de louça na pia da cozinha e um cobertor amarfanhado no sofá – um vestígio das noitadas da semana anterior na frente da televisão. Tinha se mudado havia pouco e só tivera tempo de acomodar nas estantes alguns livros e coleções de brinquedos. Na escrivaninha, perto do notebook, via-se um astrolábio de plástico e um baralho de cartas chamado Tarô Emoji. Os únicos quadros que conseguira pôr na parede eram de personagens de desenhos fazendo coisas feias ou impróprias, como pedir esmolas na rua ou furar fila em uma repartição pública. Lindi gostava deles porque a faziam se recordar de artistas grafiteiros de Barcelona. Burton provavelmente pensaria que eram coisa de criança. Ela tirou uma pilha de papéis de uma cadeira para ele se sentar.

– Café? – perguntou. – Acabei de fazer.

– Não, obrigado.

– Está bem. Não demoro.

Foi para a cozinha e encheu uma xícara, misturando leite e duas colheres de açúcar ao café. Ao voltar à sala, deu com Burton examinando os bonecos japoneses de plástico que havia colecionado em sua época de vinte e poucos anos. Conforme esperava, sua expressão era irônica.

– E então, detetive? – perguntou a astróloga, sentando-se no sofá. – Do que se trata?

Burton se acomodou na cadeira de madeira e pousou a mão nos joelhos. Parecia um tímido Taurino. Concentrado... e reprimido. Lindi não se surpreenderia se seu ascendente fosse Virgem.

– Estou chefiando uma investigação de assassinato – começou Burton – com um viés astrológico. Disseram-me que você era a pessoa indicada para colaborar no caso, mas que não o faria se não nos encontrássemos pessoalmente. Posso perguntar o motivo?

– Sim, claro – respondeu Lindi. – Desculpe, mas eu queria saber se éramos compatíveis. Qual a data e a hora do seu nascimento?

Burton lhe disse. Ela virou para si o notebook que estava sobre a escrivaninha e abriu seu principal aplicativo de Astrologia.

– E o que devo fazer? – perguntou.

– Ajudar na investigação – explicou Burton. – Vai ganhar um bom dinheiro pela consultoria. Já sabemos praticamente quem é o culpado, mas precisamos que você nos forneça evidências astrológicas e testemunhe no tribunal, quando chegar a hora.

Lindi digitou esses dados e carregou as próprias informações para comparar os mapas astrológicos. Examinou o quadro resultante, percorrendo uma por uma as áreas importantes. Não parecia nada bom. Havia inúmeros aspectos negativos e planetas em conflito. Fechou o notebook e balançou a cabeça.

– Sinto muito – murmurou. – No momento, não posso. Tenho de terminar este manual. A Agência do Aeroporto precisa de um método para detectar terroristas entre os viajantes.

Pegou a página do sumário no alto de uma pilha de material impresso e mostrou-lhe.

1. Introdução
2. Indicadores de violência
    a. Sol ou ascendente em Áries
    b. Posição de Marte no mapa de nascimento
    c. Aspectos negativos com Júpiter
3. Saturno como indício positivo ou negativo
4. Casas
    a. Morte: a Oitava Casa
    b. Segredos ocultos: a Décima Segunda Casa
5. Previsão horária de eventos violentos

– Muito complicado – disse ela. – Querem que eu transforme interpretações astrológicas complexas em uma lista de verificação que um computador possa seguir, e isso é ridículo. São muitas as variáveis. A certa altura, um humano terá de intervir e analisar a situação.

– Então está ocupada demais? – perguntou Burton, tentando claramente disfarçar a irritação.

– Até o próximo mês mais ou menos. Sinto muito. Vou estar livre de novo no começo de junho.

– Ok – respondeu Burton. – Desculpe ter tomado seu tempo.

– Espere, preciso saber mesmo assim: qual é o caso? – perguntou ela, levantando-se.

Burton franziu o cenho.

– Não posso lhe contar nada além do comunicado oficial.

– E o que diz o comunicado?

– O chefe de polícia foi morto no próprio quintal.

– Então o caso é esse? O chefe Williams?

Lindi soubera do assassinato, porém não pensara muito nele. Era apenas um dos diversos acontecimentos que mantinham as pessoas ligadas à mídia.

Examinou Burton de novo da cabeça aos pés. Seu mapa não era nada auspicioso, mas...

– Está bem – disse Lindi por fim. – Mas quero fazer isso da maneira adequada. Preciso ver os arquivos do caso.

– Sob as restrições de praxe a informações privilegiadas e confidencialidade – advertiu Burton.

– Certo.

– Então estamos combinados?

Lindi mordeu o lábio inferior. Droga. Tinha prometido um rascunho do manual em vinte dias. Mas, em se tratando do assassinato do chefe de polícia... Não, a Agência do Aeroporto não colocaria obstáculos. E ainda havia a garota desaparecida, que estavam procurando. Lindi era boa para achar gente desaparecida. E, embora tentasse evitar escolher trabalhos com base em prestígio, devia admitir que aquele era dos grandes.

– Sim.

Abriu de novo o notebook e criou um novo mapa com uma representação abstrata do céu. Era um círculo raiado com glifos em volta, simbolizando planetas e constelações, conectados por linhas de um modo que pareceria casual e confuso aos leigos. Para Lindi, entretanto, tinha um significado profundo e belo.

– Conte-me o que sabe – pediu ela.

CAPÍTULO SETE

Penny Scarsdale tinha sido a mais jovem funcionária da mãe de Daniel, e limpava as mesas de madeira onde as refeições eram servidas. Daniel a conhecera quando trabalhava no restaurante, antes de ir para a universidade. Podia ir a qualquer lugar e fazer qualquer coisa no mundo, mas havia decidido ganhar a vida como qualquer outra pessoa. A mãe então tinha lhe confiado uma porcaria de "administração de suprimentos" para mantê-lo ocupado, e ele passara os meses de verão vivenciando uma paródia de responsabilidade.

Era o encarregado do reabastecimento. No primeiro dia, os telefonemas para os fornecedores haviam durado menos de cinco minutos, seguidos de cinco horas sentado no escritório sem nada para fazer. Como ninguém o vigiava, saíra para andar pelo hotel – o tipo de coisa que fazia quando criança, enquanto os pais estavam em reunião. Os corredores dos fundos eram para ele um labirinto a se explorar, apinhados de monstros como faxineiras e seguranças, de quem precisava se esconder por temer os terríveis castigos do pai. Já adulto, não havia mais perigo nem interesse. Sabia onde estava cada corredor e cada quarto, tanto quanto o significado de cada signo. Havia se dirigido a uma escada para descer até o saguão do hotel e encontrar uma revista para ler.

Porém, obedecendo a um impulso repentino, subira a escada e se deparara com uma saída de incêndio que levava à laje.

O alto do prédio era ao mesmo tempo exuberante e bonito, com uma superfície cinzenta e ligeiramente áspera, perpassada por faixas de cor metálica. Grandes aparelhos de ventilação prateados rugiam como motores de avião. Entre eles havia sólidas estruturas que, segundo Daniel pensava, protegiam os motores do elevador ou do ar-condicionado. O céu tinha a coloração alaranjada de um crepúsculo à beira-mar.

Daniel explorou o local e encontrou uma espécie de gaiola presa ao lado de uma das estruturas, feita de quatro grandes quadrados de telas metálicas pintadas de preto. Continha todo tipo de extravagância – árvores de Natal, bandeirolas de plástico descoradas pelo sol e os restos de um peru de isopor gigantesco que fora exibido no saguão do hotel em um Dia de Ação de Graças. Quase tudo era coberto por purpurina. Era o tipo de descoberta que o alegraria muito na infância; mas agora, no final da adolescência, só via ali lixo e decadência.

Contornou a gaiola, correndo os dedos distraidamente pela tela. Do outro lado, avistou Penny Scarsdale.

Ela estava sentada no peitoril da extremidade da laje, contemplando o mar com um cigarro pela metade entre os dedos. Tinha cabelos loiros, entremeados de mechas pintadas de vermelho, face arredondada e maçãs do rosto proeminentes. Daniel não a conhecia, mas identificou o uniforme de funcionária: calça preta e blusa verde-escura, para combinar com a decoração do restaurante.

Ela sem dúvida o vira chegar pelo canto do olho, pois logo apagou o cigarro. Não devia estar ali, na laje do edifício. E Daniel poderia marcar pontos com a mãe ordenando a Penny que voltasse ao trabalho. Era o que se esperava dele. Em vez disso, sentou-se também no peitoril, a alguns centímetros de distância, as pernas balançando no vazio aterrador. Sorriu para a jovem e contemplou o mar.

Não conversaram. O barulho do ar-condicionado do hotel tornava isso impossível. Admiraram juntos o sol se pôr. Quando o astro desapareceu, um vento frio começou a soprar, e Penny apagou seu segundo cigarro. Em seguida, voltou para a cozinha, após brindar Daniel com um sorriso.

Pelo resto da noite, Daniel não tinha conseguido pensar em outra coisa.

Na noite seguinte, foi se sentar de novo no peitoril do teto e, após uma embaraçosa meia hora de espera, a jovem apareceu para se juntar a ele. Assim que terminou seu cigarro, os dois desceram para o restaurante e por fim conversaram.

Ela era de Peixes. Daniel sabia dos Piscianos o que ninguém ignorava: *hippies*, espiritualistas, preguiçosos. Já tinha visto filmes de Piscianos na TV, e todos sempre pareciam mostrar idiotas embriagados e barbudos, com mulheres sem juízo, piadas infames e ausência absoluta de coerência ou enredo. Penny, contudo, não era tola, e, quando Daniel ignorou seu sotaque arrastado, percebeu que ela era, aliás, surpreendentemente esperta.

Uma noite, após o trabalho, quando ela terminava a limpeza do restaurante e ele fazia o caixa, Daniel questionou sua escolha de carreira e aconselhou-a a se preparar para um emprego em um banco ou no mercado imobiliário. Eram esses os trabalhos que enriqueciam os Capricornianos.

– Por que acha que eu gostaria de ser uma Capricorniana? – perguntou ela, segurando a vassoura.

– Todo mundo quer ser Capricorniano – replicou Daniel, como se essa fosse a coisa mais óbvia do mundo.

Ela o olhou com uma expressão de divertimento no rosto.

– Você é mesmo cheio de si, não? Nem todas as pessoas querem passar a vida tomando remédios contra depressão e morrendo de ataque cardíaco no assoalho da Bolsa de Valores. A maioria só deseja ser feliz vivendo do jeito que escolheu.

Daniel enrubesceu, concluindo que ela não o levava a sério. Ainda não percebera que o sorriso da jovem não tinha malícia nenhuma. Os nativos de Peixes, ao contrário dos Capricornianos, não se preocupavam com *status*.

– Então vai passar o resto da vida recolhendo pratos das mesas? – perguntou.

Ela riu.

– Sempre há um meio-termo entre isto e aquilo, você sabe – explicou a jovem. – Faço o que faço porque tenho de fazer. Não é uma carreira.

Daniel ficou irritado com Penny pelo resto do dia, certo de que ela o provocara e o menosprezara de propósito. Demorou algum tempo até concluir que a moça apenas constatava um fato. Tinha se acostumado tanto ao jogo do *status* que nunca lhe ocorrera imaginar o que isso pareceria aos olhos de quem não jogava.

Tinha sorte por ela ser tão paciente.

Na noite seguinte, desculpou-se.

– Você deve achar que sou um babaca louco por dinheiro.

– Cada um pensa de um jeito, não é? Do contrário, todos cometeriam os mesmos erros.

Sorriu para ele. E Daniel soube que, por ora, não era preciso dizer mais nada. Bastaria ouvir.

Penny lhe falou sobre seu dia, sobre sua vida e os esforços que ela e a mãe faziam para sustentar a família toda. O primeiro impulso de Daniel foi lhe dizer que seus parentes se aproveitavam dela. Quis acrescentar que a jovem era generosa demais, que seus primos eram egoístas por depender de seu trabalho e que ela devia pensar antes em si mesma. Mas Penny falava dos parentes com tamanho afeto; sobre suas perdas com tamanha aflição; e sobre os sucessos com tamanho orgulho, que

Daniel hesitou em se expressar. A maneira como ele via o mundo podia ser o caminho para o poder e o êxito – mas isso não queria dizer que fosse o caminho certo.

Quanto a Penny, não parecia duvidar nem um pouco de si mesma. Daniel era apenas um rapaz de sua idade com quem podia conversar.

Quando o beijou pela primeira vez, ele lhe perguntou antes o motivo daquele gesto. A pergunta a confundiu.

– Você não quer?

– Quero, é claro. Mas por quê? Eu sou...

"... um fraco", pensou. De aparência comum. De outro signo.

– Você é bonito, diferente, engraçado e responsável em tudo.

Ao ouvir isso, um peso saiu de seus ombros. Penny estava certa. Beijou-a, com timidez a princípio, mas depois com redobrada paixão. Acharam um quarto nos fundos, ladeado por prateleiras vazias, tiraram as roupas um do outro e fizeram amor, abafando gemidos e sussurros.

O dia seguinte era sexta-feira, e a cozinha estava agitada. Daniel mal vira Penny, mas, quando os olhares se cruzaram, ela sorriu. Reservou um dos quartos pequenos do hotel, esperando partilhá-lo com a jovem após a troca de turno, mas no fim da noite Penny teve de voltar para casa a fim de cuidar da mãe, que torcera o pé ao cair da escada no correio. Daniel ficara preocupado, achando que Penny talvez estivesse dando desculpas para não vê-lo, mas na noite seguinte ela o levou de novo ao quartinho, antes mesmo de terminar seu trabalho.

Os encontros continuaram pelas duas semanas seguintes, com momentos de paixão, ternura e confusão misturados a trabalho árduo. Daniel vivia um conflito. Penny sabia que ele era de Capricórnio, mas ignorava seu sobrenome e quem pudesse ser seus pais. Ele achava que, se ela descobrisse, tudo iria por água abaixo. Planejou dar-lhe um presente, algumas centenas de milhares de dólares, o bastante para ela pagar todas as contas da família e ficarem ambos sossegados. De que modo Penny reagiria? Pensaria que ele estava tentando comprá-la? Imaginou-se contando aos pais que os dois se amavam e encarando com bravura a desaprovação do velho. No fundo, porém, sabia que um relacionamento com Penny significava enfrentar problemas bem maiores. Que futuro poderiam ter? Haveria incontáveis momentos em que não se entenderiam, pois não tinham a mesma formação. Incontáveis momentos em que não ririam da mesma piada. Incontáveis olhares furtivos e sorrisos forçados de amigos antigos. Inúmeras vezes olhariam para o céu e compreenderiam que não haviam sido feitos para viver juntos. Muitos e muitos conhecidos o desprezariam por ele ser *aquele tipo de homem*.

E, como se tudo isso não bastasse, era verão, e Daniel tinha de voltar à Costa Oeste para retomar o curso na universidade. Os dois choraram e prometeram manter contato.

Os meses seguintes foram ocupados por viagens, aulas, novos amigos e novas ideias. Daniel integrou a equipe de remo, mas sem entusiasmo suficiente para permanecer nela durante muito tempo. Tentou falar com Penny, mas o número do telefone dela havia mudado. Escreveu cartas, todas sem resposta. Pensava nela com frequência, em parte pelo desejo que sentia, em parte por uma sensação crescente de vergonha. Acabou por sair com outras garotas. Passaram-se meses, depois anos, e ele continuava a tentar fazer contato com Penny. Nunca conseguiu.

Agora, examinando as cartas no escritório escuro do pai, entendeu enfim o motivo. Quando ele deixou San Celeste, Penny Scarsdale estava grávida de sua filha. Ela tinha procurado o pai de Daniel, que encobrira tudo. Não permitira sequer que Daniel soubesse quanto o havia desapontado. E levara o segredo para o túmulo.

CAPÍTULO OITO

Burton voltou a seu escritório no Departamento de Homicídios e, cerca de meia hora depois, Lindi apareceu. Agora, vestia roupas de trabalho, mais adequadas: um casaco verde-escuro sobre um vestido de estampa floral. O cabelo afro estava preso por um lenço bordô. Era uma combinação esquisita, no entender de Burton, uma mescla de ar profissional com boêmio, bem ao gosto de muitos outros Aquarianos que conhecia bem.

Sua irritação inicial tinha diminuído, e precisou admitir que Lindi, com seus trinta e poucos anos, pele morena e sorriso fácil, era uma pessoa interessante. Falava com um sotaque transatlântico, matizado por um certo esnobismo Capricorniano de patricinha Escorpiana da Costa Oeste, mas difícil de identificar ao certo. Disse que havia sido criada no sul da África, mas passara anos viajando pela Europa e pelo sudeste da Ásia. E, era evidente que, assim como todo mundo, crescera vendo filmes americanos.

Burton percorreu com ela o Departamento de Homicídios e convidou-a para seu escritório, que tinha uma janelinha de vidro fosco na porta. Alguém pregara ali, com fitas pretas, um papel onde se lia "Jerome Burton, Superdetetive", ao estilo do escritório de um investigador particular de filme antigo.

Lindi riu.

– Foi você quem fez isso?

– Não – respondeu Burton, de cara amarrada. – O que não falta por aqui são engraçadinhos.

Abriu a porta e introduziu-a em sua sala espartana. Uma mesa em "L" corria ao longo de duas paredes, tendo em cima duas caixas de plástico vazias identificadas como "SAÍDA" e "ENTRADA", e uma cadeira giratória diante de um computador pequeno. Burton puxou outra cadeira para ela, que examinava uma primeira página de jornal emoldurada e pendurada na parede: "PRESO O SUSPEITO DE MATAR SENADOR CRONIN". A foto mostrava Burton empurrando um homem algemado, com um terno em farrapos, para dentro de uma viatura.

– O que é isto?

– Não lhe contaram? – estranhou Burton. – Fui eu que peguei o assassino do senador Cronin.

– Quem é ele? – perguntou Lindi. – Desculpe, mas só estou no país há dois anos.

Burton suspirou. Teria de contar aquele caso até o dia de sua morte.

– Cronin ia apresentar o Projeto 51, que tornaria ilegal a recusa de serviços por parte de empresas com base em signos. Demorei três meses para encontrar o assassino, que era membro da Temporal. Já ouviu falar dessa gente? Um grupo reacionário de Cancerianos. Você sabe como os nativos de Câncer ficam quando pensam que alguém pretende abalar o *status quo*. Eles o protegeram fornecendo-lhe um álibi falso e ameaçando testemunhas. Mas, no fim, eu o peguei.

– Bom trabalho.

– Espere até ouvir o resto. A mídia enlouqueceu. Disseram que era armação e que eu estava acusando um inocente. Muitas pessoas acreditavam na Temporal, que alegava serem falsas as provas, e supunham que eu fizesse parte de uma conspiração contra o suspeito. Houve uma grande investigação interna, que causou estrago e nos privou de algumas verbas. Todos aqui sabem que fiz a coisa certa, mas ainda pegam no meu pé.

Apontou para a palavra "SUPERDETETIVE" na porta.

– Sinto muito – disse Lindi. – Não sabia. E o homem foi para a prisão?

– Sim. Pelo menos isso eu consegui – falou Burton, e deu de ombros. – Acho que os outros tiras emolduraram a reportagem só para me lembrar de que preciso ser mais cuidadoso.

Lindi Childs passou o resto do dia sentada ao lado de Burton, ouvindo os detalhes do caso e tomando notas astrológicas enquanto ele mantinha a investigação em andamento. O detetive citou os relatórios forenses sobre a situação financeira de Williams e o teste de DNA da fita adesiva, ambos com resultados negativos. Kolacny havia verificado as imagens de todas as câmeras de rua em um raio de oito quilômetros, mas, na impossibilidade de investigar cada veículo filmado, isso de pouco adiantara. Burton tinha mandado todos os detetives disponíveis para entrevistar amigos e familiares de Rachel Wells – sem que houvesse nenhum sinal dela ainda. Além de dragar o rio para achar seu corpo, Burton não sabia mais o que fazer.

De vez em quando, Lindi levantava os olhos da tela do notebook e o interrompia com uma pergunta.

– E, no momento, qual é seu principal suspeito?

– É alguma pegadinha? – Burton franziu as sobrancelhas. – Não é seu mapa que deve nos dizer isso?

– Sem dúvida – concordou Lindi. – Mas acontece que uma configuração de planetas pode significar coisas diferentes. Tudo o que acontece, de bom ou de mau, depende desses planetas. Por isso não se consegue obter um software automático de astrologia preciso o bastante. Um ser humano tem de interpretar os dados. Talvez alguém que conheça o máximo possível da situação.

Burton já ouvira essa explicação antes, mas ela fazia tanto sentido para ele quanto uma aula de física quântica. Não era especialista no assunto, portanto, em determinado momento, não lhe restava alternativa a não ser balançar a cabeça e aceitar passivamente o que ouvia. Afinal, os especialistas haviam passado anos estudando o assunto, que devia ter alguma base sólida.

– Bem – continuou Lindi –, você me disse que o sistema de segurança foi desativado. Então o assassino sabia do alarme e planejou tudo. Não foi um crime casual. Foi premeditado.

– É essa também a minha opinião. Quero crer que se trate de um assassino profissional.

– E você disse também que Williams tinha problemas com o Ascendente Áries?

Burton assentiu.

– Certo... – murmurou Lindi.

Burton observou-a digitar com atenção mais algumas informações. A tela do notebook estava toda coberta de desenhos simbólicos. Lembrou-se dos velhos jogos de computador que disputava com os amigos no colégio, nos quais números e símbolos substituíam monstros, espadas e poções mágicas.

No meio da tarde, Lindi já se achava preparada para começar as previsões. Mostrou a Burton uma página repleta de símbolos.

– Este é o céu na hora do crime – explicou. – E, como vê, temos aí um desequilíbrio de elementos.

– Desculpe – confessou Burton –, mas isso não significa nada para mim.

Lindi olhou-o, perplexa.

– Não estudou Astrologia no colégio?

– Não. Frequentei uma escola Taurina. Era boa, mas enfatizava o treino vocacional.

– Certo – respondeu ela. – O que você precisa saber é que temos aí os quatro elementos: Terra, Ar, Fogo e Água. Cada signo do Zodíaco é uma expressão diferente de um desses elementos. Áries é o fogo primordial, ou seja, apresenta toda a energia e o potencial destrutivo de uma chama que acaba de ser acesa. Touro é a terra fixa, significando estabilidade, prontidão e lealdade, como o chão sob os nossos pés.

Burton fez que entendia com um sinal de cabeça.

– E...?

– E, neste mapa, vemos muita atividade de signos de Terra. Não poderia esperar outra coisa, pois se trata de um policial Taurino literalmente assassinado em uma vala no solo, perto de um símbolo de Touro feito de terra. E o regente dessa Oitava Casa é Touro. Na minha opinião, trata-se de um indício de que o elemento Terra é importantíssimo aqui.

– Metafórica ou fisicamente?

– Nem sempre há uma diferença – explicou Lindi. – Pergunte a si mesmo: por que Williams foi morto em uma vala? Talvez porque essa vala significasse algo tanto para o assassino quanto para a vítima. Ou talvez o assassino tenha cavado, ele próprio, esse buraco. Isso lhe daria tempo para vistoriar a propriedade do chefe Williams. E que signo se aplica com maior probabilidade a um escavador? Áries, não?

Burton refletiu por um instante.

– Sim, faz sentido.

Procurou, no computador, empresas que fabricavam e instalavam piscinas na região de Williams. Ligou para todas e perguntou se haviam feito algum trabalho recente no número 36 da Eden Drive, em Conway Heights. Teve sucesso na quarta tentativa.

– Sim – respondeu uma entediada voz masculina. – Para instalar uma bomba nova e substituir o sistema de vazão.

– Tem o nome do funcionário que cavou a vala?

– Não. Normalmente contratamos alguém que está querendo fazer um bico e o pagamos por hora. Mas vou checar e depois ligo para você. Qual é o seu número?

Burton deu o número e voltou aos relatórios, à espera da chamada.

Decorridas algumas horas, seu turno terminou. Levantou-se e vestiu o paletó.

– Aonde vai? – perguntou Lindi, virando-se.

– Vou para casa. Preciso levar algumas coisas para minha esposa. Ela está grávida.

– Parabéns!

– Obrigado. Apague a luz quando sair.

Lá fora, já era noite. O céu encoberto ia mudando de cinza para cinza-escuro e negro. A chuva começou a cair logo depois que Burton entrou no carro. Os pingos eram suficientes para que ligasse os limpadores do para-brisa, mas não para que estes deslizassem com suavidade sobre o vidro. Iam e vinham deixando traços sujos de poeira acumulada há dias. Mas Burton achou bom dirigir. Isso lhe daria tempo para pensar.

Tentou encenar mentalmente o episódio. O assassino arrombara a porta com um pontapé, estilhaçando o batente. Surpreendera Williams no quarto e o atacara. Tinha espirrado sangue. Era provável que o intruso tivesse uma arma, do contrário Williams se defenderia com mais vigor e seu sangue escorreria em maior quantidade. O assassino havia levado a vítima lá para fora, prendera seus punhos e tornozelos, golpeara sua barriga e o jogara na vala. Acreditando que a vítima estivesse morta, tinha desenhado o símbolo de Touro no gramado, entrado de novo na casa e cortado o fio do sistema de alarme. Ou teria feito isso antes? A arrumadeira tinha chegado e encontrado Williams, o assassino a surpreendera e a levara embora pouco antes da chegada da viatura de polícia. Tudo isso se encaixava, embora não fosse suficiente.

O telefone tocou. Ele atendeu pelo viva-voz.

– Detetive? – disse o homem das piscinas. – Descobri quem cavou a vala na casa de Williams. O nome é Luke Boysen. O último endereço que nos deu é o de um abrigo para moradores de rua em Warburg. Um lugar chamado Céus Reunidos.

– Pode descrever o sujeito?

– Claro. Áries, 1,63 metro de altura, cabelos e olhos castanhos, tatuagens no pescoço e nos antebraços.

Burton agradeceu e desligou. Em seguida, parou o carro e tentou ligar para o abrigo, mas a linha estava ocupada. Warburg, porém, não era longe dali, e ele tinha tempo ainda para chegar em casa no horário, onde Kate o esperava. Colocou o carro em movimento e entrou no trânsito, virando à direita para a ponte que conduzia a Warburg.

O distrito já tinha sido uma região miserável. Trinta anos antes, Aquarianos empreendedores haviam comprado as lojas vazias e as convertido em apartamentos ou escritórios. A reurbanização não fora completa: ainda existiam casas de penhores e restaurantes baratos, além de igrejas carismáticas no segundo andar de prédios, ao longo da rua principal de Warburg. Todos os mercados de produtos orgânicos e estúdios de *design* tinham segurança na porta durante o dia e ficavam trancados e escuros à noite.

Burton virou em uma esquina, pegou uma rua secundária e estacionou diante do abrigo Céus Unidos. Era um edifício despojado, com tijolos aparentes e um luminoso que mostrava um céu estrelado sustentado por duas mãos protetoras. Uma das lâmpadas de neon da placa piscava, desenhando uma faixa marrom-escura intermitente no plástico opaco. Burton se encolheu para se proteger da chuva e entrou no edifício.

O saguão recendia a desinfetante. As paredes eram verde-escuras e descascadas, cobertas por resquícios de velhos cartazes. O corredor em cima estava quase por completo às escuras; não havia lâmpadas no teto. Ouviam-se vozes nos fundos do prédio.

A recepção era um orifício retangular na parede, emoldurado em madeira envernizada, que parecia ter sido antes uma janela. Um homem de camisa branca de mangas compridas, sentado diante de uma escrivaninha estreita e lendo um jornal popular, não deu muita atenção a Burton. Tinha cabelos loiros lisos e um rosto que pareceria jovem não fossem os olhos fundos.

– Boa noite – cumprimentou o detetive.

– Sinto muito – retrucou o recepcionista, sem levantar os olhos. – Lotado de novo esta noite. Tente a Fourth Street.

Burton ergueu seu distintivo e pigarreou. O homem olhou para ele e bateu o encosto da cadeira na parede de trás de seu minúsculo escritório.

– Desculpe, policial – gaguejou, pondo-se em pé de imediato. – Em que posso ajudar?

Passou a língua pelo lábio superior. Burton estava acostumado a esse nervosismo. Muita gente mudava de atitude em um segundo ao ver um tira.

– Você sabe se um sujeito chamado Boysen está por aqui?

– Talvez – disse o recepcionista. – Não perguntamos nomes.

– Posso entrar e procurar?

O recepcionista hesitou. Parecia escolher as palavras com cuidado.

– Eu não recomendaria – disse por fim. – Vai causar problemas, a menos que eu o acompanhe.

– Faça isso, então – pediu Burton. – É importante.

O recepcionista abriu a porta de seu cubículo e saiu para o corredor.

– Tem de ser rápido – advertiu. – Por aqui.

Ele conduziu Burton pelo corredor escuro até o interior do prédio.

– Trabalha aqui há muito tempo? – perguntou o detetive.

– Há cerca de três anos – respondeu o homem. – Era bem pior quando comecei. Lixo por todo lado. Sabia que montamos um abrigo novo na Duke Street, só para mulheres? Pode imaginar como era quando todos ficavam juntos no mesmo prédio, com todo esse machismo Ariano.

– Qual é o seu signo? – quis saber o detetive.

O homem pareceu insultado por Burton não ter adivinhado.

– Câncer, senhor. Sétima geração. Sou voluntário aqui, em nome de minha igreja.

Burton percebia agora. A camisa e as calças do homem estavam bem passadas; seu corte de cabelo era impecável, embora não exatamente elegante. E ajudava ali por caridade, como um bom rapaz Canceriano. Mas não devia ser só isso. Sob o véu da piedade, o recepcionista parecia um tanto agitado. Ou pagava uma dívida à sociedade ou fazia algo por baixo do pano que poderia deixá-lo em maus lençóis.

Empurrou uma porta dupla, que dava para um quarto enorme e barulhento, com cerca de cem camas alinhadas. Cobertores e lençóis eram de um tom de cinza que lembrava sujeira. Grupos de homens sentavam-se nas camas, usando-as como sofás e mesas de jogo. Junto às paredes, viam-se mesas de cavalete cobertas de vasilhas metálicas – restos da refeição gratuita da noite. O chão era de madeira, com faixas de tinta gastas, mas ainda visíveis, no rejunte das tábuas. Aquele lugar devia ter sido um dia uma quadra de basquete.

Olhos nada acolhedores se voltaram para os dois quando entraram. Burton não tinha trazido o revólver, que ficara trancado no escritório. Não esperava parar em um lugar como aquele.

– Deixa comigo – murmurou o recepcionista. – Muitos desses caras não se relacionam bem com a polícia. Alguns têm distúrbio de estresse pós-traumático.

Burton pensou que o recepcionista ia anunciá-lo, mas, em vez disso, aproximou-se de um dos grupos e falou com um homem grande de barba ruiva. O homem ouvia, olhando para Burton. Quando o recepcionista parou de falar, o grandalhão deu de ombros. O recepcionista voltou.

– Não há nenhum Boysen aqui. Sinto muito.

– Isso é tudo? – irritou-se Burton. – Você perguntou apenas a um dos caras!

– É o Grint, o chefão daqui. Temos primeiro que tratar com ele.

– Como assim? – estranhou Burton. – Por quê?

– Há muitos ex-presidiários aqui – explicou o recepcionista. – Eles estabeleceram uma hierarquia, e com ela não se pode mexer. Não são as regras da cadeia, mas é quase isso.

Caminhou para a porta dupla, esperando que Burton o seguisse.

"Dane-se", pensou Burton. Tinha um trabalho a fazer. Virou-se e falou para o quarto todo:

– Senhores, desculpem a interrupção. Poderiam me ouvir? – gritou, mostrando o distintivo. – Polícia de San Celeste.

O burburinho no quarto amenizou-se um pouco. Dezenas de olhos hostis se fixaram nele.

– Estou procurando um tal de Luke Boysen. Esse sujeito já esteve aqui antes.

Olhou para os homens que estavam mais próximos. Todos se afastaram, sem nenhum contato visual com ele.

– Alguém viu Luke Boysen? É importante.

Burton percebeu dois deles se virando para uma porta nos fundos do vasto recinto. Um homem de jeans e camiseta branca saía, sem olhar para trás. Burton notou uma tatuagem em seu pescoço.

– Ei! – gritou. – Pare aí!

Correu por entre as camas, dirigindo-se ao fundo do quarto. E estava quase chegando à porta quando o canto de uma cama atravessou seu caminho, rangendo sobre o assoalho. Burton ia depressa demais para poder evitar o choque, e a armação de metal bateu em sua coxa.

Virou-se para ver quem tinha empurrado a cama. Meia dúzia de rostos o fitavam, impassíveis. Podia ser qualquer um deles. Mas não havia tempo para descobrir. Mancando até conseguir se recuperar, cruzou a porta e entrou em outro corredor.

Esse era menor e mais bem iluminado que o da frente do edifício. Burton tropeçou quando o piso, de repente, desceu cerca de meio degrau – talvez o abrigo houvesse sido construído com a junção de dois prédios com pisos em níveis diferentes, após a demolição das paredes divisórias. Torceu o pé, e o ombro se chocou contra a parede. Não estava com muita sorte.

Passou por outra porta e teve o vislumbre de cubículos de chuveiro e vasos sanitários. Na última curva, quase atropelou Boysen. A saída dos fundos do prédio estava trancada, e Boysen não poderia ir a lugar nenhum.

Ele se virou e encarou Burton, colocando-se em posição defensiva. Burton agarrou-o. Tinha saído em perseguição a Boysen como um cão perseguiria um carro em movimento, mas, agora que o homem estava encurralado, não tinha arma nem apoio. Viera ao abrigo esperando achar o nome de Boysen em um registro – não ficar cara a cara com um suspeito de assassinato.

Boysen era um pouco mais baixo que ele, mas musculoso e com a aparência de um trabalhador braçal. Sua calça jeans estava suja de barro e puída nas barras. A camiseta branca trazia o logotipo da SC Pools, o desenho de um sol se erguendo sobre uma extensão de água ondulante. Ele agarrou Burton também e, pelo jeito, o cara sabia lutar.

Mas Burton tinha um roteiro a seguir:

– Luke Boysen, você está preso pelo assassinato do chefe de polícia Peter Williams.

Ouviu passos no corredor às suas costas. Contava com uma emboscada dos frequentadores do abrigo, mas era o recepcionista empunhando um cassetete de metal preto. Assim que viu Boysen, levantou-o como que para se defender.

Boysen desistiu de lutar e espalmou as mãos para cima. Não poderia brigar com os dois.

– Por acaso você não tem por aí algemas ou uma corda? – perguntou Burton.

– Não é você quem deveria ter isso? – retrucou o recepcionista, sem tirar os olhos de Boysen.

– Tenho, no carro. Fique de olho neste cara; ele é suspeito de assassinato. Volto logo.

O recepcionista segurou Boysen pelo antebraço.

– Não faça isso. Não volte para lá.

– Sei me defender – objetou Burton.

– Acredite em mim – insistiu o recepcionista. Gotas de suor escorriam de suas têmporas. – Espere aqui e peça ajuda.

Burton hesitou, mas por fim pegou o celular e solicitou auxílio. Ao ouvir que uma viatura estava a caminho, virou-se para Boysen, que observava os dois, desconfiado. Continuava com as mãos espalmadas para cima.

– Por que fugiu? – perguntou Burton.

Boysen rangeu os dentes, mas respondeu com polidez:

– Sinto muito, oficial.

– Sou detetive. Vire-se e abra as pernas.

Boysen obedeceu sem nenhuma pressa. Burton colocou-o em posição contra a porta, e Boysen encolheu-se quando seu cotovelo bateu na fechadura saliente.

– Por que matou Williams? – perguntou o detetive.

– Quem é Williams?

– Por que fugiu?

– Fiquei com medo.

– Aposto que ficou – zombou Burton. – Agora, no chão!

Burton revistou o suspeito e ficou de pé ao lado dele, esperando que o reforço chegasse logo. De vez em quando, ouvia ruídos ou vozes alteradas no quarto, e o recepcionista lançava um olhar nervoso para lá. Logo sirenes ecoaram ao longe; pessoas gritaram e portas bateram. Um minuto depois, mais gritos no quarto:

– Saiam da frente! Abram caminho! Vamos, vamos!

Botas estrondejaram pelo corredor, e um grupo de policiais armado até os dentes fez a curva, carregando fuzis de assalto. Vestiam uniformes pretos e tinham as viseiras baixadas. Burton conhecia todos eles. Eram a equipe da SWAT especialmente treinada que operava em Ariesville nos últimos dez anos, combatendo a violência de gangues que os policiais comuns não estavam à altura de enfrentar. De modo extraoficial, eram conhecidos como Esquadrão Aríete.

– É este? – perguntou o primeiro a chegar.

Burton fez que sim com a cabeça. Afastou-se enquanto os homens algemavam Boysen, levantavam-no do chão e empurravam-no pelo corredor. No quarto, a conversa cessou, e os homens abriram alas para o Esquadrão Aríete conduzir o prisioneiro em meio às fileiras de camas, com Burton e o recepcionista atrás. O grandalhão de barba ruiva olhava-os, imperturbável.

Já fora e depois de acomodar Boysen na traseira da viatura, o Esquadrão Aríete se descontraiu. O recepcionista, porém, continuava tenso.

– Que foi? – perguntou Burton.

– Nada – respondeu o homem. – Já terminaram?

– Já. Obrigado pela ajuda.

O recepcionista respondeu com um aceno nervoso de cabeça e voltou ao edifício.

– Ele está nervoso porque você rompeu o acordo – disse uma voz grave atrás de Burton.

Era Vince Hare, o capitão do Esquadrão Aríete, que saía de trás da viatura com o capacete embaixo do braço. Vince, alto e de ombros largos, tinha o cabelo cortado bem rente à cabeça, ao estilo dos astronautas. Riu com gosto para Burton e começou a limpar a viseira do capacete com um pano.

– Que acordo?

– Pelo que ouvi, os homens de Mendez costumavam vir aqui no último dia do mês e prendiam os primeiros caras que encontravam para levá-los à delegacia e, assim, preencher sua cota. Os albergados haviam ameaçado pôr fogo no prédio se isso continuasse acontecendo. A instituição de caridade responsável pelo lugar se queixou, e Mendez encerrou as operações.

– Então o recepcionista infringiu uma regra deixando-nos entrar?

– Provavelmente – respondeu Vince. Seu meio sorriso expressava que ele não tinha nada a ver com aquilo. – Você está aqui investigando o caso Williams?

– Isso mesmo.

– E ele é o suspeito? – indagou Vince, apontando com o polegar por cima do ombro para a porta de trás da viatura.

– No momento, sim.

– Ótimo trabalho. Escute, se precisar de nós para fazer o cara falar, é só pedir. Não convém deixar assassinos de policiais andarem soltos por aí. Posso lhe reservar um quartinho discreto. Só você e ele, sem câmeras. Ou então nós mesmos fazemos o trabalho. Como preferir. Por Williams, certo?

CAPÍTULO NOVE

Um cálculo simples mostrou a Daniel que sua filha deveria ter 17 anos. Uma moça. Imaginou-a com as maçãs do rosto salientes e o cabelo pintado da mãe. A ideia de conhecê-la nos próximos dias era algo incrível.

O velho sempre controlara a família com rigidez, zelando por seu nome, mas Daniel continuava achando impressionante que houvesse mantido em segredo o nascimento da menina. Sem dúvida, tinha achado a situação tão vergonhosa que não tivera coragem sequer de conversar com Daniel sobre o assunto. Ou talvez pensasse estar fazendo um favor ao filho. Uma filha ilegítima provocaria graves repercussões, do ponto de vista social e financeiro. Os jornalecos o crucificariam. Aquilo arruinaria a vida que o pai de Daniel havia planejado para ele.

E que vida era essa? Daniel saltitava de uma posição de gerência a outra, nunca se apegando a nenhuma e falhando do mesmo modo nos negócios e no hedonismo. Esbanjava dinheiro. Mas, agora, tinha uma filha.

Naquela mesma noite, Daniel voou para San Celeste em seu jatinho particular. Passou a primeira metade da viagem ao telefone, conversando com funcionários da UrSec na tentativa de descobrir por onde andavam Penny Scarsdale e sua filha. A dificuldade em obter essas informações o surpreendeu. A maior parte do pessoal da empresa de segurança estava em casa ou na cidade, de modo que foi preciso alegar uma emergência fora de hora. Mesmo assim, os registros que a empresa mantinha sobre Penny Scarsdale eram confidenciais e estavam trancados em armários ou criptografados com senhas esquecidas. A empresa teria de contatar ex-funcionários, membros da diretoria e advogados, além de organizar infindáveis negociações particulares. Enquanto isso, Daniel não tinha outra coisa a fazer exceto ficar observando a noite pela janelinha do avião.

Chegou ao aeroporto às três horas da madrugada e foi recebido por Ian Hamlin, o atual gerente-geral da UrSec. Nascido em San Celeste, de Escorpião e bem-proporcionado, parecia pouco à vontade em seu terno de executivo. Embora fosse muito cedo, estava disposto e atento. Enquanto atravessavam a área de chegada, colocou Daniel a par dos progressos da investigação.

– O que sabemos é isto: sua filha se chama Pamela, tem cabelos e olhos castanhos. Os prontuários médicos que consultamos mostram que nasceu saudável e foi feliz durante toda a infância. Infelizmente, meu antecessor parou de manter registros sobre a família Scarsdale há doze anos, isto é, quando a menina tinha 5 anos.

– O que aconteceu? Por que ele deixou de rastreá-la?

– Os Scarsdale romperam um acordo de confidencialidade que tinham com seu pai. O tio de Penny tentou contar tudo ao *Cochicho*. Quando pediram a seu pai que comentasse o caso, os advogados intervieram, abafaram a história e cortaram a pensão que Penny recebia para criar a filha.

– O quê? – exclamou Daniel.

Se Hamlin notou sua reação colérica, não deu sinais disso e, com tranquilidade, conduziu Daniel até o estacionamento.

– Pelo que sei, seu pai considerava a pensão uma espécie de cortesia. A ameaça legal representada pelo acordo de confidencialidade era suficiente para manter os Scarsdale em silêncio.

– A menina era neta dele! – disse Daniel.

Hamlin concordou.

– Conforme entendi, se seu pai demonstrasse que a neta tinha algum valor para ele, os Scarsdale abusariam disso. Disse que dar dinheiro a eles não seria um bom investimento.

Daniel agarrou Hamlin pelo colarinho e encostou-o a uma coluna. Hamlin foi pego de surpresa e bateu a cabeça no concreto. Alguns viajantes retardatários que guardavam as malas em um carro ali perto se viraram para olhar.

– Investimento? – rugiu Daniel. – É a minha filha!

Com calma, Hamlin pegou as mãos de Daniel e afastou-as de seu corpo. Fez isso devagar, mas Daniel sentiu os ossos das mãos rangendo. Hamlin olhou-o bem nos olhos.

– Senhor – disse ele –, entendo que esteja cansado e nervoso. Devo, pessoalmente, pedir desculpas pela participação de minha empresa em seu sofrimento. Trabalhamos antes para seu pai e agora trabalhamos para o senhor. Faremos o que nos pedir. Quer que continuemos?

Soltou Daniel, que recuou.

– Sim – disse Daniel, esfregando as mãos e procurando se recompor. – Obrigado. Desculpe.

– Não há problema – replicou Hamlin, piscando devagar para ele. – Ainda não localizamos a família Scarsdale, cuja vida parece muito mal documentada. Mas temos uma excelente equipe de investigadores. Não se preocupe, senhor Lapton. Logo encontraremos sua filha. Eu garanto.

CAPÍTULO DEZ

Boysen sentou-se na sala de interrogatório, entre Lindi e Kolacny. Suas digitais tinham sido encontradas em toda a cena do crime – nos cabos das ferramentas de jardinagem, guardadas em um galpão ao lado da casa, e nas portas corrediças de vidro. Sua ficha revelava que já fora preso por pequenos roubos e embriaguez. Burton observava-o pelo vidro espelhado. Após uma noite preso, Boysen exibia círculos pretos sob os olhos. Burton havia pedido que os homens do Esquadrão Aríete não se envolvessem no interrogatório, mas não se surpreenderia se Boysen tivesse recebido alguma atenção da parte deles durante o trajeto até a delegacia.

As paredes da sala de interrogatório eram cobertas por um material à prova de som, e o carpete ostentava uma cor marrom institucional. Havia duas câmeras sobre tripés em lados opostos da mesa, uma apontada para Boysen, a outra para Kolacny e Lindi. O notebook cinzento da jovem estava aberto no centro da mesa.

– Leitura de mapa começando às 11h08 da manhã – disse Kolacny para a câmera. – Presentes no local: eu, detetive Lloyd Kolacny, a astróloga Lindiwe Childs e o suspeito Luke Boysen. Senhor Boysen, permite uma leitura profissional de horóscopo? Saiba que as informações colhidas por esse método são admissíveis nos tribunais.

Boysen olhou de um para o outro.

– Tenho escolha? – perguntou.

– Sempre há – respondeu Kolacny. Isso era verdade até certo ponto, pois a recusa soaria mal caso Boysen comparecesse perante o juiz.

– Ótimo – replicou Boysen, cruzando os braços. – Permito.

– Está bem – disse Lindi, olhando para a tela do notebook. – Luke Michael Boysen, hora exata do nascimento: 19 horas e 24 minutos, 14 de abril de 1985, no Hospital Geral de San Celeste. Vou criar agora seu mapa de nascimento.

Os dedos de Lindi Childs percorreram as teclas do notebook e um círculo apareceu na tela, dividido em doze segmentos numerados com algarismos romanos. Do lado de fora, viam-se os símbolos do Zodíaco e, dentro, os símbolos dos planetas, distribuídos de forma irregular em volta do círculo e ligados por uma rede de linhas verdes e vermelhas.

– Aí está – disse Lindi. – Esta é uma representação dos planetas e das constelações tais quais se encontravam no momento exato de seu nascimento. Como sabe, as energias liberadas pelos planetas em um dado instante afetam tudo o que começa nesse instante: no caso, você. Assim, este mapa me dá uma ideia bem precisa das energias que moldam sua natureza e, por consequência, da probabilidade de ter cometido os crimes de que o acusam. Uma leitura aprofundada levará tempo e terei de pedir mais informações ao detetive Kolacny para confirmar minha interpretação do mapa, mas podemos fazer uma leitura por alto agora mesmo. Seu Sol está em Áries, o que associa sua identidade ao elemento Fogo, de energia destrutiva...

Lindi continuou discorrendo sobre astros e seus aspectos, entre outros assuntos dos quais Burton não tinha a menor ideia. Tentou acompanhar a explicação, mas foi interrompido por uma batida na porta às suas costas. O detetive Rico entrou na sala. Estava na faixa dos 20 anos, era moreno e de boa aparência. Tinha as laterais da cabeça e a nuca raspadas, e o resto do cabelo, espetado com gel de uma maneira que Burton achou exageradamente moderna.

– Burton, Mendez quer ver você.

– Qual o assunto?

– Uma advogada apareceu dizendo que representa Boysen.

– Defensora pública?

– Não – disse Rico, balançando a cabeça. – Com certeza, não. É melhor ir falar com o capitão.

CAPÍTULO ONZE

A interpretação do mapa astrológico ia bem. Após semanas compilando dados para o manual, Lindi achou ótimo pôr a mão na massa e fazer uma verdadeira leitura astrológica. Os policiais ouviam com atenção, e Boysen parecia amedrontado. Lindi tinha captado alguns aspectos de seu mapa que um astrólogo menos experiente talvez não percebesse. E estava longe de ser ruim ter recebido permissão para aplicar suas habilidades àquele caso importante.

Parecia que as nuvens se afastavam da sua vida. Mudar para uma nova cidade não tinha sido fácil, e saber que logo iria embora não ajudava muito. Não lançaria raízes. As pessoas que encontrava davam a impressão de terem amizade de longa data e acumularem lembranças, mas ela ficava olhando para telas de computador em saletas nos fundos aqui e ali. Agora, porém, o trabalho estava valendo a pena. Enfim realizava algo relevante.

Na hora do almoço, pensou já ter as evidências de que Burton precisava. Saiu da sala de interrogatório e perguntou a alguns policiais que conversavam junto a uma máquina de venda automática se o tinham visto.

– O Superdetetive? – perguntou um deles. Os outros riram. – Não, não pelas últimas duas horas. Deve estar almoçando do outro lado da rua.

Deram as costas a Lindi e continuaram a conversa. Ela desceu a escada e saiu pela entrada principal. Após procurar na rua, viu Burton pela janela de um restaurante que fazia comida para viagem, chamado Sabor do Punjab.

A porta se abriu automaticamente para ela entrar. Pequenos alto--falantes tocavam música de Bollywood. A lista de pratos e preços estava em um quadro-negro pendurado atrás do balcão, sobre o qual se via uma caixa de vidro vazia coberta por uma fileira de vasos indianos. Burton estava sentado em uma das três mesas do restaurante, ao lado de um frigobar. À sua frente, um prato de arroz com *curry*, no qual dava garfadas, perdido em pensamentos. Lindi se aproximou da mesa.

– Posso lhe fazer companhia?

Ele ergueu a cabeça, surpreso por vê-la ali. Hesitou por um momento, antes de dizer:

– Claro.

Lindi se sentou à sua frente.

– Não pensei que gostasse deste tipo de restaurante.

– Por que não? Os donos são uma boa família Taurina.

– Você quer dizer Vrishabha. Se são hindus, usam o sistema védico.

– Estão neste país já há duas gerações. São de Touro. Quer pedir?

Lindi estudou o cardápio atrás do balcão enquanto Burton voltava a comer. Quando o garçom apareceu, vindo dos fundos, ela pediu frango *tikka masala* com pão *naan* de alho.

– Boa pedida! – garantiu Burton, limpando os lábios. – E a leitura do suspeito do assassinato, como foi?

– Ótima! Há muito Fogo no mapa do sujeito, mas também um pouco de Água, o que o torna manipulável. Tem um Júpiter fraco, um indício de que é antissocial. No todo, diria que o mapa depõe muito contra ele.

– E as estrelas não mentem – sentenciou o detetive Burton, levando outra garfada à boca.

Lindi olhou para ele, subitamente inquieta.

– Algo errado?

Burton mastigou mais um pouco e engoliu.

– Acabo de falar com meu capitão e com uma advogada que representa Boysen – explicou ele. – O homem tem um álibi. Quando Williams foi morto, na manhã de sábado, ele estava no mercado de Westville.

– Foi o que me contou. Mas não me pareceu muito convincente. Não tem testemunhas e não quis me dizer por que estava lá. Além do mais, a meu ver, não é o tipo de pessoa que passa as manhãs de sábado fazendo compras no mercado.

– É verdade – concordou Burton. – Mas pode ser que estivesse pedindo esmolas ou batendo carteiras. Isso explicaria por que ninguém o viu. Entretanto, vai ser fácil checar sua história. Se foi mesmo ao mercado, as câmeras do terminal de ônibus de Westville o pegaram entrando e saindo. Solicitamos as fitas para verificação, e a advogada tem certeza de que ele estava lá. Nesse caso, pegamos o cara errado.

Lindi correu a unha do polegar pela toalha de plástico da mesa.

– Droga! – resmungou.

– Nem me diga – disse Burton. – Se tivéssemos apenas feito nosso trabalho de polícia, sem dar atenção às estrelas, não prenderíamos um inocente.

Lindi franziu o cenho.

– Mas minha leitura continua exata. Minha tarefa foi investigar a verdadeira natureza do suspeito. O fato de não ser responsável pelo crime em questão não faz dele um anjo.

– Fique tranquila – falou Burton. – Não estou culpando você.

O garçom veio e colocou o frango e o *naan* na mesa. Lindi partiu um naco de pão e usou-o para pegar um pedaço de frango do prato.

– Como Boysen conseguiu essa advogada?

– Não conseguiu. O caso é importante e chamou a atenção do grupo Signos Igualitários. Foi um ato de caridade.

– E agora? – indagou ela. – Acho que o melhor a fazer é uma leitura horária. Você levanta uma hipótese, e eu lhe digo por onde começar.

Burton balançou a cabeça.

– Não, obrigado. Vou seguir o método convencional por enquanto.

– Mas ainda tenho um acordo com você. Sou um recurso valioso.

Burton empurrou o prato para o lado.

– Conseguiu pegar muitos infratores no trabalho para os aeroportos?

– Ah, sim. Dezenas deles.

– Terroristas? Contrabandistas?

– Não. Pessoas com líquidos ou produtos que poderiam ser usados como armas. Uma faca de caça, certa vez.

– Muito bem – disse Burton. – E algumas delas eram inocentes?

– Claro – confirmou Lindi. – Mas é melhor prevenir que remediar, não?

– Sem dúvida – assentiu Burton, em tom cético. Limpou as mãos em um guardanapo de papel e levantou-se. – Escute, preciso voltar à delegacia. Foi muito bom trabalhar com você.

– Já vai? – Lindi queria discutir, mas não era a hora nem o lugar. – Se ainda puder ser útil em alguma coisa, você me procura?

– Procuro – disse ele. – Obrigado pela ajuda. E bom almoço.

CAPÍTULO DOZE

Havia poucos registros públicos sobre a família Scarsdale. Seja lá o que fosse que vinham fazendo desde o rompimento do pai de Daniel com eles, não estava sendo fácil para as autoridades descobrir o rastro dos Scarsdale. Daniel aguardava nos escritórios da UrSec enquanto Hamlin tentava encontrar alguma pista.

A sala da diretoria era no último andar, com uma grande janela que dava para o centro da cidade. Daniel, bebericando um chá Earl Grey, contemplava a luz do sol nascente que se refletia nas fachadas de vidro dos edifícios.

Meia hora depois, Hamlin apareceu à porta, uma expressão sombria no rosto.

– Sinto muito, senhor Lapton – disse. – Não há um modo fácil de lhe dizer isto: Penny Scarsdale está morta.

– O quê? – balbuciou Daniel. – Quando?

– Há dez anos. Desceu do ônibus e não olhou para a rua. O motorista que a atropelou era um jovem Escorpiano. Foi condenado por homicídio e cumpriu pena em liberdade.

Daniel fitou o tampo brilhante da mesa.

– E minha filha?

– Tinha 7 anos na época. Não viu o acidente. Não sabemos até que ponto foi afetada por ele. – Hamlin levou a mão ao batente, como se estivesse de saída, mas acrescentou: – Lamento muito.

A compaixão não combinava bem com Hamlin.

– Obrigado – murmurou Daniel.

Hamlin fez um aceno de cabeça em resposta, virou-se e voltou para sua investigação. Daniel recostou-se na cadeira e fitou as reentrâncias do teto à prova de som. Perder Penny era estranho e doloroso. Nos últimos dezessete anos, sempre que se lembrava dela, via-a como uma adolescente. Suas recordações envolviam sexo desenfreado, repetido muitas e muitas vezes em sua mente, até que houvessem se dispersado em fragmentos. Reencontrá-la depois de tanto tempo teria sido constrangedor, sem dúvida, mas lhe daria a chance de descobrir como ela era de fato, sem a juventude ou hormônios para dourar as aparências, e, também, de se desculpar pelo que a família fizera. Era perturbador constatar que nunca mais a veria e que aquelas lembranças e desejos estavam agora diluídos no vazio.

Horas depois, Hamlin voltou com novas informações. Seus investigadores enfim tinham descoberto o paradeiro da mãe de Penny, Marjorie, que morava em um apartamento no distrito de Westwood e tinha uma linha telefônica ativa. Hamlin havia ligado pessoalmente para ela, mas Marjorie desligara duas vezes e depois deixara o aparelho fora do gancho. Quando Hamlin tinha tentado contatá-la uma hora mais tarde, um dos Scarsdale chamado Cooper atendera e dissera que, se qualquer pessoa ligasse de novo em nome de Daniel Lapton, o corpo dele seria dragado do porto até o final da semana.

– Não querem nada com o senhor e não têm motivo nenhum para se mostrar educados – lamentou Hamlin. – Acham que seu pai os tratou muito mal e parece que não gostam nada da UrSec. Disseram que vão falar com ela e com mais ninguém.

– Quem é "ela"? – estranhou Daniel.

– Não disseram. – Hamlin se sentou à mesa, diante de Daniel, e cruzou os dedos. – Esta empresa tem duas maneiras de lidar com antagonismos. A primeira são nossos advogados, embora trabalhem melhor com pessoas preocupadas com seus negócios. Mas temos também uma abordagem mais física.

– Não – disse Daniel. Ameaças e intimidações seriam um tiro pela culatra, e já estava ficando impaciente. – Esta é uma situação que envolve seres humanos. Deve ser resolvida cara a cara.

– Posso mandar um representante.

– Quero ir pessoalmente.

Hamlin franziu o cenho e tamborilou na mesa.

– Gostaria de fazer uma avaliação de riscos. Westwood não é uma boa região e temos de estar preparados para o pior da parte dos Scarsdale. Violência, extorsão, sequestro...

– Deixe-me explicar melhor – falou Daniel, encarando Hamlin com firmeza. Por um instante, soube o que era ser seu pai. – Vou até lá agora mesmo, com ou sem você. É assunto meu e a partir deste momento eu me encarrego de tudo. Mande sua equipe de segurança, se quiser, mas vou tirar minha filha daquela gente.

CAPÍTULO TREZE

O jingle do canal de notícias local ecoou quando Burton abriu a porta. A música estrepitosa soava de forma dramática, transformando o caos do mundo em uma fantasia povoada de heróis e vilões em um enredo coerente. Burton conhecia, pessoalmente, vários jornalistas – já tinha discutido tanto com eles que quase haviam se tornado seus amigos. Não eram perfeitos, como quaisquer outras pessoas: juntavam as peças que continham uma dose de verdade, com base no que liam em comunicados de imprensa e nas redes sociais, quando não recorriam à própria política. E, como quaisquer outras pessoas, jogavam fora com alegria as peças que não se encaixavam.

A porta da sala estava aberta, e Kate, deitada de costas no sofá, assistia a um documentário sobre um casal de astros Geminianos de *reality shows* e o bebê de Libra que haviam adotado.

– *Ela é um encanto* – dizia uma mulher de longos cabelos lisos e negros, enquanto o namorado, vestindo uma camisa branca desabotoada no peito, embalava a criança nos braços musculosos. – *Vamos criá-la em uma família Geminiana, é claro, mas faremos de tudo para que conviva com Librianos. Não queremos impedi-la de manifestar suas verdadeiras tendências. Queremos que ela seja o que tiver de ser.*

– Essa menina vai passar maus bocados no parquinho – observou Burton, na soleira da porta.

– Oi! – disse Kate. – Venha cá.

Ele se aproximou do sofá e Kate o abraçou pelas pernas.

Burton a encarou.

– Está se sentindo bem?

– Não. Ninguém se sente bem com uma bola de boliche na barriga. Comprou o que eu pedi?

– Temos alguma coisa no congelador. Amanhã compro o resto.

Foi para a cozinha. A louça da noite anterior continuava empilhada na pia. Tirou do congelador um velho pote de sorvete cheio de ensopado e colocou-o no micro-ondas. Fazia isso no fim de semana como parte de um projeto para comerem alimento de verdade de vez em quando.

– Não se esqueça de que vamos visitar Hugo e Shelley na próxima semana – gritou Kate da sala. – Temos de levar um presente para Ben. Ele vai fazer 2 aninhos.

– Não me esqueci – respondeu Burton, acompanhando o giro do pote no micro-ondas. Ensopado não era nem de longe seu prato favorito. Não gostava de ficar separando a carne dos ossos. Uma das primeiras coisas que tinha visto como policial fora um velho que havia morrido em seu apartamento durante uma onda de calor. Os vizinhos só tinham descoberto o corpo três meses depois. Devido à temperatura, o velho apodrecera de tal maneira, que praticamente derretera, fundindo-se com o carpete. Quando haviam tentado levantá-lo, pedaços ficaram grudados no chão, como carne quando se separava dos ossos. Era horrível que uma lembrança dessas pudesse contaminar algo sem nenhuma relação com ela.

Quando colocava os pratos na lavadora, ouviu um soluço.

– Kate?

Voltou à sala e parou à porta. Ela estava de costas para ele, no sofá, mas os ombros se sacudiam visivelmente.

– Ei – disse Burton. – O que foi?

Aproximou-se, mas ela virou a cabeça para o outro lado. Burton se ajoelhou junto ao sofá.

– O que aconteceu?

– Por que estamos trazendo uma vida para este mundo? O que deu na nossa cabeça?

– Ora, pare com isso – disse ele, passando a mão por seus cabelos a fim de tranquilizá-la.

Na tela, viam-se pessoas atirando coquetéis molotov. Cenas filmadas do alto mostravam uma multidão Ariana enfrentando a polícia em algum lugar do Meio-Oeste. Burton pegou o controle remoto e baixou o volume.

– Calma – falou ele. – Está tudo bem. Vai dar tudo certo para a nossa filha. Afinal, terá uma mãe maravilhosa, não é?

Kate olhou-o e sorriu entre as lágrimas que escorriam pelas faces.

– Você tem lábia, Jerry Burton.

Kate enlaçou-o pelo pescoço, aconchegando-o a si. Burton tentou abraçá-la, mas não havia como fazer isso, então contentou-se em acariciar seu braço.

– Vai dar tudo certo – insistiu.

Kate deu um profundo suspiro e desvencilhou-se dele.

– Hormônios – disse ela. – Urgh!

– Quer tomar um banho? Vou pôr sua toalha e seu pijama na secadora. Ficarão quentinhos.

– Está bem – concordou Kate.

Beijou a testa dele e levantou-se.

– Ufa! Pareço uma vaca leiteira. E isso não é nada maravilhoso.

Já de pé, foi para o banheiro e fechou a porta atrás de si. Burton ouviu o ruído da água passando pelos canos e enchendo a banheira.

Entrou no quarto e vasculhou tudo até achar a toalha e o pijama de algodão azul de Kate. Levou-os para a cozinha e jogou-os na secadora, em cima da lavadora.

Enquanto esquentavam, voltou para a sala e sentou-se no sofá. O título da reportagem era: "San Celeste: uma cidade em perigo". Solomon Mahout sacudia o punho diante de uma multidão de homens furiosos trajando camisas vermelhas. Burton aumentou de novo o volume.

– *... nos chamam de violentos. Como poderíamos não ser, se essa é a única maneira de nos ouvirem? Como poderíamos não ser, se violência é o que encontramos todos os dias? Paz é silêncio, e não podemos mais permanecer em silêncio. Temos de ser ouvidos!*

Burton desligou a TV.

CAPÍTULO CATORZE

Tarde da noite, Burton acordou no escuro. A seu lado, Kate se revirava na cama, provavelmente tendo um pesadelo.

– Está tudo bem – disse ele, afagando seu ombro. – Shh.

O corpo de Kate foi relaxando aos poucos e a respiração voltou ao normal. Burton ficou acordado, observando o feixe de luz na fresta entre as cortinas, que surgia e desaparecia conforme os carros passavam na rua. Podia ouvir bêbados discutindo lá fora. Queria se ajeitar na cama, mas temia acordar Kate, por isso ficou imóvel, à mercê de sua mente exausta.

Tinha tudo planejado. Haviam reservado uma vaga no hospital. Induziriam o parto em 19 de maio, para que a filha fosse de Touro, assim como eles. Deviam ter sido mais cuidadosos na concepção, mas já não eram jovens e, quando descobriram que Kate estava grávida após três anos de tentativas, decidiram correr o risco e ir em frente.

Entretanto, isso significava um nascimento prematuro em seis semanas.

Burton se levantou e foi à cozinha beber água.

Se deixassem a filha nascer naturalmente, ela seria de Câncer, portanto, teria de frequentar uma escola desse signo. E eles precisariam se mudar para um bairro predominantemente Canceriano ou colocá-la em um internato, onde cresceria sem os pais.

O encanamento chiou quando Burton abriu a torneira. Praguejou em silêncio e diminuiu o fluxo. Quando o copo estava pela metade, fechou a torneira e bebeu de um só gole a água fria. Podia ouvir, do quarto, o farfalhar dos lençóis enquanto Kate se revirava na cama. Pôs o copo na pia e voltou para o quarto. Ao puxar as cobertas, Kate se mexeu de novo.

– O que houve? – perguntou ela.

– Nada. Está tudo bem.

Afagou de novo seu ombro. Sabia o que os outros signos pensavam de Touro, mas os Taurinos zelavam pelos próprios interesses. Podiam ser teimosos e obstinados, mas as escolas funcionavam e as mensalidades eram acessíveis. A escola local apresentava alta taxa de aprovação porque contava com professores dedicados e o apoio da comunidade. Todos os amigos dele e de Kate tinham filhos matriculados nela; não faltariam à menina amiguinhos com quem brincar. Se ela nascesse em Touro, faria parte de uma comunidade. Estaria em segurança.

Mas, por nascer antes do tempo, poderia vir ao mundo doente. Ou morrer.

CAPÍTULO QUINZE

O Roland Terraces era um prédio de apartamentos em plena Westwood, no centro de San Celeste. Sua fachada, com o reboco descascado, tinha a mesma cor amarelada da grama seca na ilha estreita que separava as duas pistas da rua. A maioria das janelas era cinzenta por causa da sujeira acumulada. Do outro lado da rua, viam-se pontos comerciais em decadência: um restaurante por quilo, um salão de cabeleireira e uma loja de telefones baratos. A calçada estava repleta de latas vazias e sacos plásticos.

Não havia nuvens no céu, e a cidade escaldava. Devido ao ar quente, o asfalto parecia coberto de óleo em ebulição. Hamlin estacionou diante do prédio. Ao descer do carro com ar-condicionado da empresa, Daniel foi agredido pelo calor e pelo odor de algas podres que vinha das docas.

Uma van parou atrás do carro, e dela desceu um grupo em trajes militares.

– Quem são? – perguntou Daniel a Hamlin, que saía pela outra porta.

– Seguranças.

– Os Scarsdale já não confiam em mim. Como acha que reagirão me vendo chegar com uma tropa da SWAT?

– Não vamos interferir – garantiu Hamlin, com calma. – Não se preocupe. Poderá falar você mesmo com Cooper Scarsdale. Só entraremos se as coisas ficarem feias.

Daniel olhou em volta. Havia grafites em quase todas as paredes e muros. "ARIANOS NÃO SÃO OVELHAS." "DANE-SE ESTE LUGAR." "ESTILO ARIANO." Um grupo de jovens observava-os em silêncio na frente do restaurante.

– Certo – concordou Daniel. – Mas sejam discretos.

A equipe de segurança se dispersou. Um guarda permaneceu no veículo e dois foram vigiar as esquinas mais próximas. Daniel e Hamlin atravessaram a rua, com o quarto guarda à frente.

Os olhos de Daniel precisaram de alguns instantes para se adaptar à penumbra do saguão. O piso era de cimento. A metade inferior das paredes tinha pequenos ladrilhos azuis, quase todos partidos e deixando entrever o reboco esburacado.

O guarda começou a subir a escada. Não sacou a arma, mas Daniel viu sua mão postada bem perto do coldre.

– Espere ele dar uma olhada no prédio e só depois continue – recomendou Hamlin. – Por favor.

– Certo.

Após alguns minutos, o guarda desceu e acenou para que subissem. Daniel e Hamlin o seguiram.

Chegaram ao terceiro andar, cruzando uma porta escancarada para um corredor que contornava o pátio interno do prédio. O piso de cimento estava repleto de rachaduras. Viam-se roupas dependuradas em varais estendidos de lado a lado.

A porta dos apartamentos tinha grades de metal, para maior segurança. Algumas estavam envergadas onde formavam ângulos, como cantos de páginas dobrados, e outras tinham sido arrancadas. Em cima, a parte inferior do piso do quarto andar estava trincada e suja, como que se dissolvendo devagar.

– Mas que droga está acontecendo aqui? – gritou alguém logo à frente.

Era um homem postado no meio da passagem. Forte, barbudo, com cabelos loiros bem curtos. Sua camisa branca deixava entrever dois braços cobertos de tatuagens.

– Seu nome é Lapton? – perguntou ele.

Daniel respondeu com um aceno de cabeça. O homem se aproximou.

– E quem você pensa que é para vir aqui? E esses caras, quem são? Acha que pode trazer seu bando para nos intimidar?

Daniel foi tomado por uma onda de medo que ia se transformando em cólera. Quis gritar "E quem você pensa que é?", mas mostrar-se agressivo naquele momento seria um erro. Sentiu Hamlin e o guarda firmes a seu lado. Deu um passo à frente e estendeu a mão.

– Lamento muito por isso – falou. – Você é Cooper? Precisava encontrá-lo pessoalmente. Queria...

Cooper desferiu um soco no queixo de Daniel. O ruído ecoou até a extremidade do pátio. Daniel ficou imóvel, mais pelo espanto que pela dor. Era o primeiro soco que levava desde os tempos de escola. Teve de lutar contra o impulso de fugir ou reagir.

Hamlin e o guarda não entraram na briga, mas sacaram as armas. Daniel se sentiu aliviado por um instante, mas logo ficou receoso. Aquilo era exatamente o que desejava evitar.

Cooper, sem tirar os olhos de Daniel, apontou o dedo para Hamlin e o guarda.

– Diga aos seus cães de guarda para baixarem as armas. Pouco me importa quem você seja, não vai mexer com a minha família. Dê o fora daqui e não apareça nunca mais. Nunca mais!

Falava mais alto que o necessário. Daniel percebeu que aquelas palavras não eram só para ele. Alguns outros moradores espiavam a cena. Uma jovem estendia roupas no pátio do andar de baixo e dois senhores olhavam do alto do corredor do quarto andar.

Daniel esfregou o queixo e experimentou abrir e fechar a boca para constatar a extensão do dano. Sem desgrudar os olhos de Cooper. Aquilo era uma exibição de poder, e Daniel tinha aprendido o suficiente para reconhecer que não passava de espetáculo. Se Cooper Scarsdale estivesse rodeado por uma gangue ou empunhasse uma arma para reforçar suas ameaças, não faria tanta algazarra. Lembrava mais um gato de pelos eriçados e rabo em riste. Daniel é quem detinha o poder na realidade, mas Cooper precisava mostrar autoridade. E, se Daniel quisesse vencer aquela disputa, precisaria mudar de atitude.

Baixou os olhos.

– Cometi um erro, eu sei – disse Daniel. – Mas, por favor, só quero ver minha filha.

Cooper soltou uma risada alta.

– Ora, ora! Você a pegou!

Daniel arriscou um olhar para Cooper.

– Por favor – insistiu. – Onde ela está? Está aqui?

– Como assim? – perguntou Cooper, parecendo genuinamente confuso. – Ela está com você!

Os músculos das costas de Daniel se enrijeceram. Achava-se bem longe de sua zona de conforto para que sua experiência de vida servisse para alguma coisa. Talvez aquilo fosse um blefe. Quase desejou que fosse. Um blefe ele poderia entender.

– Acabei de descobrir que ela existe! – explicou. – Meu pai a escondeu de mim. Não esperava que você me perdoasse, nem à minha família; só queria saber se ela está bem. Preciso vê-la.

A cólera sumiu do rosto de Cooper.

– É uma brincadeira? – perguntou.

– Juro que não. Por favor.

Cooper Scarsdale olhou por cima do ombro em direção à porta aberta do apartamento. Cofiou a barba.

– Merda! – murmurou ele, tão baixo que Daniel mal pôde ouvi-lo.

– Não sabe onde está minha filha?

Cooper voltou de novo a atenção para Daniel.

– Está bem, vamos conversar. Entre. Mas só você. Os cães de guarda ficam aqui fora.

Hamlin olhou para Daniel e concordou com um aceno tenso de cabeça. Daniel acompanhou Cooper sozinho ao apartamento.

O ar lá dentro recendia a fumaça e incenso. A entrada era minúscula, pequena demais para ser uma sala e larga demais para ser um corredor. Estava vazia, exceto por um bastão de hóquei encostado perto da porta – sem dúvida, o sistema de segurança dos Scarsdale. As paredes eram verdes, e o carpete azul-escuro que cobria o piso estava tão desgastado que deixava entrever o concreto embaixo. Uma porta à direita conduzia a uma pequena cozinha, onde havia um balde cheio de água ao lado da pia metálica. Duas portas fechadas confrontavam a entrada do apartamento, e uma faixa em tecido *batik* com os signos do Zodíaco cobria, do teto ao chão, a parede do lado esquerdo do corredor. Da porta à esquerda vinha o som de uma música ruidosa.

– Espere aqui – disse Cooper em tom categórico.

Daniel assentiu com um leve aceno.

Cooper abriu a porta e a música ficou mais alta.

– Ei – disse ele em voz baixa a alguém que estava do outro lado. Entrou e fechou a porta atrás de si.

Daniel esperou. Escutava a voz de uma mulher e a de Cooper, mas não entendia as palavras. Os dois conversaram por algum tempo, e em seguida só se ouviu a música. Daniel se aproximaria mais da porta se não receasse ser surpreendido escutando às escondidas.

Continuou esperando, alternando o peso do corpo entre um pé e outro. Por fim, Cooper abriu de novo a porta.

– Não a assuste – disse ele, afastando-se para que Daniel passasse.

Daniel olhou lá dentro. O quarto estava cheio de fumaça e inacreditavelmente entulhado de coisas, como o interior de um depósito. Uma cama *queen size* tomava a maior parte do espaço, com uma penteadeira encostada nela e sem lugar para uma cadeira. O restante era composto por um velho aparelho de TV, um armário e pilhas de roupas e caixas abertas, repletas de bugigangas. Uma senhora idosa, que ocupava o único espaço livre no quarto, estava sentada bem diante do armário. Era magra, de cabelos grisalhos tingidos de castanho-avermelhado, e roupas mais limpas e elegantes do que Daniel esperaria. O rosto era uma máscara de tristeza. Olhava para baixo, mirando uma pequena tigela onde ardia incenso, pousada em seu colo. Daniel reconheceu o odor forte de maconha misturado ao do incenso.

– Esta é Marjorie – disse Cooper.

A mulher ergueu a cabeça. Seus olhos demoraram um pouco para focalizar Daniel.

– Você é o jovem Lapton? – perguntou ela, bem devagar. – Pensei que fosse mais novo. Muito tempo se passou, não é? O que aconteceu com o seu rosto?

Daniel tocou o queixo ainda dolorido.

– Isto? Mereci.

Não estava muito certo de ter mesmo merecido, mas no momento tudo lhe parecia confuso. E era melhor ser receptivo a eles.

– Vou lhe arranjar um pouco de gelo – disse Marjorie. Levantou-se e acenou para que ele se aproximasse. – Venha e sente-se na cama.

Dirigiu-se à cozinha, deixando o visitante com Cooper. Daniel se sentou, obediente.

– Ela cuidou de Pam depois que Penny morreu, como você deve saber – disse Cooper, em tom de acusação. – Criou a menina.

Daniel começou a se sentir meio zonzo. Gostaria que houvesse um pouco mais de ar ali, mas a janela parecia selada com cola.

– Onde está Pamela? Por que achou que eu estivesse com ela? – perguntou Daniel.

Cooper não se dignou a responder. Ocorreu a Daniel o pensamento embaraçoso de que havia entrado naquela situação pensando como um Capricorniano. Agia de forma estratégica, mas lidava com pessoas de Peixes. O que para ele era simples e negociável poderia parecer um insulto aos Scarsdale. Mas não sabia agir de outra maneira, pois não conhecia bem a cultura deles.

Marjorie voltou depois de tirar do congelador uma bolsa de plástico azul com gelo, entregando-a a Daniel. Ele a encostou no maxilar enquanto a mulher se sentava a seu lado. Cooper continuou de pé, apoiado à penteadeira.

– Senhora Scarsdale, desculpe ter aparecido assim de repente. Lamento muito o que meu pai fez à sua filha e à sua família. Eu ignorava tudo isso até anteontem. Não sabia nada sobre Pamela. Agora, só o que quero é conhecê-la.

– Querido, não a vemos desde que ela fugiu para ficar com sua família – respondeu Marjorie. – Há três anos.

– Droga! – exclamou Daniel em voz baixa.

– Droga mesmo – concordou Cooper com vigor. – Nós também a queremos de volta. E vamos descobrir quem está aprontando isso com a gente.

Contraiu os braços, pronto para a luta, mas Daniel permaneceu calmo.

– Por que ela fugiu?

– Era rebelde – disse Marjorie. – Não queria ficar presa neste apartamento minúsculo. Então descobriu que o pai era um empresário Capricorniano e quis de todo jeito ir atrás de você. Nós a advertimos.

– E o que aconteceu?

Marjorie pegou a tigela do chão, colocou-o no colo e inclinou a cabeça na direção dela.

– Tentou ligar para o hotel Lapton One, mas responderam que não sabiam do que ela estava falando. Pediram que a segurança bloqueasse nosso número. Pam, no entanto, era teimosa. Queria ir lá pessoalmente. Pôs na cabeça que, se você a visse, a reconheceria como filha de imediato. Então roubou uns trocados da minha bolsa e comprou uma passagem de ônibus.

Interrompeu-se, imersa em espirais de fumaça. Cooper retomou o fio da conversa:

– Não soubemos dela por uma semana. Depois, recebemos a carta de um advogado. Declarava que você não a reconheceria legalmente como filha, mas se encarregaria de sua educação, matriculando-a em uma escola de alto nível.

Daniel balançou a cabeça.

– Isso nunca aconteceu.

Cooper se empertigou.

– Está me chamando de mentiroso? – vociferou. – Vou lhe mostrar a maldita carta.

Daniel ergueu a mão em um gesto apaziguador.

– Acredito em você. Mas não fui eu que a escrevi.

– Deveria então vigiar melhor seus advogados – respondeu Cooper. E cruzou de novo os braços.

– E o que vocês fizeram?

– Nada. Achamos que Pam tivesse conseguido o que desejava e, se não se sentisse feliz, voltaria para casa. Como não telefonou, concluímos que não queria mais saber de nós.

– Qual o nome da escola? – perguntou Daniel.

– Academia dos Signos Verdadeiros – respondeu Cooper.

– A carta está lá em cima – interrompeu Marjorie, mostrando uma caixa de papelão no alto do armário. – Quer que a procure para você?

– Por favor – pediu Daniel.

Marjorie subiu na cama e puxou de lá a caixa empoeirada. Não era alta, e a caixa pesava bastante, mas conseguiu deslocá-la o suficiente para que Cooper a pegasse. Colocou-a na cama e a abriu.

Dentro, havia uma coleção de velhos objetos de Pamela – vestidos, calças jeans, brinquedos antigos e cadernos escolares. Cooper encontrou a carta e passou-a a Daniel. Trazia o timbre dos advogados da família Lapton e estava assinada pelo sócio mais velho. Daniel abriu-a e sentiu a cólera se avolumar de novo em seu íntimo. Cooper não lhe dissera como a carta era ofensiva, de tão fria e impessoal. Não parecia ter sido escrita por um ser humano.

Marjorie Scarsdale vasculhou a caixa e pegou uma velha fita de vídeo de cor cinza.

– Talvez queira isto também – disse ela.

Daniel ergueu os olhos.

– O que é?

– O aniversário de 5 anos de Pamela. Se estiver interessado.

Daniel pegou a fita e revirou-a nas mãos. Tinha um rótulo manuscrito: ANIVERSÁRIO DA PAM.

– Não a perca. Não tem nenhuma cópia.

Daniel se sentiu como que ausente do quarto. Tudo se desfazia, projetando-se em direções contrárias. Segurou a fita com firmeza, desejando que ela pudesse pôr as coisas de volta no lugar. Era um fragmento da vida que ele perdera. Talvez, quando visse a fita, tudo começasse a fazer sentido.

Não sabia sequer qual era a aparência da filha. Agora, finalmente, conheceria seu rosto.

CAPÍTULO DEZESSEIS

Lindi recostou-se de lado na cama e leu no celular: "LIBERTADO SUSPEITO DE ASSASSINAR POLICIAL DE ALTA PATENTE". A matéria sequer mencionava o nome dela. Dizia apenas que a polícia não tinha provas suficientes para prender Boysen e que o Ascendente Áries e o Fundo de Advocacia Ariano haviam trabalhado juntos para organizar um conselho legal e garantir que os direitos do suspeito fossem respeitados. Mas ele era ainda considerado testemunha no caso e não poderia deixar a cidade.

A porta do quarto se abriu e Megan pôs a cabeça para dentro. Sua bolsa de trabalho estava pendurada no ombro.

– Já estou indo – disse ela. Apontou para a xícara de café no criado-mudo. – É para você, dorminhoca. E, depois de terminar, a lava-louças a aguarda.

– Obrigada – disse Lindi. – Eu te amo.

Megan assoprou-lhe um beijo e se dirigiu para a porta da frente.

Elas tinham curtido outra noite na cidade. Depois, sexo regado a bebida. Já fazia muito tempo. Conheciam-se havia anos, mas até o momento mantinham também outros relacionamentos. Megan ainda dava suas escapadas. Agora, na manhã seguinte, os sentimentos de Lindi eram contraditórios. As coisas iam ficando cada vez mais confusas.

Sentou-se na cama e bebeu o café, enquanto relia o artigo. Refletiu sobre ele por alguns instantes, fechou o navegador e abriu um aplicativo básico de Astrologia no celular. Fez então em voz alta a pergunta que havia formulado mentalmente: "Quem matou o chefe Peter Williams?" e apertou o botão "Criar Mapa Agora".

Um mapa horário apareceu na tela do aparelho, mostrando planetas, constelações, casas e aspectos. Ela o estudou por algum tempo, mordendo o lábio inferior, depois navegou pelo programa em busca de horas e datas de futuros eventos astrológicos.

Após trinta minutos, fechou o aplicativo e foi para o computador, na sala. Fez uma pesquisa na internet, que a encaminhou para uma infinidade de teorias da conspiração. Não demorou a encontrar o que procurava. Burton gostaria de ver aquilo. Salvou o arquivo em um *pen-drive*, tomou banho, enfiou seu vestido com estampa de corujas e pôs seus óculos favoritos, prendeu os cabelos na nuca e foi para o carro.

Ligou o rádio enquanto dirigia até a delegacia. O DJ entrevistava o vocalista Ariano de uma banda de *heavy metal* que falava sobre a banalidade do cenário atual da música.

– *Quando canto sobre violência, estou apenas expressando a verdade sobre o mundo onde cresci. As pessoas que querem me calar tentam desmentir minha experiência. Praticam a mesma opressão que vigora desde o fim do Estado Ariano. Solomon Mahout pode ser um criminoso para os donos desta emissora e seus patrocinadores; mas, para a maior parte da cidade, é um herói. É o único que nos dá uma voz.*

Na entrada da delegacia, uma agente de segurança a deteve. Passou um detector de metais pelo corpo de Lindi, traçando sua silhueta no ar.

– Quem deseja ver? – perguntou a agente, com a atitude insensível de quem ganha seu salário atrapalhando a vida dos outros.

– O detetive Jerome Burton. Homicídios. Terceiro andar.

A agente pegou um telefone na beirada da mesa e discou um número de três dígitos. Falava ao aparelho sem tirar os olhos de Lindi. Esta não conseguia ouvir a conversa, mas pouco depois a agente baixou o fone e chamou-a.

– O detetive quer saber qual o motivo de sua visita – perguntou.

– O quê? – estranhou Lindi. – Posso falar com ele?

A agente revirou os olhos e lhe estendeu o fone. Lindi o pegou.

– Alô? Burton?

– Qual é o problema, Lindi? – indagou Burton. Parecia cansado.

– Escute, estudei melhor o caso e fiz um novo mapa...

– Obrigado, mas, conforme já lhe disse, no momento não preciso de ajuda. Estou avançando passo a passo. Leu os jornais? Os repórteres me perseguiram a manhã inteira.

Lindi pressionou o punho contra a coluna próxima à mesa. A agente a encarava, ansiosa para se ver livre dela. Lindi deu-lhe as costas.

– Tenho uma coisa aqui para mostrar a você – falou.

– Um mapa?

– Não, uma evidência para o caso Williams. Sabe alguma coisa sobre Bram Coine?

– Quem? – perguntou Burton.

Lindi sorriu para si mesma. Estava um passo adiante de Burton.

– Se não sabe, então deve ver isto aqui sem falta.

– Está bem. Vou descer. Espere aí.

Cinco minutos depois, Burton apareceu no elevador. Chamou-a e a agente enfim lhe deu um crachá de visitante.

– Desculpe – disse Lindi, enquanto o elevador subia. – Examinei o mapa de Boysen o melhor que pude, dadas as circunstâncias. Não queria que perdesse seu tempo.

– Não, tudo bem – garantiu Burton. – Eu a pressionei. Estava procurando uma maneira de ligar o assassinato ao Ascendente Áries. E você me deu justamente o resultado que eu queria.

Lindi sentiu o sangue subir ao rosto.

– Minhas leituras são objetivas, Burton.

Ele a conduziu a seu escritório e fechou a porta de vidro fosco.

– Disse que tinha uma coisa para me mostrar.

– Sim. Posso usar seu computador?

– Claro.

Lindi se sentou à mesa e plugou o *pen-drive* na máquina. Enquanto o antivírus rodava, virou-se na cadeira para encará-lo.

– Vamos lá – disse ela. – É óbvio que o mapa de nascimento de Boysen foi um fracasso e o horóscopo da hora do assassinato tinha interpretações conflitantes. Por isso, esta manhã fiz o que devia ter feito desde o início: uma leitura horária. É uma antiga técnica de previsão, muito complicada, mas mais exata. A ênfase está nas dignidades planetárias básicas...

– Perdão – interrompeu Burton. – Você me disse que não se tratava de uma evidência astrológica.

– E não se trata. Estou só explicando como fiz minha descoberta.

– E provando que conhece seu ofício.

– Também – concordou Lindi. – Certo, um resumo rápido: a Astrologia horária funciona porque, quando se faz uma pergunta, o céu no mesmo instante tem a resposta.

Burton franziu o cenho.

– Verdade?

– Pode crer. O mapa que criei é difícil de interpretar, mas a atividade de décima casa implica, basicamente, que Williams foi morto por razões políticas. Por isso, fiz uma busca sobre ele em vários sites de política e... bem, olhe só isto.

Abriu um arquivo de vídeo. Parecia uma gravação por *webcam* e mostrava um jovem no início da faixa dos 20 anos sentado em um quarto às escuras e olhando direto para a câmera. A tela de um computador invisível lançava em seu rosto uma luz azulada. Tinha cabelos castanhos desgrenhados e usava óculos, com um brinco no meio da orelha direita.

– *E aí, internet?!* – saudou ele, zombeteiro. – *São três e meia de uma madrugada de quarta-feira. A hora da noite em que você acorda de um sono inquieto sentindo que o mundo está desmoronando e, como já sabe, você nunca está completamente errado. Dá uma olhada.*

O vídeo cortou para um noticiário, que parecia ter sido filmado com uma câmera de celular posta na frente de uma tela de TV. Solomon Mahout discursava diante de uma multidão de membros do Ascendente Áries nos degraus de uma prefeitura.

– *Não podemos respeitar a lei. A lei foi escrita pelos poderosos para preservar o poder deles. É uma máquina concebida para nos esmagar. Resistam! Não parem até que a lei represente vocês. Gritem! Berrem! Chamem a atenção deles!*

No quarto, o jovem parecia pensativo.

– *Sim, isso assusta* – disse ele. – *E sabemos pela História o que acontece quando grandes grupos de Áries se reúnem sob a liderança de líderes carismáticos. Mas vejamos o que Solomon Mahout está dizendo.*

Apareceu em seguida um gráfico que parecia tirado de um programa de planilhas.

– *Qual o signo mais violento? Áries, certo? Basta consultar as estatísticas. Embora sejam minoria na população, os Arianos são maioria nas prisões.*

O vídeo cortou para o rosto sério do jovem.

– *Mas... e se houver mais coisas aí além do que vemos? Por exemplo, quase todos os Arianos vivem na pobreza, e isso faz muitos deles se voltarem para o crime. Mas há também o fato impressionante de os moradores de áreas onde predomina esse signo terem quase dez vezes mais probabilidade de serem detidos e revistados pela polícia, embora haja o dobro de gente portando drogas ou armas escondidas fora dessas áreas. Por que será que isso acontece? Bem, talvez tenha algo a ver com os bons rapazes que vou mostrar agora.*

A tela apresentou então a foto de arquivo de um policial indicando um ponto em um mapa que uma bela turista segurava. Os dois estavam contra um fundo neutro e sorrindo. Via-se a marca-d'água de um *copyright* quase apagada atravessando a imagem.

– *O Departamento de Polícia de San Celeste* – disse a voz do jovem. – *Esses são os homens que patrulham nossas ruas e nos dão segurança. Por que será que estou colocando neles a culpa pelo funcionamento deficiente de nossa sociedade?*

A imagem se dissolveu em uma cena de caos. O ar estava cinzento de tanta fumaça. Via-se uma fileira em chamas de carros estacionados, enquanto homens e mulheres desfocados corriam em todas as direções. Em primeiro plano, uma mulher encontrava-se estirada na rua. A testa fora golpeada e sangrava, deixando um dos lados do rosto todo vermelho. Um policial lhe dava uma chave de braço, enquanto outro estendia a mão para a câmera, tentando impedir a filmagem.

– *Há cerca de vinte anos, o levante em Cardinal Fire devastou a cidade por umas boas duas semanas. Tudo começou porque os pedidos para dar um jeito no conjunto residencial em ruínas foram ignorados.*

Uma nova imagem apareceu, desta vez a de um grupo de policiais em uniformes negros da SWAT. Posavam com orgulho ao lado de um grande aríete manual.

– *Depois que os tumultos foram suprimidos, a polícia montou o famigerado Esquadrão Aríete, a unidade especial encarregada de controlar a população Ariana para que a situação não se repetisse. Aumentaram em quatrocentos por cento as prisões de cidadãos que moravam na área norte de*

San Celeste, conhecida como Ariesville, e a revista de suspeitos tornou-se a nova ordem.

O vídeo cortou para o jovem em seu quarto.

– *O fato de, ainda hoje, a polícia escolher e perseguir determinado signo é inaceitável. Mas ainda não é o pior. O Esquadrão Aríete regularmente empreende buscas e exige documentos de identidade. Tiram nossa privacidade e dignidade, embora ninguém saiba nada sobre eles. Informações sobre suas atividades, patrocínio e mesmo os princípios operacionais básicos são consideradas segredos de Estado e não podem ser obtidas por meio da Lei de Liberdade de Informação. Isso tem que acabar... e logo.*

Uma janela de texto foi aparecendo sob seu rosto, tomando forma na tela. Era uma lista de nomes com números de telefone e endereços borrados. O chefe Peter Williams encabeçava a lista, seguido por Vince Hare. Ou o jovem achava que aquilo era apenas um jogo, ou estava mesmo desafiando a morte.

– *Eis aí uma lista dos membros do Esquadrão Aríete e de seus superiores no Departamento de Polícia de San Celeste. Agora teremos um pouco de transparência. Vamos poder perguntar a eles o que pretendem e como justificam seus atos para si mesmos. Poderemos, enfim, dizer a eles o que pensamos dessa violação descarada de nossos direitos.*

Deslizou o dedo de alto a baixo pela lista.

– Você deve estar brincando comigo – disse Burton, inclinando-se mais para a tela. – Por que os números estão borrados?

– Este não é o vídeo original – explicou Lindi. – Foi retirado da internet na tarde de sábado, depois que saíram as notícias sobre o assassinato. Mas, antes que isso acontecesse, alguém de um *website* de direita copiou-o e adulterou os números. Depois, postou-o no próprio site, em um artigo no qual afirmava ser esta a prova de que Williams fora assassinado por alguém da esquerda.

– Muita gente viu esse vídeo? – perguntou Burton.

– Talvez. Havia 301 visualizações quando o encontrei esta manhã, mas não significa muita coisa. Quando um vídeo consegue muitas visualizações, o contador fica em 301 até que um moderador o tenha checado.

Burton tirou o *pen-drive* do computador sem ejetá-lo de modo apropriado e dirigiu-se à porta.

– Aonde você vai? – perguntou Lindi.

Burton se virou.

– O que acha? Vou prender esse canalha, é claro.

CAPÍTULO DEZESSETE

Naquela noite, a equipe do hotel Lapton Celestia trouxe um videocassete para Daniel e ligou-o ao grande aparelho de TV em sua suíte na cobertura. Ele fechou a porta dupla de vidro da sacada para abafar o som das ondas do mar que batiam contra as rochas e sentou-se no sofá de couro branco para ver o vídeo dos Scarsdale.

A tela se encheu de estática. Daniel receou que seu pessoal não houvesse ligado o videocassete da maneira correta, ou que a fita estivesse danificada. Mas, aos poucos, a estática foi sumindo como névoa e mostrou a figura de uma menina.

Tinha rosto redondo e bochechas rosadas. Daniel percebeu de imediato a semelhança com Penny, mas seu cabelo era castanho, e fitar seus olhos era como olhar para um espelho.

Estava em uma casa desconhecida, maior que o apartamento apinhado dos Scarsdale, e correndo de um lado para o outro. A câmera passeou para mostrar a família Scarsdale sentada em sofás e cadeiras confortáveis, ao redor dela e olhando-a com um ar de felicidade. Daniel reconheceu Cooper, mais jovem e mais magro, de cabelos compridos. E lá estava Penny, mais velha do que Daniel se lembrava, trazendo um bolo com cinco velas. A pequena Pamela viu-o e ficou boquiaberta. Olhou ao redor, os olhos arregalados.

– *Um bolo pra mim?* – exclamou.

Todos riram. Daniel fechou os olhos, tentando sufocar a dor.

Mais uma vez a tela se encheu de estática e a câmera recuou, depois avançou, tentando achar o foco. Fixou-se outra vez no rosto de Pamela, que estava agora em uma cozinha. O bolo fora colocado diante dela, as cinco velas acesas. Pamela, no colo da mãe, ouvia a família cantar em *off*. Não desgrudava os olhos do bolo.

A cantoria cessou e a família bateu palmas. Penny Scarsdale levou a filha até a mesa; ela se inclinou e soprou, fazendo um esforço inútil com a boca. Penny incentivou-a com gentileza, até que todas as velas se apagassem. Quando a última chama se extinguiu, todos festejaram.

– *Fez um pedido?* – perguntou Penny. Estava com uns vinte e poucos anos. Seu rosto parecia um pouco mais cheio, e as bochechas, um pouco mais caídas do que Daniel se lembrava. Mas continuava bonita e ainda ria com facilidade. Daniel tentou se conter, mas seus olhos se encheram de lágrimas.

Pamela olhou ao redor, subitamente envergonhada. Era a coisa mais linda, mais perfeita que Daniel já vira. Sussurrou ao ouvido da mãe, e Penny riu.

– *Ela quer mais bolo!* – falou. E Pamela se encolheu toda para se proteger do riso geral.

Daniel desligou o vídeo e ficou olhando para a tela vazia.

Tinha visto cenas iguais antes: uma menina bonita, uma família amorosa. Nada de extraordinário. A não ser o fato de que aquela menina era sua filha. E de que Daniel havia perdido dezessete anos da vida dela.

CAPÍTULO DEZOITO

– O que eu fiz? – vociferou o jovem do vídeo. – Diga o que eu fiz de ilegal.

Bram Coine estudava Sociologia na Universidade Westcroft. Era, conforme se descobriu, um anticapitalista paranoico com 176 visualizações regulares em seu canal de vídeo na internet. E suava em bicas. Burton e Lindi observavam-no pela janela espelhada da sala de interrogatório, enquanto Kolacny fazia seu trabalho.

– Não pode me dizer, não é? – continuou Bram Coine. – Porque não fiz nada de ilegal, nada de errado.

– Não acredito nisso. E você também não – retrucou Kolacny, inclinando-se e pousando os cotovelos na mesa, para ficar mais perto de Bram. – E sabe por que penso assim? Porque você deletou o vídeo depois de descobrir que o chefe de polícia tinha sido assassinado. Só posso concluir que sabia muito bem que o que fez levou ao crime.

– Não foi nada disso – contestou Bram. – Retirei o vídeo porque alguém sem dúvida faria essa conexão, como de fato aconteceu. Mas sabe de uma coisa? O endereço e o número do telefone de Williams já estavam na internet. Precisei de menos de quinze minutos para encontrá-los. E para encontrar os de todos do Esquadrão Aríete. Não é imoral nem ilegal postar informações já disponíveis na rede, certo? Posso pegar minha bombinha de asma, por favor?

Kolacny tinha um notebook na mesa à frente. Pegou uma caneta e começou a mastigar a tampa, pensativo.

– Você postou o endereço dele *on-line*, em um vídeo no qual dizia que o chefe implicava com pessoas de Áries. As mesmas pessoas que pregam a violência há anos. Não vai assumir nenhuma responsabilidade por isso? O que você fez foi, de certo modo, fomentar a violência.

– Ah, por favor! – resmungou Bram, em tom de frustração. – Dá uma olhada no vídeo! Tudo o que eu disse foi: conversem com esses caras e digam a eles que o preconceito com pessoas de determinado signo não é certo. Não sou um sujeito violento. Por acaso pareço violento?

– Não, você parece um *hacker* – disse Kolacny. – Um desses moleques que se sentam sozinhos no quarto e prejudicam os outros usando o computador porque se julgam mais espertos que eles e acham que jamais serão pegos. Mas o que aconteceu de verdade? Nós pegamos você!

– Me mostre a lei que eu infringi.

Burton se inclinou para Lindi e murmurou:

– Que idiota! Acha que vai se safar dizendo isso?

Lindi estava ao lado dele. Deslizou o dedo pela esquadria da janela e replicou:

– Hum...

– O que significa esse "hum"? – irritou-se Burton. – No que está pensando?

– Posso usar seu computador de novo?

Voltaram ao escritório de Burton. Após alguns minutos diante da tela, Lindi mostrou-lhe um site que era apenas uma página com nomes, números e endereços. Peter Williams ocupava quase o fim da lista.

– O rapaz não é *hacker* – assegurou ela. – Ele disse a verdade. Todos esses nomes e endereços já estavam *on-line*.

Burton debruçou-se sobre o ombro dela.

– O quê? Mas como é possível?

– Sites de marketing. Quando algo é imoral, mas não é ilegal, é comércio.

– Bem, ainda podemos pegá-lo por outra infração qualquer. Por obstruir o trabalho da polícia, digamos. Ou por interferir em uma investigação em curso.

– Por quê? – perguntou Lindi, virando-se na cadeira. – Bram não é suspeito. Nunca foi. O que eu lhe mostrei foi apenas um caminho de investigação. Se o vídeo induziu um psicopata a matar Williams, talvez o chefe de polícia tenha recebido uma carta, um e-mail ou um telefonema do criminoso antes de ser assassinado.

Burton balançou a cabeça.

– Não. Checamos tudo isso. Não vimos nenhum texto estranho, nem telefonemas ou mensagens inusitadas no e-mail pessoal. O e-mail de trabalho dele é protegido pela Lei de Segredos de Estado.

– Então talvez haja lá alguma coisa que ajude na investigação – sugeriu Lindi. – Ou talvez o chefe Williams estivesse metido em algum negócio escuso, e isso causou sua morte.

Burton olhou incrédulo para ela.

– De que lado você está? – perguntou.

Lindi apontou para si mesma.

– Sou uma liberal descolada de Aquário, lembra? Tenho minhas próprias ideias. Por que não vai falar com seus amigos do Esquadrão Aríete para descobrir se eles sabem de alguma coisa? Aposto que houve alguma situação extrema que alguém revidou com assassinato.

CAPÍTULO DEZENOVE

– Burton! Ei, Burton! – chamou uma voz às suas costas.

Burton atravessava o Departamento de Homicídios com uma xícara de café para Lindi e uma de chá para ele. Virou-se. Era o capitão Mendez avançando furioso em sua direção.

– Que diabo significa isto? – gritou o capitão, agitando uma página impressa. Era o relatório mais recente de Burton. – Está deixando Coine ir embora!

– Ele não é suspeito – respondeu Burton.

– Só na sua cabeça que não é! – rugiu Mendez. Parecia prestes a cuspir fogo. – O Esquadrão Aríete está furioso. Queriam ir à cela do cara e arrancar a confissão dele a pancadas. Só consegui detê-los prometendo que iríamos dar um bom trato nele. E você quer deixar o filho da mãe ir embora? Eles vão ficar loucos!

Mendez se aproximou de Burton e estufou o peito, como se quisesse procurar confusão.

– Sinto muito, capitão – falou Burton. – Também não gosto do cara, mas os jornais estão de olho no jeito como vamos tratá-lo. Metade da cidade anda dizendo que ele é o herói da liberdade de expressão.

– Dane-se o que essa gente pensa; o sujeito é um traidor! E dane-se a porcaria do seu manual de comportamento! O manual é o escudo que nos protege enquanto fazemos o necessário para executar o nosso trabalho. Você não trabalha para o manual; trabalha para a polícia, e, quando se esquece disso, a gente acaba se ferrando. Lembre-se do que aconteceu quando se encarregou do caso Cronin! Bram Coine ficará conosco. Quero que seja acusado pelo menos de incitação à violência.

– Tarde demais, senhor – respondeu Burton. – O delegado-chefe ordenou sua soltura. O prefeito quer que a gente se concentre na busca do assassino de Williams.

Mendez olhou feio para Burton e afastou-se, irritado.

– Você tem de levar em conta suas prioridades, Burton. E não esqueça para quem trabalha.

Bram Coine foi libertado ainda naquela tarde. Equipes de jornalistas se juntaram na frente da delegacia para não perder o acontecimento. Ele chegou à entrada principal, onde foi abraçado pelo pai, um homem de meia-idade e cabelos grisalhos que vestia uma jaqueta com reforços nos cotovelos. As câmeras relampejaram em alvoroço, capturando o embaraço de Coine. Lindi e Burton olhavam por trás da porta giratória enquanto pai e filho tentavam se afastar, mas eram impedidos por lentes e microfones de meia dúzia de emissoras.

– Por favor – implorou o pai de Bram. – Por favor, nos deixem em paz.

Estendeu a mão, tentando inutilmente impedir que as câmeras os filmassem. Tanta pressão parecia prestes a levá-lo a um colapso nervoso. Burton sabia bem o que era aquilo.

– Estão mesmo acompanhando o caso, não estão? – disse Lindi.

– Sim – reconheceu Burton.

Ela observou a expressão de desânimo no rosto dele e lhe lançou um ligeiro sorriso.

– Não se preocupe. Você se sairá bem sob os holofotes. É um policial heroico de traços firmes e queixo resoluto que nasceu para isso.

Lá fora, as câmeras continuavam pipocando. Não parecia que fossem parar tão cedo.

CAPÍTULO VINTE

– *Eis aí uma lista dos membros do Esquadrão Aríete e de seus superiores no Departamento de Polícia de San Celeste* – dizia Bram Coine no vídeo. – *Agora teremos um pouco de transparência.*

Os números em vermelho censurados rolaram na tela sobre o rosto de Bram, com a imprecisão adicional de um vídeo de internet de baixa resolução transferido para HD. A imagem se congelou e se encolheu até formar uma janela ao lado do apresentador de televisão, Harvey Hammond, que olhou diretamente para a câmera e fez um instante de suspense.

– *Uau!* – exclamou ele. – Quis dizer: "uau". Já vi muita besteira esquerdista, mas esta merece um prêmio. Mesmo que o vídeo fosse retirado um segundo depois da postagem, ainda assim eu o chamaria de traição contra o povo de San Celeste. Mas o fato é que ele apareceu duas semanas antes de o chefe de polícia, um herói desta cidade que eu tinha orgulho de considerar meu amigo, ser brutalmente assassinado.

A tela cortou para a imagem de Bram e seu pai saindo pela arcada da Central de Polícia. Repórteres e *cameramen* convergiam para eles. O pai de Bram se postou no caminho e ergueu os ombros para protegê-lo, mas não conseguiu esconder o rosto cansado e consternado do filho.

– *Eis aqui o responsável por esse vídeo, Bram Coine, ao deixar a delegacia hoje. Estão se perguntando por que ele está em liberdade? Bem, de acordo com as autoridades policiais, nada do que ele fez é tecnicamente* – tecnicamente! – *contrário à lei.*

Hammond reapareceu na tela. Inclinou-se para a frente e fixou a câmera com uma expressão de sinceridade no rosto.

– *Isso me deu o que pensar. Se esse ato não é contrário à lei, então há aí algo de muito errado. Não se infringiu apenas uma lei, mas todas as leis que o jovem Coine pensa estar defendendo com tanto vigor. As leis da igualdade.*

Outro corte, desta vez para as cenas do levante em Cardinal Fire, vinte e cinco anos antes. Um rapaz de camisa vermelha arremessava um tijolo contra a vitrine de uma loja de instrumentos musicais. Viam-se guitarras e amplificadores pelo vidro estilhaçado.

– *Essas leis se baseiam na ideia fantasiosa de que devemos tratar pessoas de signos diferentes da mesma maneira. Mas isso é impossível. Por quê? Porque elas não são iguais. Pessoas de signos diferentes se comportam de modo diferente. Leoninos e Geminianos são mais extrovertidos. Pessoas de Aquário e Sagitário não assistem ao meu programa, podem ter certeza disso. E Arianos tendem mais para a violência. Não posso dormir tranquilo à noite pensando que a polícia talvez ignore esse fato e deixe os principais suspeitos irem para casa apenas porque alguns idiotas acham que Arianos vêm sendo tratados com injustiça.*

Diagramas e mapas criados pela equipe técnica encheram a tela. Eram em 3-D, nítidos e bem-feitos.

– *Vejamos as estatísticas. Quem tem a maior população carcerária? Signo de Áries. Quem tem o maior número de desempregados? Áries. E não nos esqueçamos do que aconteceu no século passado, em países onde partidos Arianos estavam no poder. As Nações Arianas.*

Uma montagem de tomadas em preto e branco: soldados marchando e batendo continência, arame farpado, campos de concentração.

Hammond voltou à tela.

– Talvez a polícia esteja certa e o garotão Bram Coine não deva ser criticado. Devemos então criticar a lei, pois o garotão agiu sob sua proteção. E, para sermos absolutamente justos com ele, eis aqui seu endereço, número de telefone e e-mail.

A informação desfilou na parte inferior da tela, logo acima do símbolo fixo do programa. Hammond tinha um sorriso irônico no rosto.

– Entrem em contato com o senhor Coine e lhe deem sua opinião sobre o que ele causou aos nossos bravos oficiais e ao nosso ex-chefe de polícia. *Hammond Denoite* volta depois dos comerciais.

CAPÍTULO VINTE E UM

Hammond recostou-se no banco macio de couro e deixou que o estresse da gravação fosse desaparecendo. Os cubos de gelo tilintaram quando ele levou o copo de uísque aos lábios. Havia sempre uma dose à sua disposição ao fim de cada programa, preparada às escondidas, que ele bebia quando voltava para casa, nas colinas acima de San Celeste. Olhou pela janela do carro, que se afastava do centro da cidade. Viu os apartamentos à beira-rio dos *yuppies* Geminianos, com suas janelas amplas e sacadas desertas, e a torre da Catedral de San Celeste iluminada pelos anúncios multicoloridos dos edifícios no distrito comercial central. Os grafites e os mendigos haviam desaparecido, deixando apenas as luzes do comércio e da prosperidade.

Hammond fazia aquele programa todos os dias havia pelo menos treze anos. No entanto, toda vez, seus nervos ficavam à flor da pele por causa de problemas no estúdio ou de seu produtor, Jonathan, mudando as pautas na última hora. Sem mencionar alguns entrevistados que balbuciavam e gaguejavam, como se nunca houvessem falado aquela bendita língua antes. Hammond deixava que a irritação desse vida à sua performance, como se os liberais e os antissignistas, cada vez mais numerosos, já não o aborrecessem o suficiente. As pequenas contrariedades na apresentação do programa lhe proporcionavam uma dose extra de furor com a qual conseguia manter a audiência.

Naquela noite, porém, não tinha precisado de nada disso. O chefe de polícia Williams era um bom homem, e ver a investigação de seu assassinato comprometida por ninharias técnicas deixara-o fora de si. Na opinião de Hammond, quem interferia nas investigações ou retardava seu curso era, de certo modo, um traidor que incentivava o crime.

Colocou o copo de uísque no suporte e pegou o celular. Sua equipe na emissora acompanhava os comentários nas redes sociais e administrava sua conta, mas ele próprio gostava de saber o que seus fiéis telespectadores haviam pensado do último programa.

"@HammondDenoite acabou com aquele idiota Virginiano! #Suck-ItLibtards."

"Grande episódio de @HammondDenoite. Certíssimo. Quase todos os criminosos são de Áries; é um fato."

"Kkkkk espero que a casa daquela besta do @HammondDenoite seja incendiada!"

Havia também, é claro, a raiva impotente do outro lado.

"@HammondDenoite filho da mãe."

"@HammondDenoite seu número de telefone é o próximo, desgraçado."

"@HammondDenoite VAI SE DANAR."

"Incrível as besteiras que @HammondDenoite diz. A criminalidade e a pobreza Arianas devem-se às poucas oportunidades e à opressão constante."

O bom era que, quando Hammond tinha vontade de replicar, algum de seus leais fãs tomava a iniciativa e fazia isso por ele. Hammond nunca precisava se envolver em polêmicas sem fim. Clicou na última mensagem e viu que já havia uma resposta.

“Ah, é? Sabe por que os nativos de Áries não têm oportunidades? PORQUE ELES ROUBAM O POVO. #ThanksAndGoodnite.”

Os freios guincharam. Os pneus cantaram no asfalto e Hammond foi arremessado para a frente. Suas pernas se dobraram e ele escorregou no assoalho do carro, o ombro batendo no banco do motorista. A força do impacto o manteve imóvel enquanto o mundo girava em volta do carro; depois, o guincho dos pneus e o movimento cessaram de forma abrupta, com um solavanco. Hammond foi lançado de novo no assento de couro macio.

Levou a mão ao rosto. Seu lábio sangrava.

– Que droga, Donny!

O motorista se virou e olhou para ele pelo espaço entre os bancos. Era um jovem de Libra com cabelo repartido ao meio.

– Tudo bem, senhor Hammond?

– Não, é claro que não está tudo bem, seu palerma!

Uma luz alaranjada piscava diante do carro. Hammond esticou a cabeça para observá-la melhor.

– Que diabo está acontecendo aí?

– Fogo, senhor Hammond. Alguém derramou gasolina de um lado ao outro da rua.

Haviam saído da rodovia para a via Enterprise, que fazia parte do trajeto de volta à casa de Hammond nos bairros do sul. Uma estrada longa, reta e pouco iluminada que passava pelo parque nacional. À esquerda, surgia uma encosta coberta de árvores e densos arbustos. À direita, alinhava-se uma série de edifícios semi-industriais e mercados. A via Enterprise em geral era um bom e sossegado atalho. Menos naquela noite.

– Quem teria...

A janela de Donny explodiu numa chuva de estilhaços. Um homem do lado de fora jogava um martelo no chão. Vestia roupas negras, um boné e um lenço que cobria a parte inferior do rosto. Olhos azuis e frios. Antes que Donny pudesse reagir, o homem enfiou o cano de uma arma pela janela e encostou-o em sua têmpora.

– Saia. Agora.

Donny levantou uma das mãos em sinal de rendição, abrindo a porta com a outra. Saiu de lado, olhando sempre para o agressor e sem fazer nenhum movimento brusco.

O mais devagar possível, Hammond inclinou-se e estendeu a mão para o celular que caíra, colocando-o com a tela para cima. O aparelho tinha um botão "dispositivo para serviços de emergência". Deslizou um dedo por cima dele e ouviu-se um clique.

Donny afastou-se do carro, as mãos espalmadas viradas para o agressor.

– Agora você vai correr – disse o homem. Sua voz era arrastada. – Vai correr estrada abaixo o mais rápido que puder, sem parar. Entendeu?

Donny assentiu com um gesto de cabeça.

– Agora diga "obrigado" e desapareça.

– Obrigado – murmurou Donny. Olhou para Hammond através da janela de trás, como que para pedir desculpas, e desceu correndo a estrada por onde tinham vindo, afastando-se com rapidez do carro e das chamas.

Passava da meia-noite. Não havia nenhuma casa por perto. Nenhum pedestre. Nenhuma testemunha.

– O que quer de mim? – gritou Hammond, tentando soar autoritário.

Em resposta, o homem de preto apontou a arma para Harvey e disparou.

A janela estilhaçada caiu sobre ele como granizo. Sentiu o impacto da bala no peito uma fração de segundo antes de sentir dor. Caiu sobre o banco de couro preto, estendeu a mão para a porta do outro lado e tentou abri-la. Ouviu outro estampido atrás de si, e um projétil se alojou no assento. A porta se abriu, e ele deslizou para o chão.

Arrastou-se de quatro, esforçando-se para ficar de pé. Uma lembrança fulgurou em seu cérebro, algo que tinha ouvido de Williams – antes de existir o cinema, as pessoas não caíam no chão quando atingidas por balas, como fazem hoje. Os filmes lhes ensinaram o que deve acontecer, e elas apenas seguem o roteiro, como ovelhas. A dor, porém, era uma âncora que o puxava para baixo. Mas Hammond não sucumbiria. Superaria aquilo.

O mundo se inclinou, e Hammond sentiu um impacto na lateral da cabeça. O rosto se esborrachou contra o asfalto. Os braços perderam a força. Zonzo, apoiou-se nos cotovelos e olhou por cima do ombro. Atrás dele, recortada pelas chamas, a silhueta de preto observava. Hammond esperou que o homem levantasse a arma. Mas, em vez disso, ele virou as costas e se afastou da estrada, rumo às árvores da colina.

Hammond sentiu um fio de esperança. O assassino o subestimara ao deixá-lo, presumindo que fosse morrer. Ainda não estava morto. E sobreviveria.

Um estalido metálico soou entre as árvores. O homem reapareceu no círculo de luz empunhando um latão de gasolina. Abriu a tampa e começou a derramá-la perto do carro, prescrevendo um longo arco.

Hammond se firmou nas mãos e nos joelhos, emitindo gemidos involuntários, sem nenhum controle. Sentiu algo quente se espalhando pelas calças. A bexiga se afrouxara. O braço esquerdo já não se movia. Colocou-o sob o peito e rastejou para a frente, usando apenas o direito.

Logo adiante estava o outro lado da rodovia. Um acostamento, uma faixa de terra seca e depois uma cerca de grades de ferro em volta do estacionamento de um depósito de madeira. O portão estava trancado e não havia sinal de outra passagem. Teria de procurar mais longe.

O homem de botas pretas se aproximou, e suas pernas cobertas por calças da mesma cor ficaram perto da cabeça de Hammond.

– Oh!... Ah! – gemeu Hammond.

– Quieto! – ordenou o homem de preto.

Hammond sentiu uma bota golpeando-o de lado. Não foi um chute violento, apenas o bastante para estirá-lo de novo sobre o asfalto. As pernas fraquejaram.

Um líquido morno foi derramado sobre ele, começando pela cabeça e descendo pelo corpo. O ardor da gasolina se infiltrando em seu ferimento fez sua cabeça se desanuviar.

– Ugh!

– Quieto! – ordenou de novo o homem.

Hammond tentou se levantar, mas o agressor empurrou-o com firmeza com a mão enluvada, inclinando-se sobre ele. Hammond sentiu seu hálito no rosto.

– Entregue-se ao seu elemento – disse em voz baixa.

Então, o estalido de um isqueiro. Foi a última coisa, na existência de Hammond, que não era dor.

CAPÍTULO VINTE E DOIS

Burton assistira ao canal 23 muitas e muitas vezes. Seu pai costumava ver todas as noites o programa de Hammond, que também era acompanhado no salão de jogos da delegacia. Durante todo esse tempo, Burton nunca pensara nele como algo real. Sabia que era gravado em algum lugar, mas, como telespectador esporádico, nunca se preocupara em imaginar a realidade das luzes, de fios, maquiadores, correria e suor.

– Então você não faz ideia? – perguntou, seguindo o produtor de Hammond pelo estúdio de gravação.

O produtor, Jonathan Frank, era um homem gordo de aparência doentia, embora andasse com desenvoltura. Sua cabeça virava para todos os lados, verificando várias coisas ao mesmo tempo, todas invisíveis para Burton. Passou por um rapaz que carregava um rolo de fios, e por um homem e uma mulher que discutiam debruçados sobre uma prancheta. Mais adiante, alguns funcionários cortavam uma multidão com uma grande câmera que deslizava em silêncio pelo piso negro e brilhante. Pelo espaço assim aberto, Burton avistou a lendária bancada de Harvey Hammond, menor e menos impressionante do que parecia na tela.

– Não – respondeu o produtor, sem se virar para Burton. – Metade da população do país gostaria de matar Hammond. Trinta e cinco milhões de ateus desequilibrados e antissignistas.

Burton observou os funcionários tensos à sua volta. Ignorava se aquilo se repetia todas as noites ou se era uma reação à morte de Hammond. Não haveria período de luto para a equipe do *Denoite*.

Os funcionários não haviam sequer visto o corpo. Burton, sim. O calor das chamas tinha derretido parcialmente o asfalto, e os ossos calcinados de Hammond haviam grudado no lugar, quando chegara à cena do crime. As marcas de pneu no acostamento batiam com as de derrapagem encontradas perto da casa do chefe Williams, feitas talvez pelo mesmo carro que sequestrara Rachel Wells. E perto do corpo se via um grande símbolo do signo de Leão, traçado no asfalto derretido.

O canal já tinha um substituto pronto para Hammond, uma jovem personalidade do rádio chamada Dick Aubrey, ainda mais estridente e intolerante do que Hammond já fora. Estava no camarim, sendo preparado para um espetáculo emocionante. Pelo que Burton tinha visto, o plano era Aubrey chorar nos primeiros cinco minutos a perda de seu predecessor e, durante o resto do tempo, transformar a tragédia em um ataque furioso aos signos inferiores e fora de controle, e às políticas exageradamente lenientes do presidente, que, como todos os Sagitarianos, não passava de um ativista de esquerda.

– Nada de específico, então? – insistiu Burton. – Nenhuma ameaça fora do comum?

– Olhe aqui, detetive – disse Jonathan Frank, virando-se irritado para Burton. Suas olheiras eram tão profundas que seu rosto parecia uma vela derretendo. – Todos no Canal 23 foram afetados pelo que aconteceu. Todos nos perguntamos quem poderia ter feito isso e quem será a próxima vítima. Acredite, se tivéssemos uma suspeita consistente, teríamos procurado o senhor. Um de vocês aí pode, por favor, substituir aquelas malditas lâmpadas lá de trás?

Um velhote com a camiseta do Canal 23 correu para a parte de trás do estúdio e começou a desligar alguns fios.

– Tudo bem – disse Burton. – Se alguém se lembrar de mais alguma coisa...

– Sim, sim, vamos ligar para o senhor. Onde está Aubrey? Já devia estar a postos. Iluminem o cenário! Ensaio completo em cinco minutos!

– Por ali, senhor – disse uma voz atrás de Burton. O homem usava um fone de ouvido e transpirava sob as luzes. Apontou para a porta à prova de som do estúdio.

Burton saiu acompanhado por um grupo de funcionários do grau mais raso na hierarquia de produção – estagiários e *office boys*. A grande porta bateu com estrondo às suas costas, fechando hermeticamente o estúdio.

Voltou pelo corredor até o estacionamento, imaginando com quem falaria em seguida. Já tinha conversado com a esposa chorosa de Hammond e com seu filho adulto de expressão fechada, além do pessoal de sua equipe de produção – assistentes, secretária e responsável técnico. Todos haviam dito a mesma coisa. Hammond era uma pessoa difícil e gostava de provocar os outros na tela, mas tinha lá suas convicções. Apesar das controvérsias que criava no programa, seguia um código de ética e não tinha inimigos de verdade na vida real. Acreditava no império da lei. Administrava uma entidade educacional filantrópica. Supunha que fosse seu dever ajudar a dar um jeito no mundo. Podia ser considerado, todos tinham dito, um bom sujeito.

Dois homens vinham pelo corredor em sua direção, discutindo. O que vinha mais à frente tinha cerca de 25 anos, vestia uma camiseta preta de uma banda qualquer e carregava uma caixa com impressos.

O de trás era mais velho, um quarentão. Usava um terno caro, mas tinha péssima postura e gaguejava de um modo nervoso.

– Por favor, Steve – dizia ele. – Eu ainda... tenho contrato para os próximos cinco meses.

– Sinto muito, Jules – retrucou o jovem. – Você tinha contrato com o *Denoite*, não com o Canal 23. O *Hammond Denoite* já era. Agora, o programa é outro. Você vai precisar de uma renegociação.

O homem de terno tentou passar à frente do jovem e barrar seu caminho.

– Mas Harvey dizia que eu era imprescindível! Sou útil para o programa!

O rapaz deixou-o para trás.

– Não sei o que dizer. Fale com Jonathan. E agora volte para sua mesa, o ensaio já vai começar.

Continuou andando pelo corredor e passou por Burton. A boca do homem mais velho se abriu e se fechou em um gesto de fúria.

– Vá se ferrar então, Steve! – gritou ele.

Steve fez que não ouviu o desabafo e continuou andando com tranquilidade.

O homem de terno foi atrás, fechou os olhos e começou a repreender a si mesmo.

– Estou ferrado! – gritava. – Ferrado!

– Com licença – falou Burton, passando por ele para não se envolver no que estava acontecendo entre os dois. Deu mais alguns passos, antes que o homem o chamasse:

– Ei! Você é Burton, não é? Detetive Burton?

– Sim – respondeu Burton, sem se deter.

– Espere. Preciso falar com você.

Burton parou e virou-se. O homem apressou-se em sua direção, umedecendo o lábio inferior com ansiedade.

– Alguém conversou com você sobre a escola?

– Não – respondeu Burton. – Que escola?

– A Academia dos Signos Verdadeiros. A escola do meu irmão. Que ele montou para mim.

– Quem é seu irmão?

O homem olhou espantado para Burton.

– Quem você acha? Harvey Hammond! Sou Jules Hammond. Nunca ouviu falar de mim?

– Sinto muito – respondeu Burton. – Ninguém me disse que Harvey tinha um irmão.

Por um instante, pareceu que Jules ia começar a berrar de novo. Mas logo seus ombros caíram.

– É claro que não disseram – resmungou. – Óbvio.

– E o que há com a escola?

Jules olhou para as duas extremidades do corredor. Não havia ninguém por ali, mas mesmo assim sua voz se transformou em um sussurro:

– Não posso contar agora. Me encontre depois do programa, em minha casa. Vou passar o endereço... espere só um pouquinho.

Tirou uma caneta-tinteiro do bolso da frente do paletó e rabiscou o endereço no verso de um de seus cartões de visita.

– A que horas o programa termina? – perguntou Burton.

– Como? Oh, eu saio à uma da madrugada.

– Não podemos nos ver amanhã?

– Não! – respondeu prontamente Jules, como se o pedido fosse absurdo. – Não! Tem de ser hoje à noite. Sou um homem ocupado. E amanhã talvez seja muito tarde para você.

– Para mim?

– Vejo você à noite, detetive.

Jules Hammond afastou-se às pressas, dirigindo-se ao seu escritório. Burton então pegou o celular e ligou para Lindi Childs.

– Alô? – disse ele. – Está ocupada hoje à noite? Acho que vou precisar de sua ajuda.

Burton não queria perturbar a vida de Lindi, mas ela trabalhava no caso. Era provável que nem soubesse direito no que estava se metendo.

– Claro. Nada planejado. Ia apenas assistir a uma série.

– Você lida apenas com Astrologia preditiva? É boa também com previsões clínicas?

– Hum... – murmurou Lindi, em tom inseguro. – Estudei Astropatologia nos dois primeiros anos de curso. Tive uma breve experiência prática durante algum tempo na Unidade de Terapia Astrológica.

Burton olhou para o fim do corredor, a fim de se certificar de que Jules Hammond não poderia ouvi-lo.

– Ótimo. Acha que pode encarar um Neocapricorniano? – perguntou.

– É complicado – respondeu Lindi. – Depende. É provável que sim.

– Agora vem o mais importante. Que tal trabalhar à uma e meia da madrugada?

CAPÍTULO VINTE E TRÊS

Daniel ligou para a Academia dos Signos Verdadeiros várias vezes, mas o número estava sempre ocupado. Após a quinta tentativa infrutífera, decidiu que não tinha escolha a não ser ir lá pessoalmente. Seria um trajeto de meia hora no carro alugado, margeando o rio e passando por *outdoors*, shoppings e subúrbios que se alastravam por antigas fazendas. No caminho, fantasiou que, chegando à escola, veria a filha no pátio conversando com os amigos; ela levantaria a cabeça e o reconheceria de imediato. Daniel abriria os braços para recebê-la e lhe pediria desculpas por tudo. A garota correria para abraçá-lo e Daniel a levaria embora dali para sempre.

Mas talvez não fosse tão fácil assim. Talvez ele ficasse cara a cara com alguma autoridade implacável, uma diretora cética ou um burocrata que o impediria de levá-la. Quase desejou que as coisas se passassem desse modo, para poder reagir com uma justa cólera. Mostraria que era pai. Lutaria pela garota e venceria a batalha.

Saiu da rodovia e pegou a estrada que levava à escola. E, quando a viu, todas as fantasias se evaporaram.

Estacionou diante do portão, aproximou-se da grade e apoiou-se nela. A escola parecia ter sido uma base militar. Os compridos edifícios eram encimados por tetos curvos de metal ondulado, o asfalto entre eles todo esburacado. Os mastros de bandeira, a cada lado da entrada, estavam nus, e as cordas balançavam ao vento. Faixas de grama amarelada e seca estendiam-se entre os edifícios e a grade.

O portão estava trancado. Não havia carros estacionados do lado de fora. Pelas janelas quebradas não se entrevia nada, exceto escuridão. Montes de folhas, que passavam pelas fendas na cerca, acumulavam-se junto ao prédio, alguns poderiam chegar à cintura de uma pessoa.

A escola estava abandonada. Ninguém entrava ali havia muitos, muitos anos.

Não haveria nenhum encontro maravilhoso com Pamela. Daniel chegara a um beco sem saída e agora não sabia mais o que fazer. Pamela não se encontrava ali, e ele não fazia ideia de onde procurá-la.

CAPÍTULO VINTE E QUATRO

Quando Burton tinha 16 anos, descobrira que um de seus colegas de escola, um garoto chamado Colin, era um mentiroso compulsivo. Colin, inteligente e simpático, construía pouco a pouco suas mentiras, que ninguém colocava em dúvida. Lia muito e sempre tinha histórias interessantes a contar. Dizia que seu pai trabalhava com efeitos especiais e que o irmão mais velho era correspondente de guerra. Comunicou aos colegas que poderia lhes conseguir ingressos baratos para o show do Fists of Heaven, pois seu tio era o empresário do grupo. Isso não pareceu impossível, uma vez que a família de Colin era importante. Ele levou um monte de ingressos para a escola e os vendeu por uma ninharia. Alguns garotos pagaram em dólares, outros em lanches; outros, ainda, ofereceram-se para fazer seu dever de casa. Burton deu a Colin seu *skate*, que na verdade nem usava mais.

Na noite do show, o pai de Burton deixou-o no estacionamento, onde se encontrou com os amigos. Esperaram na fila, ruidosos, contando piadas e se exibindo para as garotas que passavam. Quando chegou a vez deles, o funcionário que checava os ingressos os deteve.

– O que é isto? – perguntou, apontando para os ingressos.

– Você parece conhecer bem sua profissão, hein? – zombou Burton, achando-se muito esperto.

– Esses ingressos são falsos – disse o funcionário. – É o que está parecendo.

Mostrou um punhado delas no balcão, todas de papel fino e com uma faixa prateada. Além disso, eram cobertas com discretas linhas verdes, como as notas de dinheiro, para dificultar sua falsificação. As entradas que Colin lhes dera eram de papel grosseiro, em preto e branco, e impressas apenas de um lado.

– São verdadeiras – insistiu Burton. – Devem ser especiais, pois foram dadas pelo empresário do Fists of Heaven. Pode perguntar a ele!

– São falsas – declarou o segurança. – Próximo!

Empurrou Burton para o lado com o dorso da mão e se concentrou nas outras pessoas da fila.

– Ei! – gritou Burton. – Ainda não acabamos nossa conversa!

Postou-se com firmeza no mesmo local, até que um segurança apareceu e tirou-o dali, juntamente com os colegas. Ficaram no estacionamento, xingando o idiota do funcionário e do segurança, enquanto planejavam o que fazer. Colin havia dito que viria também e Burton tinha certeza de que ele resolveria a situação.

Esperaram. Os minutos transformaram-se em horas. A música começou a tocar, e a multidão dentro do estádio berrava sem parar. Burton e seus amigos iam ficando cada vez mais frustrados. Um deles tentou se esgueirar por uma entrada lateral, mas foi flagrado pelos vigias. Levou uma cotovelada no rosto enquanto era arrastado para fora e acabou com um olho roxo. Por fim, Burton admitiu a derrota e foi procurar um telefone público para chamar o pai.

No entanto, mesmo enquanto aguardavam a carona de emergência, não quiseram reconhecer o que havia acontecido. Devia ser um equívoco. Os ingressos eram verdadeiros, só que de um tipo que o porteiro não conhecia, pois haviam sido dados pelo próprio empresário. Ou então ocorrera alguma confusão nos bastidores. O tio de Colin esclareceria tudo. Colin era de Touro, assim como eles, e todos sabiam da lealdade dos Taurinos. Admitir que Colin não passava de um mentiroso significava reconhecer que haviam errado feio – e não só a respeito dele.

Naquela segunda-feira, Colin não deu as caras na escola. Só apareceu na quarta, dizendo que o haviam sequestrado. Inventou uma história detalhada: fora capturado na sexta-feira e colocado em um trem, mas fugira dos sequestradores antes de chegarem à fronteira. Na verdade, Colin havia fugido, sim, mas de casa – é claro. Seus pais se viram em um grande embaraço. Os outros pais, e depois o pessoal da escola, também se envolveram no caso. Houve reuniões a portas fechadas. Colin foi suspenso e mandado para avaliação astrológica. Nunca mais voltou à escola de Burton.

Quando Burton não pôde mais negar que Colin era um mentiroso, alguma coisa se partiu dentro dele. Perdera a confiança e a fé em amizades íntimas. Passara a tratar estranhos e amigos com muito mais precaução. Já não era mais um ser gregário.

Mas o caso de Colin teve outra consequência de longo alcance, além de paradoxal. Burton não acreditava mais que os outros acreditariam nele. Nunca se sentia à vontade, a menos que pudesse mostrar seu valor. Não se gabava e não mentia. Detestava que duvidassem dele. Não fabricava evidências nem distorcia seu testemunho em juízo, mesmo quando essa era a única maneira de garantir uma condenação. E, com absoluta certeza, jamais enganava Kate.

– Sei o que parece – disse a ela.

Estava sentado à mesa do computador, na sala. Kate, postada na soleira, exibia sua barriga, proeminente sob o roupão. Vestia uma camiseta branca, esticada o suficiente para Burton ver o contorno do umbigo.

– Um encontro clandestino, que inclui uma colaboradora, em uma casa misteriosa no meio da noite? – ironizou ela. – Isso parece o quê?

– Não é o que está pensando. Estamos lidando com um lunático. Preciso da ajuda dela.

– Eu só quis provocá-lo – disse ela, colocando-se atrás de Burton e pousando as mãos em seus ombros. – Quando vai voltar?

– Assim que puder. Duas e meia? Três?

– Está bem. E não me acorde quando chegar.

Foi para o quarto, e ele ouviu o estrado da cama ranger quando Kate se deitou. Após algum tempo, a lâmpada do criado-mudo se apagou.

Burton trabalhou no computador até meia-noite e meia, lendo artigos sobre Hammond e Williams. Chegada a hora, saiu, tomando cuidado para não bater a porta da frente.

Dirigiu até Shoredell, um belo distrito a oeste do centro da cidade. Todas as casas eram velhas, a maioria de três andares. Ao primeiro olhar, parecia uma área de classe média alta como qualquer outra, com seus carros espalhafatosos estacionados na rua. Mas havia indícios de que aquela não era uma clássica vizinhança de Sagitário ou Aquário. Nenhum dos edifícios tinha sido restaurado com janelas maiores. Não se viam murais vanguardistas, ainda que tivessem certa qualidade artística, tampouco teatros ou cartazes anunciando exposições. Aquele era um refúgio onde os ricos se recolhiam para viver em isolamento.

Também não havia muitos lugares para estacionar. Burton encontrou um espaço a um quarteirão de distância do apartamento de Jules Hammond e percorreu o restante do caminho a pé. As luzes estavam acesas no terceiro andar, e Burton percebeu alguém andando lá dentro. Suspirou e entrou.

A porta do apartamento 6 no terceiro andar era azul-marinho. Burton bateu e Jules abriu. Imediatamente, Burton sentiu o forte odor característico da presença de gatos.

– Entre – convidou Jules.

O interior do apartamento estava na penumbra. Os lustres eram elegantes, mas muitas lâmpadas haviam queimado e não tinham sido substituídas. Havia pouca mobília na sala. Em uma das paredes, via-se uma enorme gravura emoldurada de uma paisagem marinha em preto e branco, e, junto à parede oposta, um longo sofá branco arranhado por garras de gato. Além dessa, a única outra peça na sala era uma caixa de areia a um canto cheia de excrementos. Em suma, uma espécie de escassez curiosamente cara. De algum lugar do apartamento, vinha o som arranhado de um *jazz*.

Lindi tinha chegado antes de Burton e olhava pela janela, os braços cruzados.

– Olá! – cumprimentou ela, com certo exagero. Vestia uma jaqueta grossa e usava seus óculos de leitura. – Preciso estar de pé às sete. Só pra você saber.

Jules fechou a porta atrás de Burton.

– Acabo de conhecer minha visitante inesperada – disse ele, olhando para Lindi. Seu tom era de censura.

– Lindi Childs é consultora neste caso – explicou Burton. – Achei que sua presença seria útil.

Jules balançou a cabeça, contrariado.

– Está bem.

Acomodou-se no sofá, sem convidar os outros a se sentar. Um velho gato branco apareceu por uma das portas internas, espreguiçou-se e saltou no colo do dono.

– Sei o motivo daquele símbolo do signo de Touro perto de Williams – disse ele. – E aposto que havia um símbolo de Leão no asfalto derretido junto ao corpo de meu irmão. Estou certo?

Burton e Lindi se entreolharam.

– Nenhuma dessas informações veio a público – falou Burton.

Em um lampejo, Burton pensou que poderia estar no mesmo recinto que o assassino. Isso faria sentido, caso os crimes houvessem sido perpetrados por um Neocapricorniano maluco – e Jules se encaixava no perfil. Burton havia comentado sobre o encontro na delegacia, portanto os outros policiais saberiam onde procurá-los caso ele e Lindi desaparecessem. Mas, de imediato, isso não era muito tranquilizador.

Jules assentiu.

– Trabalho para um canal de notícias, detetive. Ficamos sabendo do símbolo de Touro no primeiro dia. E estou certo de conhecer seu significado.

– Algo a ver com uma escola? – perguntou Burton.

Uma das pernas de Jules passou a marcar um compasso rápido no chão. O gato saltou de seu colo e foi se esfregar em Burton, que era alérgico. Ele ignorou o bichano.

– Ouviu falar da instituição educacional filantrópica de meu irmão? Vencedores sem Limite?

Burton assentiu.

– Para crianças desfavorecidas, não é?

– De modo algum! – exclamou Jules. E em tom mais alto: – De modo algum! A escola era para mim!

– Por quê? – interveio Lindi.

Jules olhou-a, irritado.

– Porque sou um maldito Neocapricorniano, claro! Nasci Capricorniano de pais Leoninos. Que grande constrangimento para a família! Todas as más qualidades de Capricórnio e nenhuma da linhagem dos meus ancestrais. Todos, é óbvio, acusam-nos de ser arrivistas sociais.

– Então o mandaram para escolas especiais.

– Isso mesmo. E, quando meu irmão ficou famoso, usou sua influência para obter fundos e criar escolas que eu pudesse frequentar, escolas para filhos nascidos sob signos diferentes do dos pais. Como era a maior fonte de financiamento dessas escolas, ele determinou que mantivessem segredo sobre minha existência. Por acaso algum de vocês já tinha ouvido falar de mim?

Os dois se entreolharam de novo.

– Não – confirmou Jules. – Nunca.

– Sinto muito – disse Lindi. – Mas o que isso tem a ver com os símbolos de Touro e Leão?

A agitação de Jules aumentou. Ele se levantou e começou a andar pela sala.

– Uma das escolas foi meu irmão que ajudou a fundar. A maior, dirigida pelo seu colega de universidade, Werner Kruger.

– O astrólogo? – perguntou Lindi.

Burton percebeu que os olhos dela brilhavam. Olhou-a, intrigado.

– Desculpe – disse Lindi. – É que fiz minha tese sobre a teoria de ressonância das dignidades essenciais, que é dele. Li quase tudo o que escreveu...

– Kruger tinha grandes ideias – reconheceu Jules, estremecendo ligeiramente. – Boa parte do programa educacional que ele criou consistia em induzir os alunos a se comportar de acordo com os próprios signos, pois assim se adaptariam melhor à sociedade. Fez de tudo para que reforçássemos nossa conexão com o que chamava de essência cósmica. Mas não acho que estivesse ali apenas para nos educar.

– Então, o que ele queria? – perguntou Burton.

Jules Hammond olhou através da janela. A lua se erguia sobre o centro da cidade.

– Fazer experiências – disse por fim.

CAPÍTULO VINTE E CINCO

Um ano depois de se encontrar com os Scarsdale, Daniel ainda assistia a vídeos. Era sua única atividade. Sentava-se no sofá da casa do pai e via fita após fita, de manhã até a noite. Foi necessária uma ordem judicial para que a Vencedores sem Limite as entregasse, e assim mesmo só depois de uma verdadeira batalha dos advogados com um relutante juiz.

Daniel avançava as fitas em velocidade máxima, procurando sempre certo rosto conhecido. Eram inúmeras filmagens de câmeras de vigilância em corredores, salas de aula e gabinetes. Em algum lugar e em algum momento, devia ter havido indícios que guiassem Daniel a determinados fatos, mas, se é que tinham existido mesmo, haviam sido eliminados muito tempo antes que tivesse a chance de vê-los.

Os vídeos estavam empilhados em uma caixa. Ele assistia a todos, colocando os que não interessavam na mesa de café e os demais, que mostravam sua filha, no chão a seus pés.

O primeiro que viu foi o da entrevista de admissão de Pamela. Ela tinha 14 anos, e seu rosto já não era tão redondo nem infantil quanto na filmagem do aniversário. O queixo tinha se afinado, e ela fazia Daniel se lembrar da própria mãe. Tinha as bochechas rosadas. A câmera apontava diretamente para a garota, contra o fundo de parede verde-claro da instituição.

– *Pode dizer seu nome e signo, por favor?* – pediu uma voz masculina em *off*.

– *Por quê?* – perguntou Pamela, olhando para o entrevistador invisível. Os ombros tensos chegavam quase à altura das orelhas; parecia um bichinho acuado.

– *É necessário para a matrícula.*

– *Não quero ficar aqui* – disse ela. – *Já disse, quero meu pai de verdade!*

– *Bem, mas é aqui que você está, e o melhor é se conformar* – replicou a voz em tom calmo.

– *Isso é um engano. Preciso falar com minha avó.*

– *Vai falar quando estiver pronta. Mas, primeiro, terá de estudar conosco. Não deseja isso?*

Pamela não respondeu. Olhou para o chão, e Daniel percebeu que seus dentes rangiam.

– *Está bem* – disse a voz após alguns instantes. – *Vamos tentar de novo. Depois que terminarmos aqui, poderá ir à cantina. Sei que deve estar com muita fome. Nome e signo, por favor.*

– *Pamela Scarsdale. Peixes* – respondeu ela, em tom de desafio.

– Ótimo. – Havia na voz do homem uma nota de condescendência, como se elogiasse um cachorro por ter executado bem algum truque. – *E agora me diga: o que significa ser Peixes para você?*

– *Como assim?* – exclamou Pamela, incrédula. – *Não significa absolutamente nada. Me sinto igual às pessoas com quem cresci ou a qualquer outra. Olhe aqui, isto já passou dos limites. Estava tentando achar o meu pai. Foi um equívoco, certo? Agora já posso ir? Não quero criar problemas pra ninguém. Mas, por favor, me deixa dar o fora deste lugar!*

– *Calma, Pamela. Donald Lapton pediu que cuidássemos de você. Sabe quem é Donald Lapton?*

Pamela ficou em silêncio, depois assentiu com um aceno de cabeça.

– *Ele diz que vai reconhecê-la como neta, como você queria. E poderá ver seu pai. Antes, no entanto, Donald Lapton deseja assumir a responsabilidade por sua educação. Isso não é bom?*

Pamela correu o olhar pelo entorno, indefesa.

– *Eu... não sei. O que está acontecendo de verdade?*

– *Ele quer o melhor para você e que receba a melhor educação adequada a seu signo. Por isso a mandou para nós. Uma vez educada, poderá ingressar em sua nova família e na sociedade em geral. Não é o que pretende?*

Pamela continuava insegura.

– *Talvez. Não sei.*

– *Tudo bem, então* – disse a voz. – *Vamos trabalhar juntos. O que ser Peixes significa para você?*

– *Somos como as outras pessoas* – respondeu Pamela. – *Não somos teimosos, estranhos ou algo do tipo, como Arianos ou Capricornianos. Somos normais.*

Os próximos cinco vídeos na caixa de Daniel mostravam apenas vislumbres de Pamela. Viu-a percorrendo os corredores com o uniforme da nova escola. Havia longas cenas em que era vista sentada na sala de aula enquanto os professores discorriam sobre placas tectônicas e voz passiva. O próximo grande momento veio em outra fita de entrevista. De novo, a câmera fixava o rosto de Pamela. A data era de alguns meses depois; seu cabelo estava penteado para trás e preso em um rabo de cavalo. Vestia uma blusa branca, gravata e o blusão verde-escuro da escola, com um símbolo de Peixes estampado no bolso do peito. A seu lado, via-se uma vasilha com água, cheia pela metade e com cubos de gelo flutuando na superfície.

– *Vamos lá, Pamela* – disse a voz em *off*. Desta vez, era uma mulher. – *Imagine-se em um ônibus. Andou bastante e seus pés estão doloridos. Outra garota entra. Tem a sua idade e manca um pouco. Não há outros lugares vagos no ônibus. O que você faz?*

Pamela coçou o nariz.

– *Fico na minha, acho. Outra pessoa vai ceder o lugar para ela.*

– *Não, não faria isso* – retrucou a voz, em tom impaciente.

– *Bem, você perguntou* – replicou Pamela, com um leve sorriso. Parecia achar que a entrevistadora fazia uma brincadeira.

– *Não* – insistiu a mulher. – *Você é de Peixes e, portanto, solidária. A dor da garota é mais forte que a sua. Você se levantaria.*

– *Mas ela poderia estar fingindo* – ponderou Pamela. – *E eu conheço a dor dos meus próprios pés. Se ninguém se levantasse mesmo, eu faria isso, ou me espremeria no assento para que ela se sentasse ao meu lado. Mas não correria para dar lugar a uma estranha.*

– *Seria mais fácil para você e para os outros ao redor se desse* – replicou a voz, em tom severo. – *Qual é o seu lema?*

– *"Signos verdadeiros em harmonia"* – disse Pamela, revirando os olhos.

– *Certo. "Signos verdadeiros em harmonia." Jamais haverá paz na sociedade se continuarmos negando nossa natureza autêntica. E então? Quando a garota que manca subir ao ônibus, o que você vai fazer?*

– *Vou me levantar e dar o lugar a ela.*

Pamela estava nitidamente entediada e cedia só para acabar logo com aquilo.

– *Muito bom* – disse a voz. – *Agora, pegue a vasilha de água.*

Pamela puxou a vasilha para si. A água se agitou, mas não respingou pelas bordas.

– *Ponha as mãos aí dentro.*

Pamela hesitou, mas obedeceu. E ficou toda arrepiada.

– *Uh!*

– *Descobrimos que isso funciona melhor com água gelada* – explicou a mulher. – *O desconforto ajuda a fixar a lição. Agora feche os olhos e imagine o signo de Peixes.*

Pamela cerrou os olhos com força.

– *Está vendo o signo com clareza?*

Pamela fez que sim com a cabeça. Pela sua expressão, o frio já não era suportável.

– *Movimente as mãos pela água, desenhando o signo de Peixes.*

Um pouco de água espirrou para fora da vasilha.

– *Devagar!* – advertiu a voz.

Pamela obedeceu, prescrevendo dois arcos na água com as mãos e juntando-as no centro, várias vezes. A tensão foi aos poucos desaparecendo de seu rosto. Daniel supôs que a pele dela se tornara insensível à temperatura.

– *Sinta-se nadando* – recomendou a voz. Os movimentos haviam se tornado suaves e vagarosos, quase hipnóticos. – *Você é Pisciana. A água é o seu elemento. Você é água. Flui pelo mundo, e o mundo flui por seu corpo. Entregue-se ao seu elemento.*

Pamela continuou movimentando as mãos. Prescrevendo arcos, juntando-as, separando-as. Prescrevendo arcos, juntando-as, separando-as...

– *Está se entregando ao seu elemento?* – perguntou a mulher.

– *Sim.*

– *Ótimo. Agora imagine-se de novo no ônibus. Está rodeada de pessoas. A porta se abre. É a garota. Da sua idade. Ela manca um pouco. O que você faz?*

– *Eu me levanto.*

– *Está se vendo de pé e dando seu lugar a ela? Está mesmo fazendo isso?*

– *Sim* – respondeu Pamela.

Daniel não poderia afirmar se ela estava apenas entrando no jogo ou falando mesmo a verdade.

– *Isso não é melhor que negar sua própria natureza?*

– *Sim.*

– *Ótimo. Agora imagine que alguém passe à sua frente em uma fila. O que você faz?*

O restante das fitas na pilha de Daniel só mostrava cenas de corredor e sala de aula. Meses de filmagem. Daniel avançava com rapidez a maioria delas, detendo-se em breves momentos aqui e ali. Pamela parecia ter algumas amigas, todas com o símbolo de Peixes no blusão. Ficavam juntas nos intervalos das aulas e tinham breves discussões com garotas de outros signos.

Daniel assistiu a um vídeo das aulas de arte de Pamela. Vários alunos de Peixes perfilavam-se na sala, os cavaletes à frente deles. Só o que podiam desenhar era o símbolo de Peixes, incontáveis vezes.

– *Isso é caligrafia como expressão da alma* – dizia o professor de arte. – *Não liguem se ficarem entediados. Ao praticar um ato repetidamente, vocês se livram de todos os pensamentos, e o que resta é puro movimento, pura essência.*

Muitas das outras aulas eram tão específicas e estranhas quanto essa. Em uma delas, Pamela estava sozinha em uma pequena sala de chão forrado com plástico. Tinha uma vasilha de água sob o braço esquerdo.

– *Muito bem, Pamela!* – falou o professor. – *Molhe a mão direita na vasilha e deixe o braço pender. Deixe que a água escorra delicadamente de seus dedos, enquanto desenha o signo de Peixes no chão.*

– *Qual é o objetivo disso?* – perguntou Pamela.

– É para promover um alinhamento biomotor. Uma aula de dança especial.

Pamela mergulhou a mão na vasilha e sacudiu os dedos, fazendo a água respingar no chão.

– *Não* – corrigiu o professor. – *Com movimentos leves, seguindo o fluxo da água.*

Pamela mergulhou de novo a mão na vasilha e deixou a água respingar dos dedos, formando uma figura grosseira do símbolo de Peixes.

O professor aprovou, entusiasmado.

– Muito bom! Continue até a água acabar. Sempre com esses movimentos fluidos e vagarosos. Entregue-se ao seu elemento.

As aulas estranhas e aparentemente sem finalidade alguma continuaram por meses. Então, durante uma das pausas para o lanche, Pamela foi agredida.

A cena foi captada pela câmera em preto e branco da cantina, que tinha um som quase inaudível e baixa definição. Pamela, com sua bandeja, abria caminho entre as fileiras de mesas separadas por signo. Quando passou por uma mesa Canceriana, uma garota loira e gorda atirou um copo de suco em suas costas.

– Entregue-se ao seu elemento!

Pamela deixou a bandeja cair. Seu copo se espatifou e o prato rolou pelo chão da cantina. Alunos de outros signos se viraram para olhar, e as outras garotas Cancerianas começaram a rir.

Daniel se sentiu orgulhoso com a reação de Pamela, que agarrou o braço da garota, mas não a agrediu.

– *Peça desculpas!* – ordenou ela, com firmeza.

A jovem de Câncer pareceu ter sido pega de surpresa.

– Peça desculpas já!

Pamela não titubeava, mantendo os olhos fixos no rosto da agressora. Sentia raiva, mas se controlava. Os risinhos foram silenciando.

– *Vocês é que começaram, suas idiotas!* – gritou a Canceriana. – *Eu ouvi o que disseram!*

A porta da cantina se abriu. Na soleira, apareceu um homem alto e magro. Usava óculos; seu cabelo e seu terno eram pretos.

– *Sem brigas!* – advertiu ele. – *O que está acontecendo aqui?*

– *Ela jogou suco em mim!* – protestou Pamela.

O homem se aproximou das garotas e as separou.

– *"Signos verdadeiros em harmonia"!* – exclamou ele. – *Christina, quais são as características de Câncer?*

Christina, a Canceriana, deixou a cabeça pender.

– *Sinto muito, doutor Kruger.*

– *Eu lhe fiz uma pergunta.*

Christina se esforçava para recuperar a voz.

– *Cancerianos são... afetuosos. Cancerianos são adaptáveis. Cancerianos são dignos de confiança.*

– *E este é um comportamento afetuoso?*

– *Não, doutor Kruger* – murmurou Christina, quase a ponto de chorar.

Kruger voltou seu olhar furioso para Pamela.

– *E você? O que pretendia colocando as mãos em Christina? Não é assim que Peixes interage com Câncer!*

Daniel viu Christina aproveitar a oportunidade para recuar alguns passos.

– *Piscianos não se metem em brigas pessoais* – esclareceu Kruger. – *Nunca. Entendeu?*

– *Mas como vou me defender, senhor?*

– *Não vai!* – gritou Kruger. – *Isso é coisa para os outros signos. Onde estão os Leoninos?*

Deixou o olhar passear ao redor. A mesa de Leoninos mais parecia uma mesa de cordeiros.

– *O instinto deles é defendê-la. Se você não recuar, eles não podem avançar. Revidando, você está não apenas traindo a própria natureza, mas também negando a eles a oportunidade de se reconhecerem! Agora, você e Christina podem ir para o Quarto da Água.*

– *Mas doutor Kruger...* – começou Pamela.

– *Agora!*

As duas garotas deixaram a cantina, Christina de cabeça baixa, envergonhada, e Pamela de ombros caídos, furiosa. Kruger deixou o olhar correr pela sala de novo, onde rostos o fitavam, apreensivos.

– *Basta* – disse ele. – *Voltem ao lanche de vocês.*

Permaneceu no centro da sala até se certificar de que todos haviam voltado a comer. Quando a calma retornou ao recinto, dirigiu-se a um canto e encarou a câmera.

– *Viram?* – perguntou aos espectadores invisíveis. – *Uma dinâmica muito interessante na expressão da energia dos elementos. Recriem isso nos quatro quadrantes e observem os resultados. Muito interessante, de fato.*

Próximo vídeo.

Outra entrevista. Houve uma com Christina antes, mas Daniel avançou com rapidez essa parte. Queria ver sua filha.

A câmera apontava de novo para o rosto de Pamela. Ela não parecia ter dormido. O olhar vagava, distraído, pela sala de entrevistas.

– *Pamela, concentre-se, por favor!* – Era a voz de Kruger.

– *Hein? Ah, me desculpe* – disse ela, a voz pastosa.

– *Está pronta para o teste?*

– *Acho que sim.* – Pamela piscou devagar. – *Por que me trancou aqui?*

– *Nós a isolamos para seu próprio bem, Pamela* – entoou Kruger. – *Ficando sozinha, teria a oportunidade de descobrir sua verdadeira natureza. Gostou do Quarto da Água?*

– É horrível. Eu queria alguém para conversar.

– *Quanto mais permanecer longe dos outros, mais perceberá que precisa deles e mais vontade terá de alcançar o lugar que lhe pertence.*

A voz de Kruger era irritantemente calma e objetiva.

– *E então* – prosseguiu ele –, *está pronta para seu próximo teste?*

Pamela encarou Kruger, que não aparecia na tela. O olhar dela expressava cansaço. Após alguns instantes, assentiu com um gesto de cabeça.

– *Bom. Alguém em sua classe tira nota máxima em uma prova, mas você acha que essa pessoa colou. O que faz?*

Depois, mais cenas dos corredores. Meses e meses de filmagens com esse conteúdo. E mais uma briga. Daniel não conseguiu entender bem o que havia se passado – as câmeras no local não tinham áudio e só registravam um fotograma por segundo. Pamela vinha pelo corredor, e um grupo de garotas Capricornianas, pelo outro lado. Uma delas disse algo ao passar, e Pamela retrucou. O grupo parou e se virou. Fez-se uma confusão. E, de repente, Pamela estava em cima de uma das garotas. Desta vez, ela não se conteve. Estendeu o braço e a socou – repetidas vezes. A garota ficou estendida no chão. Pamela chutou-a. As outras Capricornianas se juntaram e empurraram-na contra a parede. Um professor surgiu no corredor. Pamela foi levada embora, e as Capricornianas seguiram seu caminho.

A próxima cena com Pamela nos corredores ocorreu duas semanas depois. Ela estava de avental, ajoelhada e esfregando o chão.

Isso durou um mês.

Terminada a punição de Pamela, Daniel a viu de novo com o uniforme, mas as coisas haviam mudado. Suas amigas já não a acompanhavam nos intervalos das aulas, e Daniel teve muita dificuldade em revê-la nas fitas. Ela seguia pelos corredores de cabeça baixa, sem olhar para as pessoas com quem cruzava.

Enfim, houve outra entrevista, e Daniel pôde ver e ouvir a filha de novo. Essa, porém, não tinha sido igual às outras. A câmera ficou de lado, mostrando Pamela sentada a uma mesa com dois adultos à sua frente. Um era o doutor Kruger; o outro, uma mulher de óculos e cabelos grisalhos com permanente.

Pamela parecia bem mais magra. O uniforme pendia frouxo em seu corpo. Tinha olheiras, e o maxilar estava mais pronunciado.

– *Não se preocupe com isto, Pamela* – falou Kruger. – *Você não se meteu em nenhuma encrenca. Chamamos aqui todos os alunos que permanecem nos quartos de seus elementos com regularidade. É apenas para sabermos como estão reagindo.*

Pamela fitou o tampo da mesa e não disse nada.

– *Observamos seu comportamento e vimos que você se saiu maravilhosamente bem* – garantiu a mulher.

– *Obrigada* – respondeu Pamela, sempre de olhos baixos.

– *Estamos preocupados porque você não anda comendo bem* – falou Kruger, batendo de leve a caneta na mesa.

– *Agradeço a preocupação* – respondeu Pamela, com polidez. E Daniel, ao olhar aquilo, agarrou com raiva o braço forrado de couro do sofá.

– *Vou lhe pedir que, de agora em diante, coma tudo o que estiver em seu prato. Combinado?*

– *Combinado.*

– *Quero que coma até o último bocado, mesmo que achar difícil. Ficaremos de olho.*

– *Sim, doutor Kruger* – murmurou Pamela.

– *E o que tem achado das aulas? Está conseguindo acompanhá-las?*

– *Sim, doutor Kruger.*

– *Excelente. Obrigado. Já pode ir. E peça que entre o próximo.*

Pamela se levantou em silêncio e saiu da sala. A mulher de permanente se inclinou para Kruger.

– *O que acha?* – perguntou.

– *Acho que ela fez grandes progressos* – respondeu Kruger. – *Nenhum sinal de agressividade ou egocentrismo em meses.*

– *Mas e quanto à saúde?*

– *Vou pedir que a enfermeira dê uma olhada nela* – disse Kruger. – *Pode ser um incômodo passageiro. Mentalmente, a garota está se saindo muito bem. Um belo exemplo de Peixes. Talvez nem valha a pena examinar os outros Piscianos, para ser franco. Eles estão em consonância com suas emoções. E, agora que se mostram enquadrados com tanta perfeição, será mais fácil detectar problemas. Acho que devemos observar com mais detalhes agora os Geminianos.*

Na caixa, restava apenas uma fita a ser vista. Daniel sabia o que ela continha. Nos últimos nove meses, havia tomado conhecimento do fim da história. Não seria nenhuma surpresa. Mas precisava vê-la com os próprios olhos.

De novo, a filmagem em um corredor. Em preto e branco, um fotograma por segundo.

Pamela se dirigia ao dormitório sozinha. Entrou, e a porta se fechou às suas costas.

Tela escura por três segundos. Um novo registro de horário quando o corredor reapareceu: uma hora depois.

Um grupo de alunas Piscianas também se dirigia ao dormitório. Conversavam entre si e riam. Abriram a porta e entraram.

Por vinte segundos, o corredor ficou vazio. Daniel cerrou os punhos e encostou-os ao rosto.

Uma das meninas correu para fora do dormitório, a lentidão da filmagem tornando seus movimentos estranhamente bruscos. Não havia som nas fitas, mas Daniel podia ver que ela chorava. Enveredou pelo corredor e desapareceu.

Outras duas garotas correram atrás dela.

A primeira garota reapareceu, na companhia de um supervisor.

Corte para tela escura. Novo registro de horário. Quarenta minutos depois.

Uma equipe de paramédicos surgiu no corredor e entrou no dormitório, carregando maletas com instrumentos médicos e uma maca.

Cinco minutos de agonia. Daniel não avançou a fita. Não queria se mover.

Os paramédicos saíram do dormitório, bem mais devagar, carregando um corpo coberto na maca.

Corte para tela escura. Fim da fita.

CAPÍTULO VINTE E SEIS

– Três garotas morreram – disse Jules. – Uma depois da outra. A escola fechou as portas por várias semanas, e eu voltei para uma instituição especializada. Isso foi há dez anos.

– Como as garotas morreram? – perguntou Burton.

– Suicídio. Houve uma investigação, e todos os envolvidos foram inocentados. Alegaram que aquele era um dos casos em que um adolescente faz alguma coisa e os outros o imitam.

Lindi acomodou os óculos no nariz.

– Por que o acontecimento não foi divulgado? – perguntou.

– Ah, saiu nos jornais, sim, mas foi notícia em um dia e, no outro, já não era mais. Acho que Kruger gozava de muito prestígio e ninguém quis explorar a tragédia. Além disso, é claro, muita gente que dava dinheiro para a Vencedores sem Limite era rica. Não queriam ver seus nomes associados a um desastre público, por isso a escola foi fechada com discrição, e a polícia conduziu as investigações sem estardalhaço. Nada, na verdade, veio à tona. A coisa toda foi simplesmente esquecida.

– Certo – disse Burton. – Então, por que tanto segredo? Por que estamos nos encontrando após a meia-noite?

– O Canal 23 não quer que eu diga nada de negativo sobre meu irmão e seus atos, nem que comprometa o nome da emissora – explicou

Jules. – E eu tinha de contar tudo a você ainda esta noite, para que tivesse uma vantagem inicial. Vai precisar dela em vista do que Aubrey tentou lhe empurrar, não vai? Estou do seu lado. Uma ovelha negra amiga. Ou seria mais um cordeiro? Afinal, você entende, não é? Apesar de tudo, Harvey era meu irmão, e foi queimado... Meu Deus, ele morreu queimado!

A voz balbuciante de Jules interrompeu-se, e ele olhou para a parede, perdido em pensamentos. Burton sentia-se grato. Mas só entendera metade do que Jules havia dito.

– Você repetiria isso no tribunal? – perguntou.

Jules voltou à realidade.

– Oh, não, por favor! A menos que seja absolutamente necessário.

"Paciência", pensou Burton. Jules também não se sairia bem diante do juiz. Seus problemas de caráter emocional eram óbvios.

– Tudo bem – disse Burton. – Bom, obrigado por tudo. Você ajudou bastante.

Aproximou-se de Jules, os passos hesitantes, e estendeu-lhe a mão. Mas que droga, estava exausto! Como suportaria ficar acordado a noite toda para cuidar do bebê? Teria de se adaptar e sem demora.

– Eu é que agradeço – assegurou Jules, apertando com um gesto vigoroso a mão do detetive. – Fiquei até surpreso por você vir. Acho que isso nos deixa quites.

Burton recolheu a mão.

– Quites? Por quê?

O sorriso de Jules se apagou no rosto.

– Você sabe. Por minha parte no programa desta noite. Sou um pesquisador, afinal de contas.

Lindi olhou de um para o outro.

– Senhor Hammond, o que aconteceu no programa? – perguntou ela.

– Nenhum dos dois assistiu? – estranhou Jules, balançando a cabeça. – Ah, querida, se tivessem assistido, saberiam por que ninguém recebeu permissão para conversar com vocês.

– O que aconteceu no programa? – indagou Burton, já irritado.

– Aubrey queria começar com uma bomba – disse Jules. Pegou um pacote de ração de gato no parapeito da janela, abriu-o e despejou o conteúdo até encher um pote ao lado da caixa de areia. – Foi logo ao ataque. Para ele, é uma questão pessoal. Realmente pessoal.

CAPÍTULO VINTE E SETE

Burton chegou em casa meia hora depois. Abriu a porta bem devagar e acendeu o abajur da mesa da sala, deixando a maior parte dela na penumbra. Pegou o controle remoto no sofá e ligou a TV, abaixando logo o volume até que o som se tornasse quase inaudível.

Não demorou para encontrar o *Denoite* no DVR e dar início ao episódio. Correu os olhos por ele. Para Aubrey, era algo muito importante assumir aquela tarefa. Hammond tinha sido praticamente uma instituição, e Aubrey precisava colocar a própria marca no programa. Devia superar seu antecessor. O episódio começou com um tributo ao falecido, com um "#HammondForever" aparecendo no canto inferior direito; depois, pelos 45 minutos seguintes, Aubrey caiu em cima dos que, a seu ver, eram os responsáveis por aquele assassinato. Isso incluía Bram Coine, Solomon Mahout, o grupo Ascendente Áries, os liberais, o presidente, o Departamento de Polícia de San Celeste e o detetive Jerome Burton.

– *Solomon Mahout e seus discípulos idiotas do Ascendente Áries são gente ruim, mas pelo menos sabemos que eles tentam destruir a sociedade. Apregoam isso, orgulham-se disso. O que não me entra na cabeça é a tolerância da polícia em relação a eles. Sim, a polícia, que se supõe estar do lado dos cidadãos honestos. Supúnhamos que ela fosse capaz de fazer qualquer coisa para vingar um de seus membros, seu amado chefe. Mas receio que, nesse ponto, os policiais sejam meros empregados do governo, como quaisquer outros. Burocratas, certo? Ou talvez haja aí algo bem mais sinistro.*

Uma foto pouco lisonjeira de Burton apareceu na tela, mostrando-o enquanto saía do carro diante da delegacia. Burton nem sabia que estava sendo fotografado.

– *Esse aí é o detetive Jerome Burton, do Departamento de Homicídios da polícia de San Celeste. Vem conduzindo as investigações dos assassinatos de Williams e Hammond desde o primeiro momento. É Taurino, casado, trabalha duro e tem uma boa ficha. Por que, então, está demorando tanto para resolver este caso?*

Burton ouviu uma movimentação atrás de si. Virou-se e viu Kate saindo do quarto, os olhos semicerrados e um cobertor macio nos ombros.

– Jerry? – perguntou ela. – O que é isto?

Na tela, a câmera cortou de novo para Aubrey, sentado à sua mesa. Parecia pouco à vontade, mas disfarçava esse desconforto com frases bombásticas.

– *O caso talvez esteja tão difícil... porque sua boa-fé Taurina não seja bem o que parece. Nossos investigadores do* Aubrey Denoite *seguiram o detetive Burton por algum tempo, provavelmente com um pouco mais de empenho do que ele tem demonstrado para resolver este problema. E o que descobriram é, no mínimo, chocante. Burton nasceu no Hospital Liberty, ao norte de San Celeste. Vocês sem dúvida reconhecem esse nome. Foi lá que o famoso doutor Suarez praticava seu "comércio".*

Uma nova imagem surgiu, desta vez uma foto em preto e branco de um homem de camisa polo sendo conduzido, algemado, a uma viatura.

– *Suarez, como muitos de vocês se lembram, foi preso há trinta anos por falsificar atestados de crianças, para que parecessem ter nascido sob o mesmo signo dos pais.*

Corte para Aubrey, agora em um *zoom* mais fechado.

– Bem, para sermos justos, não é certo que ele tenha prestado esse serviço aos pais do detetive Burton. Mas analisemos os fatos.

Uma varredura de alguns registros do hospital apareceu na tela, bem devagar, enquanto nomes e datas eram graficamente ressaltados.

– A mãe de Burton entrou em trabalho de parto muito antes do tempo. Foi admitida no hospital em 17 de abril, isto é, sob o signo de Áries. Mas consta nos registros que ele nasceu no dia 21, quatro dias depois... sob o signo de Touro, como seus pais. E de quem é a assinatura no atestado? Do doutor Theo Suarez.

Aubrey reapareceu na tela, olhando diretamente para a câmera.

– Pode ser que o parto tenha levado quatro dias. Não sei quanto a vocês, amigos; mas, ao ouvir que a investigação dos assassinatos de dois de nossos mais implacáveis defensores contra a ameaça que Áries representa está sendo conduzida por um provável impostor desse signo, só posso dizer: Deus nos ajude! Voltaremos daqui a pouco para as observações finais. Não saiam daí.

– Merda! – vociferou Burton. – Mas que grande merda!

Suas mãos tremiam. Kate pegou o controle das mãos dele e desligou o aparelho no meio de um comercial sobre compra de ouro pela internet.

– Eu conheço você – disse ela. – Conheço o meu Jerry.

Abraçaram-se em silêncio no meio da sala quase às escuras.

CAPÍTULO VINTE E OITO

A Taverna do Arado ficava em um beco sujo, a três quarteirões de distância da Central de Polícia de San Celeste. Tinha sido antes uma oficina mecânica, e depois fora comprada e reformada por um ex-policial, décadas atrás. Tornara-se o lugar preferido dos tiras que queriam refrescar a cabeça longe de civis e de conversas sérias. O bar era revestido de painéis de madeira, vendo-se garrafas e bugigangas por toda parte. Havia ali uma mesa de bilhar e algumas cabines confortáveis em um ambiente reservado aos fundos. Ouvia-se rock clássico do meio-dia em diante, alto o suficiente para induzir os fregueses a continuar bebendo, mas não a ponto de afugentá-los. Mesmo assim, tinha algo ali que ainda lembrava uma oficina mecânica. Forro não existia, apenas lâmpadas fluorescentes que pendiam de uma estrutura metálica sob um teto de alumínio ondulado. Quando chovia, era impossível ouvir qualquer coisa ali dentro. No meio do recinto erguia-se uma coluna de concreto, com as marcas de dezenas de motoristas descuidados. Os frequentadores diziam ao proprietário que gostavam do lugar daquele jeito. Achavam-no "realista".

O motorista de Daniel Lapton estacionou na frente do bar e acendeu as luzes de emergência.

– Me espere aqui – pediu Daniel.

O motorista respondeu com um aceno de cabeça, sem deixar de olhar para a frente. Era novo, e alguém devia tê-lo instruído a não falar demais. Daniel respirou fundo, checou o gravador no bolso e desceu do carro.

Não havia nenhuma placa para identificar o nome do bar, exceto o neon com a palavra "ABERTO" e dois ganchos enferrujados acima dele de onde, havia tempos, pendia um antigo arado de verdade. Os últimos raios do sol, perpassando as nuvens, incidiam sobre a cidade, e o vento soprava do norte. Daniel apreciou a onda de calor que recebeu ao atravessar a porta vaivém do bar.

Algumas cabeças se viraram para ele. Daniel não percebeu malícia alguma em nenhum daqueles olhares; era apenas um objeto em movimento no campo de visão de fregueses embriagados. Avistou o detetive Peter Williams sentado à mesa na companhia de policiais robustos de camisa preta e cabelos à escovinha. Williams também viu Daniel se aproximando e segurou um dos companheiros pelo braço.

– Me dê um tempinho – disse ele. – Tenho um assunto a tratar.

– Eu sei – brincou o homem, imitando alguém que fosse fazer um boquete. Os outros riram.

– Muito engraçado – replicou Williams, indiferente. – Volto num instante.

Pegou da mesa uma garrafa de cerveja pela metade e acenou para que Daniel o seguisse a uma das cabines no fundo do bar.

– Ei, cara! – gritou um dos homens de camisa preta. – Não se esqueça de acariciar as bolas do Williams!

Mais risos. Williams mostrou-lhes o dedo do meio.

– Quem são? – perguntou Daniel, enquanto se sentavam nas poltronas de couro macio.

– O Esquadrão Aríete – respondeu Williams. – São a nova equipe da SWAT designada para Ariesville. Aquele lugar enfim vai ficar sob controle.

– Parecem uns idiotas.

– Bem, precisam entrar numa zona de guerra todos os dias – ponderou Williams. – Por isso eu os deixo relaxar um pouco. Mas o que posso fazer por você?

Daniel percebeu que Williams esforçava-se para parecer sóbrio. Na verdade, estava embriagado o suficiente para não notar que o outro enfiava a mão no bolso para ligar o gravador. Daniel tinha marcado aquele encontro com ele fingindo ser um dos patrocinadores da Academia dos Signos Verdadeiros, agora fechada – o que não era de todo uma mentira. Sua família havia feito consideráveis doações à instituição educacional filantrópica de Harvey Hammond. Williams pensava que Daniel viera para molhar sua mão e certificar-se de que o escândalo não voltaria a incomodá-los.

– Quero saber em detalhes o que aconteceu na Signos Verdadeiros – disse Daniel.

Williams piscou lentamente.

– Está tudo no meu relatório.

– Mas quero ouvir de você e ver se alguma coisa lhe escapou.

Williams sorveu um gole da cerveja e enxugou a boca com o antebraço.

– Na minha opinião, a escola não fez nada de errado, posso garantir – respondeu ele. – Sim, sei que a coisa toda pareceu feia. Mas a Signos Verdadeiros agiu do modo correto. Ninguém lá ignora as necessidades daquelas crianças. Mas as três garotas que morreram já eram desequilibradas! A escola tentou de todo modo ajudá-las. Elas estavam sob os cuidados dos melhores astrólogos do país. E, depois do primeiro suicídio, todos ali começaram a frequentar de imediato as sessões de terapia, principalmente os alunos que, segundo os professores e administradores, eram mais vulneráveis.

– E por que não fecharam o lugar após o primeiro suicídio? – indagou Daniel.

Tinha sido o de uma jovem chamada Emma Pescowski. Virginiana. Viciada em analgésicos.

– Fizeram o que era possível. Não podiam dispensar o restante dos alunos! Para onde eles iriam?

Bebeu o resto da cerveja e soltou um arroto discreto. Pareceu não notar a mão crispada de Daniel na beirada da mesa.

– E quanto aos maus-tratos? – perguntou Daniel.

– Que maus-tratos?

– Confinamento solitário. Privação de sono.

– O juiz achou que nada do que se fazia ali passava dos limites.

– Com base nas evidências que você apresentou!

Daniel percebeu que havia falado alto demais. Os homens de camisa preta se viraram para a cabine. Williams ergueu a mão a fim de lhes mostrar que estava tudo bem e em seguida inclinou-se para Daniel.

– Não constatei maus-tratos – disse ele. – Vou lhe dizer o que vi. Uma escola às voltas com alguns dos alunos mais difíceis do país, cheios de ideias originais para bagunçar a cidade. O que se fez ali foi necessário. E corajoso também, fique sabendo, sobretudo com esses Aquarianos e Sagitarianos politicamente corretos chamando todo mundo de signista.

Williams concluiu, sem sombra de dúvida, que Daniel não tinha vindo ali para lhe dar tapinhas nas costas. Ficou passando o copo vazio de uma mão para a outra e olhando-o com amargura.

– Era uma boa escola – suspirou, como se falasse consigo mesmo.

– Você mandaria seus filhos para um lugar como aquele? – perguntou Daniel.

Williams fez uma careta.

– Nunca vou precisar fazer isso. Todos os filhos que eu tiver serão de Touro, Taurinos puros. Não sou como esses idiotas que não sabem usar contraceptivos ou um calendário. Quer ouvir a verdade? Pouco importa o que os outros pensem daquele lugar. Os responsáveis fizeram o que tinham de fazer.

– Fizeram o quê?

– Tiraram das ruas um bando de pilantras cheiradores de cola.

O punho de Daniel voou da beirada da mesa para o rosto de Williams. Não pôde se controlar. Williams pareceu em choque a princípio, mas sua reação foi rápida. Debruçou-se sobre a mesa e segurou os punhos de Daniel.

– Comigo, você tem que ser mais durão! – vociferou ele, mostrando os dentes.

Daniel tentou se desvencilhar, mas Williams o segurava com firmeza.

– Solte-o!

Um golpe seco atingiu a lateral da cabeça de Daniel, que começou a ver pontos brilhantes no ar. Um dos policiais de camisa preta havia arremessado uma garrafa; os outros tinham se levantado da mesa e agora corriam em sua direção.

– Seu riquinho de merda! – bradou o maior deles, que tinha cara de porco com seu cabelo cortado rente. Agarrou Daniel pelo colarinho e empurrou-o para fora da cabine. O instinto de autopreservação recomendou a Daniel que não revidasse, para sua própria proteção. Era fraco, inexperiente e estava sozinho contra muitos. Mas a raiva e a adrenalina tomavam conta de seus membros.

Surpreendeu-se socando com violência o queixo de Cabelo Rente. A cabeça do tira balançou para trás, e ele soltou Daniel para levar a mão à boca, que agora estava vermelha de sangue. Daniel foi ao chão, a cabeça batendo na divisória de madeira entre as cabines. No mesmo instante, as botas dos Camisas Pretas começaram a chutar seu pescoço, costelas e pernas. Quando quis levar a mão ao gravador, seu rosto ficou exposto a um golpe no maxilar. Ouviu o osso estalar e sentiu uma explosão de agonia.

– Já chega – disse Williams. – Ele é de Capricórnio.

– Estou pouco me lixando – resmungou um dos Camisas Pretas.

Mais chutes direcionados às costelas. Daniel enfim cedeu, encolhendo-se para se proteger dos golpes constantes. Uma bota pisou em seu braço, imobilizando-o contra o chão, e outra o atingiu na barriga. Ele perdeu o fôlego. O rock ainda soava no ambiente. Um homem lamentava seu amor perdido ao som de guitarras estridentes.

A porta do bar se abriu, e uma voz familiar gritou:

– Senhores!

Os chutes cessaram.

– Quem diabos é você? – perguntou um dos Camisas Pretas.

– Vim levar meu cliente embora.

Daniel ergueu o rosto ferido e inchado para a figura postada na soleira. Era Hamlin. Vestia um terno de cor clara e parecia ter saído de uma reunião de diretoria na UrSec. Dois de seus homens o acompanhavam. As mãos de Hamlin, pendendo espalmadas ao longo do corpo, mostravam que estava desarmado, mas não intimidado. Daniel não tinha a mínima ideia do que ele viera fazer ali.

– Seu cliente agrediu dois oficiais de polícia – disse Williams, cruzando os braços.

– E resistiu à prisão – completou Cabelo Rente, cutucando o corpo encolhido e machucado de Daniel com a ponta da bota.

– Isso é lamentável – assentiu Hamlin, com voz mansa. – Mas estou satisfeito por ver que vocês conseguiram controlar a situação.

Correu o olhar pelo recinto, como se fosse tomar uma atitude.

– Quem ele agrediu?

– Eu – disse o detetive Williams.

– Feriu muito você?

Williams tocou o rosto onde Daniel o socara e balançou a cabeça.

– Não.

– Vai processá-lo?

Williams balançou de novo a cabeça.

– Eu vou – interveio Cabelo Rente.

– Tenho certeza de que o senhor Lapton não tardará a lamentar seu comportamento, se é que já não fez isso – ponderou Hamlin. – E tenho certeza também de que recompensará vocês dois com generosidade pelos danos causados, pelo tempo que lhes tomou e pelos estragos em suas roupas ou pertences. Posso garantir isso.

Cabelo Rente fungou, mas Daniel percebeu que ele considerava a proposta. Virou-se para Williams, que assentiu com um leve gesto de cabeça.

– Aceite, Vince.

– Está bem – concordou Cabelo Rente. – Leve esse maldito Capricorniano daqui. Não vale mesmo a pena processá-lo.

Os homens de Hamlin se aproximaram de Daniel, e um se ajoelhou a seu lado.

– Consegue mexer os dedos do pé, senhor?

Daniel precisou de algum tempo para entender o que esperavam dele. Movimentou os pés. Nenhum dano na espinha. Os homens se entreolharam, aliviados. Levantaram-no pelas axilas e escoltaram-no com cuidado até a porta.

Do lado de fora, um carro preto e brilhante estava estacionado atrás do de Daniel. Um dos homens de Hamlin abriu a porta, e o outro acomodou-o no banco de trás.

– Esperem, quero ir no meu carro.

– Não se preocupe, senhor – disse o segundo homem, levantando as pernas de Daniel da calçada e colocando-as para dentro. – Não acontecerá nada a seu carro. Vamos levar o senhor para o hospital.

O tom de voz era calmo, mas firme, como se falasse a um menino incapaz de entender por que não podia comer mais pudim. Fecharam a porta, e Daniel encostou a lateral da cabeça no vidro frio da janela, espiando lá fora com seu olho quase fechado.

Enquanto isso, Hamlin conversava com o motorista. Enfiou um pedaço de papel no bolsinho de seu paletó e deu-lhe um tapinha no ombro. O motorista agradeceu e foi para o carro de Daniel. Hamlin entrou no carro preto e se sentou ao lado do ferido. Seus homens se acomodaram na frente, e o carro partiu.

Após alguns minutos, Daniel murmurou:

– Vocês estavam me seguindo.

Hamlin digitou alguma coisa no celular e colocou-o de lado.

– Perdão, senhor?

– Não lhes pedi que fossem àquele bar. Não contei a ninguém aonde estava indo. Vocês estavam me seguindo.

– Fomos contratados pela empresa de sua família para lhe dar proteção. Um Lapton não pode ficar sem isso. O senhor recusou os seguranças, então recorremos ao segundo curso de ação mais indicado.

– E resolveram me seguir – completou Daniel.

– Coleta não invasiva de informações – sentenciou Hamlin. – Mas o que queria exatamente procurando briga com o Esquadrão Aríete?

– Ele ocultou a morte de minha filha. A escola a matou. Williams fez o relatório e não mencionou isso.

– E o senhor o agrediu fisicamente. Numa sala cheia de policiais...

– Não devo explicações a você.

Daniel olhou pela janela, furioso. E, após alguns minutos, perguntou:

– Têm autorização para vigiar pessoas? Para "colher informações"?

– Dentro de certos limites, sim – respondeu Hamlin.

– Então fiquem na cola do detetive Williams. Descubram quem o comprou. Quero que os responsáveis por aquela escola sejam levados à justiça. À verdadeira justiça.

Hamlin franziu o cenho.

– Lamento, senhor Lapton – disse ele. – Isso é impossível.

Daniel olhou para Hamlin, cuja expressão era insondável. Tentou então a última cartada.

– Se o problema é a lei, consulte meus advogados. E você será bem pago pelo risco que correr.

– Senhor Lapton, o problema não é a lei. Nem o dinheiro.

– Então qual é?

Hamlin não respondeu. Mas Daniel adivinhou a resposta. E sentiu náuseas.

– Outros clientes.

– Não posso dizer – explicou Hamlin. E, por uma fração de segundo, Daniel percebeu o desdém por trás da máscara daquele homem. Ele próprio respondera à pergunta.

– Famílias ricas. Os patrocinadores da escola. Querem sepultar o caso, e por isso o contrataram. Além de mandar que me espiasse.

Hamlin continuou em silêncio.

Daniel levou a mão ao trinco da porta.

– Quero sair deste carro. Agora.

– Senhor Lapton, por favor, não seja dramático. Estamos aqui para protegê-lo.

– Estão aqui para me vigiar. A pedido deles.

– Não, senhor Lapton. Isso seria um conflito de interesses. Estamos aqui para protegê-lo.

Daniel cerrou os dentes.

– Parem este carro ou eu vou saltar.

Hamlin hesitou por um momento.

– Edward, pare.

Estavam no meio da ponte Newton. O carro parou na faixa amarela junto à calçada, e Daniel desceu.

Foi caminhando pela lateral da ponte, mancando e apalpando as costelas doloridas. Algumas centenas de metros à frente, poderia virar para a calçada ao longo da margem do rio e distanciar-se da rodovia. Uma voz interior lhe sussurrava como aquilo tudo tinha sido inútil e como ele devia parecer infantil agindo daquela maneira. Não tinha nenhum plano, a não ser afastar-se daquela gente.

O carro preto passou por ele, o vidro de trás abaixado. Hamlin digitava no celular. Sem olhar para fora, ele disse:

– Seu motorista vai chegar logo, e o doutor Ramsey o espera na ala norte do hospital.

– Não vou a hospital nenhum.

– O senhor está ferido. Por favor, não se prejudique só por rebeldia.

Daniel sentia dores agonizantes. O rosto e o tronco latejavam. E era bem provável que o maxilar e algumas costelas estivessem quebrados. Mas iria ao hospital no dia seguinte, por decisão própria. Precisava se afastar daquele casulo envenenado.

– Dane-se. Você está despedido.

– Fomos contratados pela empresa, senhor Lapton.

– Pois farei com que o mandem embora.

Hamlin suspirou.

– Isso é lamentável. Mas até lá continuaremos protegendo-o, se nos permitir.

O carro preto passou por ele e se distanciou na ponte. O motorista de Daniel logo o apanharia, e sua breve experiência com a autodeterminação estaria finalizada. Ou ele poderia continuar caminhando ao longo do rio até... até quando? Até ficar exausto? Com fome? Ou ser assaltado?

Enfiou a mão no bolso e pegou o gravador.

O invólucro de plástico estava quebrado. A fita não girava.

Daniel se sentiu esmagado pela vergonha. Fora inútil toda aquela tentativa para não ser tolhido. Que seria dele sem as pessoas que havia contratado para defendê-lo, para cumprir suas ordens, para fazê-lo ganhar mais dinheiro?

Ele não era nada. Absolutamente nada.

CAPÍTULO VINTE E NOVE

– Viu isso, Jerry? – perguntou o pai de Burton, passando-lhe o celular.

Burton pegou o aparelho e olhou para a tela. Era uma lista de nomes e números de telefone, semelhante a uma lista telefônica.

– O que é? – perguntou, devolvendo o celular.

– O grupo de bate-papo dos Vigilantes do Bairro – respondeu o pai com orgulho.

Estava mais magro do que quando Burton o visitara da última vez e precisava cortar o cabelo todo branco, que começava a ficar desgrenhado.

– É genial – continuou o velho, com um largo sorriso de entusiasmo. – Um cuida do outro. Quando vemos algum mal-encarado andando pela rua, todos ficam sabendo no mesmo instante. Ficamos de olho nesses tipos. Criamos até alguns códigos. "Manteiga no Pão" significa um MP: um Mendigo de Peixes.

A chaleira assoviou. O pai de Burton tirou-a da chapa e preparou uma xícara de chá para o filho; depois, uma de café para si mesmo. O leite estava em um recipiente de plástico no minirrefrigerador. Ele despejou um pouco para os dois e entregou o chá a Burton, sentado à pequena mesa da cozinha.

O pai de Burton morava sozinho em uma casinha de Southglade. Tinha ido para lá pouco depois de se aposentar na polícia e agora se dedicava aos Vigilantes do Bairro com um entusiasmo quase maníaco. Toda vez que Burton o visitava, ele tinha histórias novas para contar sobre assaltos frustrados e pessoas suspeitas nas esquinas.

– Se uma senhora saiu para um passeio, foi visitar uns amigos ou algo assim, e já é tarde da noite quando volta para casa, basta que poste uma mensagem aqui e nós a acompanhamos pela janela...

– Pai – interrompeu Burton com voz firme.

O velho parou de falar e sentou-se à mesinha diante de Burton.

– Desculpe. Quanta conversa fiada, hein? – Sorriu com um ar de arrependimento.

– Viu o programa de Aubrey da noite passada?

O velho baixou os olhos para o café.

– Não – respondeu. – Mas Dennis me ligou hoje de manhã para me falar sobre ele. Que desagradável. Eu até gostava do cara, mas agora ele só grita! Não deveria ter trazido esse caso à tona. Todos do grupo de bate-papo concordam. E todos apoiam você.

– O senhor fez mesmo aquilo? Sou realmente um...

O pai de Burton interrompeu-o, olhando-o bem nos olhos.

– O que está querendo, Jerry? Deixe de vasculhar o passado. Que bem isso poderá lhe fazer?

– Pai... – começou Burton, passando a mão pelo rosto.

– Escute. Você é um Burton e os Burton são de Touro. Nasceu um pouco antes, mas demos um jeito. Você continua sendo um Burton. Cem por cento um Burton.

– Então, toda vez que alguém me disse qual emprego me convinha e com quem eu deveria me casar... isso se baseava em um mapa astrológico falso. E minha escola, meus amigos...

– Eram seus – atalhou o velho, pragmaticamente. – Deu certo, não deu? Não deixe que isso mexa com sua cabeça. Você teve a vida que devia ter. Nasceu sob o signo de Áries, mas isso não o torna um Ariano. Você é Taurino, um genuíno Taurino, como seu velho pai. E agora coma um pouco destes biscoitos de aveia. Minha vizinha Brenda é quem os faz para os Vigilantes do Bairro. É uma pessoa muito amável.

CAPÍTULO TRINTA

"COLÔNIA INFLUÊNCIA NEUTRA. Senhores visitantes, liguem por favor para o doutor W. Kruger, 314 159 2653. INVASORES FICARÃO SUJEITOS A TODOS OS RIGORES DA LEI."

Lindi empurrou o portão sobre o mata-burro e o manteve aberto para Burton. Ele entrou com o carro, parou e esperou que ela voltasse. A cerca de ambos os lados tinha quase dois metros de altura e era encimada por arame farpado.

– Viu aquela placa? – perguntou Lindi, voltando para o carro.

– Sim – disse Burton. – Parece que não gostam de penetras por aqui.

– Não, refiro-me à parte sobre Influência Neutra. Sabe alguma coisa sobre isso?

– Nunca ouvi falar.

– Foi uma teoria muito popular há alguns anos. Tentavam bloquear a influência da sociedade para ver como isso alteraria o comportamento das pessoas. Astrologia avançada.

Burton engatou a marcha e avançou pela estrada poeirenta. Viajavam havia duas horas e meia, tendo saído da cidade rumo às colinas. Uma viagem longa. Burton apreciou o fato de, durante todo o trajeto,

Lindi não ter perguntado nada sobre as notícias do *Aubrey Denoite* que lhe diziam respeito, embora ela estivesse, sem dúvida, ansiosa para fazê-lo. Mas tinham se limitado a ouvir as músicas alternativas de Lindi, muito parecidas com as que estavam na moda durante a adolescência de Burton. Passaram do *pop* a estilos mais antiquados, e destes para o *retro chic*, sem que Burton tivesse sequer se dado conta.

Tinham chegado então ao topo da colina, onde a estrada seguia para uma fazenda. Em meio às construções da propriedade, a pista de terra cedia lugar ao asfalto. À esquerda, erguia-se uma fileira de chalés de um só andar, recém-pintados e com teto de metal ondulado. À direita, viam-se as construções mais antigas da fazenda, de aparência rudimentar. Uma velha roda de carroça jazia encostada na maior delas – na opinião de Burton, um arranjo decorativo com pretensões folclóricas.

Um homem apareceu à porta de entrada, protegendo os olhos da luz forte. Burton reconheceu-o das fotografias que havia encontrado na internet: era o doutor Kruger, embora mais velho do que se via nos folhetos de propaganda da Academia dos Signos Verdadeiros. Se fosse mesmo o líder de uma seita, não dava mostras disso. Seus cabelos brancos tinham sido cuidadosamente penteados, e as mangas da camisa estavam arregaçadas acima dos cotovelos.

– Lindi Childs? – perguntou ele, com um ligeiro sotaque alemão.

Lindi desceu do carro e estendeu-lhe a mão.

– Obrigada por nos receber, doutor. Fiz minha tese com base em sua teoria de ressonância das dignidades essenciais. Era um conceito tão elegante!

– Ah, minha pesquisa de Astrologia horária avançada – disse ele, com um largo sorriso. – Eu andava, na época, muito obcecado com a transitoriedade! Mas muita coisa aconteceu desde então. Novas e interessantes descobertas.

– Que maravilha!

Lindi estava radiante. Burton lançou-lhe um olhar zombeteiro. Ela percebeu, mas não conseguiu reprimir o sorriso. "Que fã mais entusiasmada", pensou o detetive.

Kruger estendeu a mão para Burton.

– E você é...

– Detetive Burton, Departamento de Polícia de San Celeste. Obrigado por concordar em nos receber.

– Sim, claro – respondeu Kruger. – Farei o que puder para ajudar. Vieram direto da cidade? É uma viagem e tanto. Querem água? Algo para comer?

– Água, por favor – pediu Burton.

Kruger levou-os para dentro da construção principal. Devido às paredes muito grossas, o interior era surpreendentemente fresco e agradável. Os móveis lembravam a Burton uma casa de repouso. Havia sofás e poltronas confortáveis, diferentes uns dos outros, alinhados junto às paredes e voltados para o centro. Alguns estavam cobertos com colchas de crochê. Via-se um mapa-múndi em uma das paredes e, na oposta, uma prateleira com revistas. Uma cortina de miçangas cobria uma porta que dava para o interior da construção.

Uma mulher de meia-idade estava sentada a um canto, escrevendo em um caderno. Ergueu os olhos quando eles entraram, e sua caneta deslizou, incerta, pela folha.

– Ah, desculpem, Carol – falou Kruger, virando-se para Burton e Lindi. – Carol está redigindo seu diário. Pedi a ela que anotasse em detalhes seus pensamentos e sentimentos. Sua honestidade foi muito útil para mim em minhas pesquisas. Sou-lhe grato, muito grato.

Carol recolheu seu material de escrita.

– Vou terminar no quarto mais tarde – disse ela, falando com um sotaque Capricorniano entrecortado. – O senhor precisa de alguma coisa?

– Sim, por favor. Água para as visitas – pediu Kruger.

– Tudo bem.

Carol saiu da sala apertando o caderno contra o peito, como que para protegê-lo. Depois que ela se foi, Kruger apontou para as poltronas aconchegantes.

– Uma vergonha – comentou, sentando-se diante de Burton e Lindi. – Carol nasceu de pais Capricornianos. Os pais forjaram um atestado para fazer dela uma Capricorniana, como eles. Mas Carol era de Libra, o que só foi descobrir quando já tinha 40 anos. A pobrezinha entrou em crise, mas hoje age como uma Libriana segundo todos os parâmetros comportamentais. Estou bastante orgulhoso dela. Oh, perdão, acho que têm perguntas para mim.

– Sim – disse Burton. – Peço desculpas por aborrecê-lo. O senhor é uma pessoa muito difícil de encontrar.

– Ah, sim, é verdade! – concordou Kruger. – Tornei-me uma espécie de recluso nos últimos tempos.

– Soube o que aconteceu com Harvey Hammond?

– Ah! – suspirou Kruger. O leve sorriso se apagou por completo de seu rosto. – Sim. Foi terrível. Conhecia Hammond muito bem. Frequentamos a universidade juntos. Seu irmão, Jules, nasceu Capricorniano, embora sua família fosse de Leão...

– Nós falamos com ele – disse Burton. – Na verdade, foi Jules quem sugeriu que procurássemos o senhor.

Kruger balançou a cabeça em um gesto de tristeza.

– Coitado do Jules! Um Neocapricorniano clássico. Quando tratei dele, a terapia astrológica ainda não era muito eficiente. Eu pouco podia fazer, na época, para ajudar pessoas desajustadas. Gostaria de ter a oportunidade de cuidar de novo de Jules.

– O que quer dizer com "pessoas desajustadas"? – perguntou Burton.

– Malucas – interveio Lindi.

– Não gosto muito dessa palavra – respondeu Kruger. – Tem um peso acentuadamente negativo. Devemos tratar essas pessoas com simpatia.

Olhou com seriedade para Burton, até que ele compreendeu: Kruger devia ter visto o abominável programa de Aubrey e agora o observava para descobrir se ele de fato não apresentava um comportamento Ariano.

– De qualquer maneira – prosseguiu Kruger –, eu era jovem e muitíssimo ambicioso. Supunha já ter todas as respostas, e Harvey acreditava em mim. Convenceu vários ricaços a nos dar dinheiro para montarmos uma escola onde iríamos corrigir esses desajustados.

Carol voltou à sala com uma bandeja e serviu água às visitas.

– Obrigado – agradeceu Burton. Era estranho ser servido por alguém com sotaque Capricorniano. Não sabia como tratá-la, se com mais modéstia ou mais arrogância.

– O que aconteceu na Academia dos Signos Verdadeiros? – perguntou Lindi. – Soubemos que houve suicídios.

Kruger pareceu entristecido.

– É preciso entender que quase todos os alunos eram profundamente perturbados. Crianças cujos pais tinham falsificado suas certidões para dar a entender que haviam nascido sob um signo superior. Ou crianças cujos pais eram tão pobres que simplesmente não davam a mínima para elas. A vida desses alunos não passava de uma tragédia. Ninguém sabia como tratá-los. Não tinham aprendido o código de comportamento necessário para se adequar aos próprios signos.

– E o senhor tentava corrigir isso? – perguntou Lindi, encorajando-o a falar mais.

– Sim – respondeu Kruger. – E, vendo-os tão infelizes, queria fazer isso o mais rápido possível, para o bem deles mesmos. Presumi que um método rígido e a imersão nesse ambiente fossem a melhor maneira de promover tal adaptação. Tive muito sucesso e aprendi bastante. No todo, acho que fiz mais bem que mal, conforme a justiça reconheceu, mas... sim, houve brigas, transtornos alimentares, suicídios. O que é trágico, sem dúvida.

Por um instante, Kruger pareceu melancólico e envelhecido.

– O senhor conhecia bem as garotas que morreram?

– Eu as conhecia da mesma forma que conhecia todos os alunos. As três eram de idades diferentes. Uma Virginiana, uma Sagitariana e uma Pisciana, num intervalo de poucos dias. A escola fechou as portas logo em seguida. Houve uma investigação, como eu disse. Foi trágico.

Burton franziu o cenho.

– É possível então que Hammond tenha sido morto por um ex--aluno da escola? Ou por um membro da família de uma das garotas mortas, como vingança?

– Boa pergunta – disse Kruger. – Mas difícil de responder. Minha primeira suposição é de que, se fosse mesmo esse o caso, teriam vindo atrás de mim. Por que não vieram? Afinal, tive mais responsabilidade que Hammond. Depois, refleti que é muito difícil descobrir o paradeiro de ex-alunos. Quase todos os nossos arquivos foram confiscados durante a investigação, e muitos dos alunos eram de famílias ricas que queriam manter seu constrangimento em segredo. Os outros vinham das ruas, acolhidos por caridade. Depois do fechamento da escola, quem pode saber o que aconteceu com eles? Só me lembro do nome de um ou dois. Já ouviu falar de Solomon Mahout?

Burton levantou a cabeça.

– O quê?

– Mahout foi um de seus alunos? – perguntou Lindi.

– Sim – respondeu Kruger. – Seus pais eram Sagitarianos, creio eu. Foi um grande choque ver o rosto dele na televisão. É uma influência verdadeiramente nefasta. – Kruger crispou os lábios com desgosto. – Um grande fracasso.

– E o que aconteceu entre o senhor e Hammond depois que a escola fechou? – quis saber Burton.

– Oh, ele não estava nada satisfeito comigo. Nem um pouco. Comprometer daquele jeito a reputação de sua escola... E eu sequer consegui dar um jeito em seu irmão mais novo. Era um homem muito descontrolado. Chamava-me de louco.

– Sangue ruim, então?

Kruger agitou a mão no ar, como que para afugentar aquele pensamento.

– Um pouco. Hammond, depois disso, não largou do meu pé. Atacava publicamente tudo o que eu fazia.

– E o que o senhor achava disso? – perguntou Burton.

– Ora – respondeu Kruger, com um sorriso zombeteiro –, você deve estar se perguntando se nossas desavenças eram sérias o bastante para que eu o assassinasse. Não, não. A opinião dos outros não me atinge. E ciência é ciência! No fim, ele acabou respeitando o que agora faço aqui. Acho que isso fala por si só.

– E o que, exatamente, o senhor faz aqui? – indagou Burton.

Lindi fez das palavras de Burton as suas, reforçando-as com um aceno de cabeça. Era evidente sua curiosidade pela resposta.

– Querem ver? – perguntou Kruger, e levantou-se. – Venham comigo e lhes mostro.

Levou-os para fora, à luz do sol, e dirigiu-se à estrada pavimentada entre os edifícios construídos. Fazia calor, mas não um calor opressivo como em San Celeste. Os arbustos estavam espantosamente verdejantes. Burton se perguntou qual tinha sido a última vez que apreciara estar assim ao ar livre. Devia fazer muito tempo.

– Quantas pessoas vivem em sua instituição? – perguntou.

– Nós preferimos o termo "comunidade" – corrigiu Kruger. – Somos em 48. Apenas um quarto deles eram desajustados, mas quero crer que consegui tratá-los com sucesso. Os outros são indivíduos perfeitamente saudáveis. Todos estudantes ou ex-estudantes de graduação, além de algumas pessoas que quiseram se juntar a nós e passaram pelas avaliações necessárias. Dei-lhes um lugar para viver, e eles me ajudam nas pesquisas. Enfim encontro-me apto a concluir o trabalho que fazia na Signos Verdadeiros e a desenvolvê-lo ainda mais. Olhem.

Apontou para a frente. Aproximavam-se de um teto de alumínio ondulado sustentado por estacas de madeira. Embaixo, via-se uma fileira de mesas de cavalete; alguns homens e mulheres de *short* e camiseta rodeavam caixas de laranjas que iam selecionando e colocando em engradados.

Kruger chamou:

– Greg! Tanya!

Um rapaz e uma moça do grupo olharam para eles. O homem tirou o fone de ouvido de uma das orelhas. Estava na faixa dos 20 anos, tinha cabelos ruivos revoltos e usava uma camiseta branca bem justa. A mulher, de cabelos castanhos e lisos, era um pouco mais baixa que ele. Em sua camiseta, lia-se "Westcroft U". Ambos pareciam muito jovens, saudáveis e robustos. Kruger acenou para que se aproximassem; Greg e Tanya obedeceram, contornando as mesas.

– Olá! – cumprimentou Greg em voz alta, tirando de vez seu fone de ouvido. Apertou com um gesto vigoroso a mão de Lindi. – Eu sou Greg.

Tanya, atrás dele, olhou para Lindi e Burton quase ao mesmo tempo.

– Uma reunião de afros – disse ela, em tom amigável. Apertou a mão de Burton. – Tanya. E vocês? Novos recrutas?

Kruger balançou a cabeça.

– Não, o detetive Burton e Lindi Childs são apenas visitas. Estão investigando um assassinato.

– Ah! – exclamou Greg. – Sinto muito. Há algo que eu possa fazer?

– O que aconteceu? – perguntou Tanya, arregalando os olhos.

– Não se preocupem – tranquilizou Kruger. – Não tem nada a ver conosco. Estou apenas lhes mostrando o que há por aqui. Fazendo-os se sentir bem-vindos.

– Certo – disse Greg, assentindo com a cabeça. – Ótimo. Vamos ficar na nossa.

Burton observou os dois. Suas pupilas estavam dilatadas. Drogas.

– Escutem, não quero ser grosseira, mas temos uma tonelada de laranjas para selecionar – falou Tanya. – Se precisarem de ajuda em alguma coisa, falem com a gente, está bem?

– Isso mesmo – completou Greg. – Para qualquer coisa. Foi um prazer conhecer vocês. Boa sorte!

Os dois jovens voltaram para perto das mesas. Greg recolocou os fones de ouvido e pôs-se a balançar a cabeça mecanicamente, ao compasso da música.

– Encantadores, não? – observou Kruger. – Têm sido de grande ajuda. Otimistas ao extremo.

– Quem são essas figuras? – perguntou Burton.

Kruger fitou-o com um leve sorriso.

– Qual é o signo deles, é o que quer dizer?

– Leão e Gêmeos, creio eu – arriscou Burton.

– Sem sombra de dúvida – corroborou Lindi.

– Exatamente! – disse Kruger, como se Lindi e Burton fossem dois estudantes espertos que precisassem apenas de um empurrãozinho. – Porém, são mais que isso. O Sol, a Lua e o ascendente de Greg estão todos em Leão, e os dois descendem de mais de cinco gerações de seu signo. Ou seja, os dois são, o que não é comum, puros espécimes astrológicos.

– Certo – disse Burton, sem entender muito bem.

– Repararam? – continuou Kruger. – Temos na comunidade 48 pessoas, quatro de cada signo, e todas perfeitamente entrosadas. Vemos aqui como deve ser uma interação ideal entre Touro e Áries, Câncer e Aquário ou Gêmeos e Capricórnio. Este é um laboratório astrológico.

– Como aquele *reality show* – sugeriu Burton. -- Doze caras numa casa, um de cada signo, e suas reações...

Kruger pareceu um pouco irritado.

-- Não, não. Aquilo é entretenimento. Isto é ciência. Além do mais, há uma grande diferença entre o modo como os signos se comportam hoje em dia na sociedade e sua verdadeira natureza celeste.

O olhar de Lindi correu pelas instalações.

– Oh, meu Deus! – exclamou, de olhos muito abertos.

– Que foi? – perguntou Burton.

– Ah – interveio Kruger –, agora você começou a entender!

– Isto não é um simples laboratório – declarou ela. – É um microcosmo.

Kruger abriu um largo sorriso.

– Exatamente. O que temos aqui é um modelo em pequena escala da sociedade, com os doze signos em perfeito equilíbrio. Mas, de novo, vai muito além disso. Conforme um princípio básico de nossa ciência, o mundo é um mecanismo que segue regras tão elegantes e imutáveis quanto as órbitas dos planetas. A ânsia tresloucada de fugir de nossa verdadeira natureza destruiu esse mecanismo, causando imenso sofrimento. Aqui, porém, estou criando um padrão para corrigir isso.

Abriu os braços em um gesto majestoso.

– Isto é mais que um laboratório – assegurou ele. – É uma Utopia.

CAPÍTULO TRINTA E UM

Kruger foi mostrando as demais instalações enquanto respondia a algumas perguntas de Lindi, e se esquivava de outras. Gostava de discorrer sobre a interação de signos puros ou quase puros, mas não sobre suas técnicas para tratar os desajustados.

– Infelizmente, jurei manter segredo – esclareceu ele. – É uma das condições do meu financiamento.

– E seu financiamento, de onde vem? – perguntou Burton.

– Isso também é segredo – respondeu Kruger, com um sorriso de desculpas.

Ouviu-se um uivo vindo de um celeiro, a meio caminho da encosta.

– Que foi isso? – estranhou Burton, imediatamente alerta.

– Ah, apenas mais um de nossos projetos secundários – respondeu Kruger com tranquilidade. – Precisamos de atividades para manter as pessoas ocupadas enquanto a mecânica entre elas se desenvolve. Por sorte, temos o laranjal com essa finalidade, mas, a fim de deixar as coisas ainda mais interessantes, temos também os coiotes.

– Coiotes de verdade? – perguntou Lindi. – Para quê?

– Venham ver. Acho que vou conseguir escrever um artigo sobre isso também.

Desceu com eles o caminho pavimentado de pedra e abriu uma porta de madeira. O interior do celeiro era dividido em jaulas de arame de dois por três metros. O local se destinava a criar animais em confinamento. Cada jaula continha um coiote ou uma fêmea com seus filhotes. Uma mulher ia de jaula em jaula distribuindo ração canina e tomando notas em um caderno. Agora que sabia como a comunidade funcionava, Burton podia afirmar que a mulher era obviamente uma Virginiana.

– Estamos reproduzindo um estudo de domesticação feito na Rússia – explicou Kruger. – Eles usaram raposas, mas raposas não dão bons resultados em nosso clima. Os russos descobriram que, após algumas gerações, um animal selvagem se torna uma criatura afável e mansa.

Apontou para uma jaula. Lá dentro, uma mãe amamentava os filhotes. Ela lhe lançou um olhar submisso, a cauda abaixada.

– Saibam que, depois de apenas três ou quatro gerações de reprodução seletiva, já estamos notando uma mudança na morfologia. As características físicas juvenis dessa fêmea são mais evidentes do que em um coiote selvagem. Talvez os hormônios que tornam os coiotes agressivos também alterem sua forma final. Ou talvez haja algo na frenologia, quem sabe? Mas é claro que ainda temos de cuidar dos uivos.

Os coiotes gemiam e choramingavam quando a comida se aproximava das jaulas.

– Qual é o objetivo disso? – perguntou Burton.

– Qual é o objetivo de qualquer coisa? Aprender e aperfeiçoar. Suponho que os criadores de cães se sintam superfelizes quando conseguem uma raça domesticada inteiramente nova. Uma vez concluído o projeto, haverá grande demanda por esses animais.

– E como você faz? – perguntou Lindi. – Aproveita apenas os mais dóceis e castra os agressivos?

– Isso seria caro demais – explicou Kruger. – Se revelam agressividade, não há razão para deixá-los vivos. São coiotes.

Lindi examinou a jaula seguinte. O jovem macho que estava lá dentro rosnou para ela.

– Quieto – ordenou-lhe Kruger, em um tom distraído.

Levou-os de volta ao galpão. Lindi agora parecia mais contida e absorta.

– Tudo isso foi muito interessante – disse Burton. – Mas podemos voltar ao assassinato de Hammond?

– Claro – respondeu Kruger. – Na verdade, tenho uma coisa para vocês. Venham.

Subiram de novo a colina até a porta de uma das novas construções recém-pintadas de branco. Kruger entrou e os dois ficaram esperando.

– Talvez ele traga uma camiseta assinada para você – disse Burton. – "Para minha fã número um."

– Cale a boca – irritou-se Lindi, as bochechas coradas.

Kruger voltou com uma pasta preta, que entregou a Burton.

– O que é isto?

– Tudo o que tenho relacionado à Academia dos Signos Verdadeiros – falou Kruger. – Principalmente as fichas dos alunos. Mas não tenha grandes esperanças. Muitos pais ricos colocavam os filhos na academia com nomes falsos. Além disso, os endereços e as informações para contato são de dez anos atrás. Mas talvez sejam úteis.

– Podemos considerar isso como prova? – perguntou Burton.

– Sem dúvida. Farei o que puder para ajudar.

Conduziu Lindi e Burton de volta ao carro. Quando já ia entrar, o detetive se lembrou de algo importante.

– Desculpe fazer esta pergunta, doutor Kruger, mas o senhor conheceu também o chefe Peter Williams?

– Conheci! Que perda terrível! Nós nos conhecemos quando eu era pós-graduando e ensinava Astrologia Forense na Academia de Polícia. Na verdade, fui eu quem apresentou Williams a Hammond.

Lindi e Burton se entreolharam. Burton se virou de novo para Kruger e escolheu as palavras com cuidado.

– Doutor Kruger, o senhor sabe se Williams estava, de alguma maneira, envolvido com a investigação da Academia dos Signos Verdadeiros?

– Estava, sim – respondeu Kruger, surpreso. – Pensei que já soubessem. Foi ele quem chefiou a investigação.

CAPÍTULO TRINTA E DOIS

Pela primeira vez na vida, Daniel se sentiu absolutamente impotente. Não conseguia esquecer a filha que nunca conhecera. A ausência dela ardia dentro dele. A filha era a única coisa que poderia ter dado sentido à sua existência no mundo. Sua obsessão o levou a Maria Natalia Estevez, a guardiã legal de um grande orfanato localizado em um bloco de apartamentos reformado, ao norte do centro da cidade, bem na orla de Ariesville. Por mais de vinte anos, Maria administrava o lugar, com um mínimo de apoio financeiro da Assistência Social de San Celeste. Era encarregada de quinze menores, mas, com os recentes cortes nos serviços de amparo infantil, o prédio se tornara um refúgio não oficial para muitos outros jovens sem teto, servindo como abrigo de emergência, centro de distribuição de sopa e clínica de recuperação de viciados menores de idade. Maria era responsável por todos eles.

– Posso confiar que você vai voltar por vontade própria em duas semanas? – perguntou ela a uma adolescente deitada em um colchão de espuma.

A garota tinha cabelos lisos precocemente grisalhos e braços assustadoramente finos. Apoiou-se nos cotovelos e pegou o prato que Maria lhe oferecia – um hambúrguer com batatas fritas e *ketchup*.

– Vou tentar – murmurou ela.

– Ótimo! – disse Maria.

Tinha quarenta e poucos anos e era um palmo mais baixa que Daniel – forte, sem ser gorda, com um rosto largo que transitava com facilidade entre a simpatia e a cólera. Usava calças jeans e camiseta vermelha, escolhida sem dúvida mais pela praticidade da lavagem do que em atenção à moda. O cabelo preto estava amarrado em um rabo de cavalo preso por um elástico vermelho.

– Liguei para a escola, e eles disseram que vão levá-la de volta à classe da senhora McKenna, se estiver forte o suficiente. Você se dava bem com ela, não se dava, Kelly?

– Sim – respondeu Kelly. Seus olhos divagavam pelo ambiente, sem foco. – Ela era legal.

– Ótimo. Então, termine seu hambúrguer.

Fora da sala, algumas garotas brincavam de pega-pega no corredor, gritando com alegria. Maria ficou postada ao lado de Kelly, os braços cruzados. Kelly deu uma mordida no sanduíche e logo começou a tossir.

– Preciso ir ao banheiro.

– Está bem.

Maria se inclinou e ergueu Kelly pelas axilas, enquanto chamava pela porta aberta:

– Elaine? Elaine?

Os gritos no corredor cessaram, e uma garota com uma falha nos dentes da frente pôs a cabeça para dentro do quarto.

– Que foi?

– Não fique aí perguntando. Entre e me ajude aqui – pediu Maria. Sua voz flutuava entre a impaciência e a afeição.

Elaine se postou do outro lado de Kelly e ajudou Maria a colocá-la de pé.

– Leve-a ao banheiro.

– Tudo bem – disse Elaine, a voz cantarolante. Segurou Kelly com firmeza, e ambas saíram do quarto.

Após alguns instantes, Kelly começou a tossir de novo, e o barulho podia ser ouvido por todo o corredor. Maria se virou para Daniel, que estivera o tempo todo observando a um canto.

– Gripe – disse ela. – Agravada por desnutrição e abstinência de heroína. Talvez haja mais coisas. Ainda não foi examinada.

– Que droga! – praguejou Daniel. – Ela não deveria estar num hospital?

– Sem dúvida – reconheceu Maria. – Numa situação ideal... Mas olhe só este lugar.

Fez um gesto abrangente com as mãos, mostrando o quarto. As paredes eram recém-pintadas, mas viam-se manchas de descoloração e bolhas provocadas pela umidade junto ao teto. Havia gravuras por todo lado, algumas de celebridades, recortadas de revistas. Um velho armário com gavetas estava encostado a um canto, sob uma janela quebrada. No chão, três colchões de espuma com cobertores e travesseiros de cores diferentes. Daniel não podia sequer imaginar como seria viver ali.

– Mas você disse que ela estaria melhor em duas semanas.

Maria balançou a cabeça.

– Duvido. Mas, se eu parasse de pressioná-la, a garota entenderia que me desinteressei dela. Quando passo a tratar bem essas crianças, elas percebem que há algo de errado. Venha.

Saiu do quarto com um movimento brusco, e Daniel a seguiu pelo corredor escuro.

– E então, senhor Lapton, ainda não se cansou deste lugar?

Examinou com rapidez o quarto seguinte, para ver se estava limpo e se as camas tinham sido feitas, antes de prosseguir pelo corredor. Um garotinho, ajoelhado no chão, rabiscava em um pedaço de papel. Maria e Daniel passaram por ele.

– Marco, vá fazer isso em seu quarto.

– Não posso – disse o garotinho. – Joey está lá.

– Então vá lá para baixo.

Daniel, olhando por cima do ombro, viu o menino suspirar e recolher sua obra de arte.

– São muito obedientes – observou Daniel.

– Nem sempre – respondeu Maria. – Às vezes, tenho de gritar como um sargento, mas existem outros meios de controlá-los. Coloco os maiores para tomar conta dos menores; do contrário, a tarefa seria impossível. De modo geral, isso funciona; mas não é fácil. E o senhor, queria me ver para quê? Para nos analisar antes de oferecer um donativo?

– Exatamente – respondeu Daniel. – Uma contribuição anual. Mas com uma condição.

– Hum, condições... – disse Maria, sem conseguir disfarçar o ceticismo.

– Estou procurando especificamente crianças que estiveram na Academia dos Signos Verdadeiros. Muitas delas sumiram. Outras, conforme ouvi dizer, vieram para cá, e preciso falar com elas.

– Ah, é? E por que está interessado na Signos Verdadeiros?

– Pretendo descobrir mais coisas sobre aquele lugar. E, para ser franco, quero que as crianças sejam testemunhas. Vou mover um processo coletivo contra os responsáveis pela Signos Verdadeiros. Há bases sólidas para uma queixa na esfera cível...

Maria se deteve no meio do corredor e coçou o queixo. Parecia estar avaliando Daniel com atenção.

– Não, não acho que essa seja uma boa ideia, de jeito nenhum.

Sacudiu a cabeça e continuou sua ronda.

– Mas ainda não ouviu minha proposta – disse ele, seguindo-a. – Examinei os relatórios que enviou para a Assistência Social. A maior parte do seu dinheiro vai para o aluguel. Posso cobrir essa despesa. Isso praticamente dobrará sua renda atual.

– É uma boa proposta e, acredite-me, preciso muito de ajuda. Mas, toda vez que aceitei dinheiro "sob condições", só arranjei problemas ainda maiores para mim e as crianças. Se alguém me sujeita a "condições", de repente estou trabalhando para ele quando deveria trabalhar para mais de quinze pessoas jovens e perturbadas. Não posso permitir que "condições" se tornem o meu negócio. Portanto, se quiser fazer um donativo, agradecerei muito. Se desejar saber sobre a vida das crianças, ótimo. Mas não estará comprando ninguém. Se pretende arranjar encrenca, vá arranjá-la em outro lugar.

– Não quero arranjar encrenca nenhuma – defendeu-se Daniel. – Quero ajudar.

– Ótimo! – disse Maria, sem olhar para ele. – Então ajude. Ajude-me a cozinhar, lavar, administrar a casa, entreter as crianças, impedi-las de brigar. Ou apenas faça um donativo e deixe-me cuidar do resto. Mas estará perdendo seu tempo e seu dinheiro se pensa que a Academia dos Signos Verdadeiros foi a pior coisa que aconteceu com esses garotos. Foi ruim; mas cada um dos que acabaram lá apenas encontrou mais uma situação péssima depois de passar por diversas outras situações péssimas na vida. Quer mesmo ajudar? Reserve algum tempo para descobrir quais são as reais necessidades destas crianças antes de empreender sua cruzada. Um processo não vai melhorar em nada a vida delas. Você não pode processar os astros.

CAPÍTULO TRINTA E TRÊS

Daniel talvez jamais voltasse ao orfanato de San Celeste. Era bem provável que deixasse a cidade para sempre se, naquele momento, não houvesse sido assaltado.

Foi uma besteira da parte dele. Seu carro estava estacionado a um quarteirão e meio de distância da casa. Passara por ela pensando que fosse apenas mais um conjunto de apartamentos em ruínas e acabara entrando pelo portão de uma clínica. Compreendera seu engano já no estacionamento e consultara o mapa que tinha no carro, decidindo fazer o trajeto a pé. A sociedade Capricorniana recomendara que não corresse esse risco. Capricornianos que entravam em bairros Arianos terminavam como assunto de histórias horripilantes contadas à mesa, transmitidas ao seio daquela pequena comunidade enquanto exageravam-se alguns detalhes. Daniel achou que aquilo fosse paranoia e ignorou o aviso.

Mas a paranoia nem sempre é uma ilusão.

– Ei! – gritou uma voz às suas costas. – Ei, cabrito-montês!

Daniel viu-os se aproximar pelo canto do olho. Eram jovens. Tinham 17, 18 anos no máximo, vestidos com roupas esportivas. Continuou andando, a cabeça baixa, fingindo estar perdido em pensamentos.

– Ei, grã-fino! – chamou de novo o garoto à frente do grupo. Sua jaqueta vermelha e branca estava jogada sobre os ombros.

– O cara não pode nos ouvir – disse outro, um fedelho gordo de capuz. – Está no alto de sua montanha, e nós, muito abaixo dele.

O restante do bando começou a esbravejar e o cercou. Daniel caíra em uma armadilha.

Virou-se para encarar quantos pudesse, tentando controlar os movimentos para parecer calmo, mas o coração estava disparado.

– O que vocês querem? – gritou, na esperança de atrair a atenção de algum transeunte; mas não havia ninguém à vista. E, se alguém estivesse espiando por uma fresta de janela, não queria ser visto.

– Quietinho, grã-fino – ameaçou o garoto de jaqueta vermelha e branca. Embora fosse o menor do grupo, parecia ser o líder. Tinha cabelos loiros e olhos azuis; e, nas faces encovadas, havia algo de familiar. – Só queremos saber se tem aí alguns trocados.

Daniel enfiou a mão no bolso da calça e tirou um punhado de moedas.

– Não, cara – falou o garoto, colocando-se na frente de Daniel. Os outros se aproximaram ainda mais. – Dê uma olhada neles. Não pode entregar tudo a mim; isso seria injusto com meus irmãos, não seria? Está tentando nos insultar? Dividir, dividir, é o que nos ensinaram. Dividir é algo bom.

Os outros riram baixinho. O garoto enfiou a mão no bolso do paletó de Daniel e se apossou descaradamente de sua carteira.

– Assim é que deve ser.

Daniel sentiu outras mãos apalpando-o de alto a baixo. Um dos moleques preparava-se para tirar as chaves do carro do bolso de sua calça.

– O que é isto? – indignou-se Daniel, segurando o braço do garoto.

Sabia que essa atitude não era nada inteligente, mas a raiva não o deixava facilitar as coisas para ninguém, nem para ele mesmo. Se queriam roubá-lo, precisariam brigar. Não importava quem vencesse. Apertou a mão que segurava as chaves com toda a força.

– Merda! – gemeu o garoto, desvencilhando-se. As chaves caíram no chão.

O rapaz de jaqueta vermelha e branca encarou Daniel.

– O que pensa que está fazendo com o meu irmãozinho? – vociferou.

Toda a sua cortesia fingida se foi. Desferiu um golpe violento sob as costelas de Daniel. Como este já esperava o ataque, os músculos estavam contraídos, mas mesmo assim ele se dobrou, o que foi ruim. Havia criado cães quando criança e não ignorava o que acontecia quando a presa mostrava fraqueza.

Um carro surgiu buzinando frenética e repetidamente. Era um táxi que descia a rua na direção deles. O motorista, com a cabeça para fora da janela, usava um boné de beisebol com o símbolo de uma águia, o rosto vermelho de raiva.

– Seus filhos da mãe! Deem o fora daqui, todos vocês!

O garoto de jaqueta vermelha mostrou-lhe o dedo do meio.

O motorista tirou um revólver preto do porta-luvas e o apontou para o grupo. Eles então se dispersaram de imediato, exceto o de jaqueta vermelha.

– Muito obrigado – disse ele em tom sarcástico, agitando a carteira de Daniel sob seu nariz.

Antes que Daniel pudesse arrancá-la de suas mãos, o garoto se virou e correu. O motorista do táxi tentou fazer a volta na rua para apanhá-lo, mas o rapaz foi mais rápido e escapou pela abertura em uma cerca de arame farpado.

– Ei, amigo – gritou o motorista para Daniel. – Tudo bem com você? Levaram alguma coisa?

– Só minha carteira – respondeu Daniel, aproximando-se da janela do carro. – Obrigado por afugentá-los. Fico lhe devendo esta.

– Não foi nada. Ah, esses malditos pivetes! Por que permitimos que os Arianos procriem, sabendo o que seus filhos vão virar? Da próxima vez que eu der de cara com esses garotos, vou acabar com eles.

Agitou o revólver, exibindo-o. Daniel pôde perceber que o homem não tinha grande intimidade com armas.

– Não se preocupe – respondeu. – Aquele moleque logo vai ter o que merece.

O que ocorrera era que Daniel, se a memória não o enganava, já tinha visto o rosto do garoto antes no plano de fundo de uma gravação precária, em preto e branco, da Academia dos Signos Verdadeiros. Portanto, era provável que tivesse em seu poder a fita da entrevista do garoto, com uma imagem mais nítida de suas feições. Nítida o bastante para ser mostrada aos policiais.

CAPÍTULO TRINTA E QUATRO

Às três da madrugada, a janela da entrada da casa de Burton estremeceu.

Ele se sentou na cama, sem saber ao certo se o barulho não fora parte de um sonho. Mas ouviu passos lá fora em rota de fuga.

– O que foi isto? – perguntou Kate, sentando-se também.

Burton tocou seu ombro a fim de tranquilizá-la e deslizou para fora da cama. Havia uma toalha pendurada em um cabide na porta do quarto. Ele a enrolou em volta do peito nu e correu para a sala. A luz da lâmpada da rua, em frente à janela, refletia-se nos cacos de vidro espalhados pelo chão escuro.

Debruçou-se na janela. Dois homens, longe demais para serem reconhecidos, viraram-se e olharam para ele enquanto entravam em um carro. Os pneus cantaram enquanto o veículo partia a toda velocidade, sem sequer acender os faróis. Burton não conseguiu ver a placa.

Acendeu a luz da sala. Kate apareceu, vestindo uma camiseta que um dia teria sido larga demais para ela, e ainda pendia frouxa nos ombros, embora, com a gravidez, estivesse agora esticada sobre a barriga.

– Você está sangrando – alarmou-se ela.

Burton olhou para os pés. Um caco de vidro penetrara na sola de um deles.

– Droga! – disse ele, arrancando o caco. Escorreu ainda mais sangue do ferimento.

Kate farejou o ar.

– Que cheiro é este?

Descobriram o que era na porta da frente. Alguém havia jogado fezes pela caixa do correio, e elas tinham se espalhado pelos ladrilhos preto e branco.

Kate cobriu a boca para controlar a náusea.

– Meu Deus, estou ficando enjoada!

– Vou limpar isso – disse Burton.

Fez um curativo no pé, vestiu-se, calçou os sapatos e limpou como pôde a porcaria toda com toalhas de papel, enquanto Kate fazia uma longa chamada telefônica para seu irmão.

– Não, não é... Será ótimo. Certo, Hugo. Agora mesmo. Está bem, obrigada.

Desligou.

– Hugo está vindo pra cá – avisou ela.

– Como assim? – estranhou Burton, olhando-a por cima do ombro. Jogou em um saco plástico o papel sujo que segurava. – Por quê? Posso dar conta do recado.

– Disse que devo ficar com ele e Shelley até tudo isto acabar.

– Espere um pouco – ponderou Burton. – Nada de pânico. Vou desinfetar isto aqui e vedar a janela...

– Jerry... – murmurou Kate. E pôs uma das mãos sobre a barriga.

Burton sentiu a vida escorrer por entre os dedos. Olhou para o rosto de Kate, que tinha uma expressão ao mesmo tempo triste e firme. Não se tratava dele; não se tratava nem mesmo dela. Kate iria embora, e ele ficaria. Assim é que devia ser.

CAPÍTULO TRINTA E CINCO

Burton colocava um retângulo de papelão sobre a janela quebrada quando uma caminhonete branca estacionou na rua. Abriu a porta, e o irmão de Kate, Hugo, entrou. Hugo era inspetor de saúde e segurança no ramo da construção. Tinha sido pedreiro e ainda se parecia com um.

– Kate? – chamou ele. – Kate?

Kate saiu do quarto carregando sua mala. Ficou na ponta dos pés para dar um abraço em Hugo.

– Obrigada por vir – agradeceu ela.

– Eu já disse: estamos aqui para ajudar em qualquer coisa – falou Hugo. – Mas que droga, isto é terrível!

Olhou para Burton. Os dois nunca haviam se dado muito bem, mas faziam o melhor possível para se entender.

– Quando quiser ir, estou pronta – avisou Kate.

– Está bem. Alguma ideia de quem fez isto?

– Jerry acha que foi algum Canceriano. Talvez as mesmas pessoas que ficaram indignadas por ele prender o assassino do senador.

Burton examinava-os da outra extremidade do corredor. Podia perceber as semelhanças de família. Ambos tinham os mesmos traços fortes e um ar de determinação pragmática que ele conhecia bem por causa das discussões que já tivera com Kate. Aquilo significava que uma decisão fora tomada, sem dúvida. E era a melhor para Kate e o bebê.

Hugo não disse mais nada a Burton. Pegou a mala de Kate e levou-a para o carro.

Burton se despediu da esposa com um beijo.

– Ligo para você amanhã de manhã – prometeu ele, tocando a face de Kate.

– Claro. Obrigada.

Kate entrou na caminhonete, que logo desapareceu na rua escura. Burton então se virou para a porta. A frase "VOLTE PARA ARIESVILLE" fora pichada em vermelho na parede branca da entrada da casa. Ficou olhando para ela, esperando que a raiva e a frustração arrefecessem um pouco.

CAPÍTULO TRINTA E SEIS

– Vá para o inferno, seu Capricorniano de merda! – berrou o jovem, sacudindo as algemas, presas a um aro de metal na mesa da sala de interrogatório da polícia. Inclinou-se para a frente, forçando a corrente para parecer ameaçador.

– Não – Daniel respondeu com calma, as mãos espalmadas sobre a mesa. – Sei que você é quem manda no seu pedaço e que me bateu em uma briga justa. Mas o mundo não é justo, e aqui não é o seu pedaço. Se quiser meu respeito, seja um pouco mais esperto.

– E por que eu iria querer seu respeito? – desafiou o garoto, para reforçar ainda mais sua rebeldia.

– Boa pergunta – falou Daniel. – Quem você acha que eu sou?

– Um tira, é claro. Do contrário, os outros não o deixariam sozinho comigo nesta sala.

Sem dúvida, o rapaz era esperto, mas não experiente.

– Errado. Tente de novo.

– Então você é um merda de um assistente social, algum tipo de agente especial ou...

– Não.

O garoto examinou Daniel com atenção.

– Seja quem for, é um maldito arrogante – disse por fim. – Mandou me prender e agora vem aqui para rir da minha desgraça. Quer mostrar como é poderoso.

– Correto – reconheceu Daniel. – É exatamente isso o que eu sou. Uma pessoa poderosa o suficiente para mandar prendê-lo quando quiser. A polícia me deixou ficar com você nesta sala só porque pedi.

– É assim que você se diverte? Não passa de um pervertido! – sentenciou o garoto.

Ele tentava provocar uma reação. Daniel sabia muito bem como aquele jogo funcionava.

– Normalmente, eu ficaria felicíssimo por não ver nunca mais a sua cara. Mas você tem sorte. Preciso dos seus serviços.

O garoto se ajeitou na cadeira de metal e olhou ao redor. Agora estava mais tranquilo.

– Ouviu o que eu disse?

– Não – respondeu ele. – Não ouvi porque você está apenas fazendo seu joguinho.

– Vim aqui para fazer um acordo com você.

– Um acordo? – zombou o garoto. – Então manda me prender e agora vem com essa história de acordo? Você encostou o cano de uma arma na minha cabeça. Isso não é acordo, é coação. "Faça o que eu quero, ou vai se dar mal." Ora, dane-se você!

– David Cray – disse Daniel com voz pausada –, você foi preso porque... vou deixar bem claro... porque me roubou. Eu é que não gostaria de estar aqui.

– Essa é boa! – replicou Cray. – Nem eu. Então, vamos dar o fora.

Ele fez menção de levantar os punhos.

– Ótima tentativa. Diga-me alguma coisa sobre a Academia dos Signos Verdadeiros.

– O quê, por exemplo?

– Lá havia uns quartos onde os professores colocavam os alunos. O que acontecia naqueles quartos?

Cray ficou em silêncio.

– Não quer me contar? – insistiu Daniel.

– Não.

– Certo. Eis minha oferta. Se não quiser abrir o bico, diga-me quem talvez queira. Dê o nome de dez colegas seus da Academia dos Signos Verdadeiros, e eu retiro a queixa. Se depois resolver fazer um acordo comigo, a decisão é sua. Preciso de alguém que me ajude a encontrar mais alunos daquela escola. Ligue pra mim. Ou não.

Deslizou um cartão de visitas por cima da mesa.

– O que vai me dar em troca?

Daniel sorriu. Após uma vida inteira de negociações ardilosas, achou Cray agradavelmente direto.

– Digamos... cinco dólares por hora. E mais, depois de me devolver o que roubou da minha carteira – propôs Daniel.

Cray hesitava.

– Ora, vamos lá! – provocou Daniel. – O que você tem a perder?

– Reputação e orgulho.

– Não estou falando de nenhuma dessas duas coisas. E, se trabalhar para mim, garanto que vai recuperá-las com bastante rapidez. Agora, porém, só preciso de dez nomes. Apenas dez nomes. Acha que pode se lembrar?

Cray assentiu com um gesto de cabeça.

– Ótimo – respondeu Daniel. E, pegando seu bloco de anotações: – Pode começar.

CAPÍTULO TRINTA E SETE

Lindi apertou a campainha da residência dos Coine. Após alguns instantes, o pai de Bram Coine entreabriu a porta.

– Detetive? – perguntou.

– Não, desculpe – respondeu ela, tentando esboçar um sorriso charmoso. – Sou apenas uma consultora da polícia. Posso falar com seu filho, por favor? Ele está em casa?

– Tem um mandado? – indagou o pai de Bram, ajeitando os óculos com um gesto nervoso.

Lindi sustentou o sorriso.

– Não – disse ela. – Como falei, não sou policial. Seu filho me chamou aqui por algum motivo que desconheço.

O pai de Bram hesitou, nitidamente em dúvida. Não olhava Lindi nos olhos, e ela lembrou que, segundo alguns, havia alta incidência de autismo na comunidade Virginiana. Talvez a população fosse selecionada conforme esse objetivo, da mesma forma que os coiotes de Kruger.

– Prometo ir embora logo, caso ele não queira me ver – disse Lindi.

– Promete?

– Sim.

O homem abriu a porta para ela. Dentro, as paredes eram brancas e nuas; o piso brilhava. Tudo recendia a um ligeiro odor de desinfetante.

O pai de Bram levou-a pelo corredor, passando por prateleiras de livros que pareciam ter sido aproveitadas de velhas estantes de computador. A única decoração que ela notou na parede era um anúncio emoldurado de um antigo console de jogos.

Um som alto vinha dos fundos da casa, ficando ainda mais alto à medida que se aproximavam. O pai de Bram abriu uma porta e o barulho se tornou quase insuportável.

– Bram – disse ele. – Tem alguém aqui que quer vê-lo.

Bram estava deitado na cama, mexendo no celular. Alto-falantes nos cantos do quarto emitiam uma música complexa, de tons graves. Lindi reconheceu os cartazes que estavam na parede: um deles era de uma banda de *math rock* orgulhosa de seu ritmo extravagante ("Mais duro que metal!"), e o outro, um fluxograma com a frase: "Em que universo de filme de ficção científica você está?". Tudo muito, muito Juventude Virginiana.

Bram olhou para os dois.

– Olá! – cumprimentou, sentando-se na cama. – Você é a astróloga?

– Lindi Childs – respondeu ela, estendendo a mão. – Que bom conhecê-lo pessoalmente!

– É mesmo? – exclamou Bram, em tom zombeteiro. Mas logo se recompôs.

– Vi seu e-mail – explicou Lindi.

– Ah, sim. Para ser franco, eu queria falar mesmo era com Burton, mas serve você.

Esse era o problema com as pessoas de Virgem. Lindi tentava se dar bem com elas, porque eram inteligentes, interessantes e livres; mas, muitas vezes, mostravam-se tão difíceis no trato social que conversar com elas parecia uma luta de boxe.

– Burton está muito ocupado neste momento – explicou Lindi.

Na verdade, quando Bram enviara um e-mail a eles dizendo que tinha informações sobre os assassinos, Burton não lhe dera o mínimo crédito. Lindi estava ali apenas por desencargo de consciência, uma vez que fora ela quem, a princípio, havia chamado atenção para o rapaz.

– Deve estar mesmo – falou Bram. – Vi aquela notícia sobre ele no programa do Aubrey. Mesmo que seja mentira, as pessoas vão começar a olhá-lo com raiva. Sei como é isso.

– Desculpem – interrompeu o pai de Bram, atrás de Lindi. Tinha ficado tão quieto que ela nem percebera que ele continuava ali. – Quer que ela fique, Bram?

– Sim, pai, está tudo bem.

– Certo. – O pai de Bram se dirigiu para a porta. Lindi percebeu que ele não sabia direito como lidar com ela. – Quer alguma coisa? Café? Chá?

– Não, obrigada – agradeceu Lindi, com um sorriso acanhado.

– Certo, certo. – Fechou a porta atrás de si. Um homem estranho, de poucas palavras.

– E então – perguntou Lindi –, o que você descobriu?

Bram se levantou da cama e foi para a cadeira giratória de sua mesa vazia. Não havendo mais nenhum lugar onde se sentar, Lindi procurou se acomodar na beirada da cama.

– Eis a primeira coisa que descobri: todo direitista do país me odeia.

– Foi tão ruim assim? – perguntou Lindi.

– No primeiro dia, recebi mais ou menos cinco mil ameaças de morte – contou Bram, sem nenhuma nota de emoção na voz. – Todos acreditam que eu matei Harvey Hammond *e* o chefe Williams. Acho que seria preso pelo assassinato de Hammond caso a polícia já não estivesse me vigiando. Os tiras confiscaram meu computador e o do meu pai, nos termos da lei civil. Ele está furioso por causa disso. Tinha guardado no computador três anos de trabalho, e os policiais não vão devolvê-lo.

– Mas que droga! – sussurrou Lindi, em tom solidário.

– Sim. Por isso, quero meu nome limpo o mais depressa possível. Mas os tiras detestam minha coragem e os jornais não servem pra nada. Dou entrevistas, mas eles se apegam a ninharias que digo e constroem com elas uma história fantasiosa. Por exemplo, contei a eles que entro nas redes sociais e insinuaram que faço parte de uma conspiração na internet. Na verdade, as redes sociais foram mais úteis para mim do que qualquer outra coisa. No geral, essa turma não passa de um bando de *nerds* politiqueiros tentando engolir uns aos outros, mas, quando fui preso, eles me apoiaram com força total. Alguns, simples amadores, têm se esforçado para limpar meu nome, o que é muito bonito da parte deles. Quer ver?

– Claro! – concordou Lindi.

– Posso usar seu notebook? Usaria o meu computador, mas... – e Bram apontou para a mesa vazia.

Lindi passou um braço protetor em volta do notebook. Tinha fortes reservas quanto a entregá-lo a uma pessoa recém-acusada de ser um *hacker*, mesmo sabendo que não era verdade.

– Por favor – insistiu ele. – Vai valer a pena.

Ainda relutante, Lindi tirou o notebook da maleta e o entregou a Bram. Ele precisou de um minuto, se tanto, para conectar o *wi-fi*, entrar na internet e digitar um endereço. Lindi olhou por cima de seu ombro enquanto ele digitava. Aquilo, para Bram, era uma segunda natureza.

– Meu notebook não vai parar em uma lista de vigilância do governo, vai? – perguntou Lindi.

Bram franziu o cenho, pensativo.

– Se isso já não aconteceu, eu ficaria muito surpreso.

Na tela, apareceu o título "ACTIVENATION". Bram clicou no *post* "<<MARB>>prisão: os fatos".

– Marb? – estranhou Lindi.

– Meu antigo nome – explicou Bram, um tanto embaraçado. – Aqui. Talvez você ache isto útil.

Apareceu uma página de comentários.

RomanRoulette: Rapazes! Há muita informação em diversos grupos da internet sobre a prisão de <<MARB>>. Está virando um caos. Vamos colocar tudo que sabemos num único lugar.

vídeo original de <<MARB>>

vídeo (versão eliminada) de <<MARB>>

vídeo (transcrição) de <<MARB>>

Relatório do assassinato do chefe Williams no Canal 23

Investigação do assassinato do chefe Williams: detetive Jerome Burton (vários links)

Investigação do assassinato do chefe Williams: detetive Lloyd Kolacny (vários links)

Investigação do assassinato do chefe Williams: astróloga Lindiwe Childs (vários links)

Membros do Esquadrão Aríete (vários links)

Esquadrão Aríete, história e queixas (vários links)

Williams e Hammond – história comum (vários links separados em seções)

Prisão de <<MARB>> no Canal 23

Hammond Denoite, segmento sobre <<MARB>>

Aubrey Denoite, segmento sobre detetive Burton

Website Carapace, artigo sobre <<MARB>>

KungFuJez: Obrigado, Roman! Espero que Marb esteja bem. Merda, isto é muito esquisito!

DeepFryer: Obrigado. Receio que a morte de Hammond não passe de uma operação falsa ou algo assim. Vamos ver o que conseguimos descobrir. Poste neste grupo todos os links que encontrar.

Lindi apontou para o próprio nome na tela.

– Seus amigos estão me investigando? – perguntou. – O que descobriram?

– Pouca coisa – respondeu Bram. – Apenas seu artigo na Wiki e uns ensaios que escreveu, além de sua vida social. Correu o boato de que você poderia ser apenas um peão no jogo do Esquadrão Aríete.

– Isso eu não sou – disse Lindi, com firmeza.

– Acredito em você. Sei das batalhas que enfrentou. É uma defensora da justiça social, embora tenha se especializado em uma disciplina basicamente injustificável.

– Obrigada – agradeceu Lindi, pouco à vontade.

Bram clicou embaixo da tela, pulando doze páginas de conversas. Ele gostava mesmo era das grandes notícias na comunidade política *nerd*.

– Aqui estão os comentários mais recentes – disse ele. – Postados há uma hora ou coisa assim.

RomanRoulette: Novos links, rapazes! Rachel Wells (arrumadeira do chefe Williams), redes sociais (vários links)

Kart33: Finalmente! Tenho sugerido há tempos que a gente acompanhe o caso da arrumadeira desaparecida.

DeepFryer: Por que então você mesmo não entra nesses links?

Kart33: Falta de tempo.

Octagon: Ora, esses links são uma porcaria. Um monte de babacas anda espalhando *spams* dizendo que o desaparecimento dela é uma farsa e que na verdade ela é cúmplice do assassino. Esse povo é de uma idiotice total.

Kart33: Mas ela pode, sim, ser cúmplice do assassino.

Octagon: Então vá dizer isso à família desesperada da moça.

Bram devia estar atento às expressões do rosto de Lindi enquanto lia essas mensagens, pois disse:

– São boa gente quando você os conhece – e digitou outro comentário:

<<MARB>>: Ei, escutem todos aí. Trouxe Lindi Childs aqui para a minha casa. Mostrem a ela o que queriam mostrar.

Após alguns segundos, mais comentários apareceram.

DeepFryer: É aquela que está trabalhando para os tiras? Não acreditem nessa mulher.

Kart33: Ela é gostosa? Estou precisando de uma amiga assim.

– Todos os seus amigos são garotos de 14 anos? – perguntou Lindi, cruzando os braços.

Bram abriu um sorriso.

– Estão apenas sendo irônicos.

– Hum... – fez Lindi. Segundo sua experiência, a distância entre ironia e sexismo era bem pequena.

– Precisamos tirar uma foto. Posso? – perguntou Bram.

Antes que ela respondesse, o rapaz levantou o celular e ligou a câmera.

– Sorria.

Bram tirou uma foto de si mesmo em primeiro plano e de Lindi sentada no canto da cama, atrás de si, com um ar inexpressivo. Digitou no celular e após alguns segundos a foto apareceu no fórum, acompanhada de uma musiquinha suave. Pouco depois, os comentários começaram a aparecer.

Octagon: Sim, é gostosa.

Kart33: Você ficou na frente dela, atrapalhando tudo, <<MARB>>. Uma espécie de eclipse total, escondendo a gostosura dela.

– Certo – disse Lindi, levantando-se. – Bem, agora preciso ir para a delegacia, portanto...

– Não, espere. Sinto muito – desculpou-se Bram, dando-se conta do que estava fazendo. – Já falei. Estão apenas brincando. São bons rapazes.

– Você só queria me mostrar essa lista de links? – perguntou Lindi. – Ou tinha alguma coisa especial para me contar?

– Sim, tenho, aguente aí – pediu Bram. – O bom de partilhar isso na internet é que centenas de pessoas podem pensar na solução de um problema simultaneamente. Assim, achamos coisas que escapam aos policiais. Somos como um gigantesco processador paralelo. Entramos nas pastas de Williams e Hammond, tentando descobrir uma conexão, e achamos um sujeito chamado...

– Doutor Werner Kruger – completou Lindi. – Sim. Falamos com ele.

– Oh! – exclamou Bram, desapontado. – E aí? Descobriram alguma coisa?

– Não posso discutir uma investigação em curso.

Lindi saiu da casa de Bram Coine dez minutos depois, dirigindo-se ao carro bastante aliviada. O rapaz tinha sido insolente e não acrescentara nada de relevante ao caso. Já não se sentia mais culpada por ter aconselhado sua prisão.

CAPÍTULO TRINTA E OITO

Nas três semanas seguintes à libertação de Cray, Daniel não teve notícias dele. Então, certa manhã, foi despertado por uma chamada telefônica.

– Aquela oferta de emprego continua de pé? – perguntou Cray.

Daniel foi para a periferia de Ariesville e encontrou-o no estacionamento de uma lanchonete. O rapaz estava debruçado sobre uma cerca de arame, perto da fileira de carros que aguardavam sua vez no *drive-thru*.

Daniel parou perto dele e abaixou o vidro. A primeira coisa que notou foi o olho roxo de Cray.

– Quem fez isso com você?

– Não importa – respondeu Cray. – Não foi nada.

Cray continuava receoso como um gato acuado, mas não tão agressivo quanto da última vez. Sem dúvida, acontecera algo que havia convencido o jovem de que não poderia enfrentar o mundo sozinho. Daniel estava curioso para saber do que se tratava, mas Cray não parecia interessado em falar do assunto.

– Por que escolheu este lugar? – perguntou o rapaz, mostrando a fileira de carros e a placa plástica com o cardápio. – Você queria gente de plantão para o caso de eu querer assaltar você de novo?

– Isso mesmo – reconheceu Daniel. Para que mentir?

– Eu poderia assaltar você mesmo assim. Não dou a mínima pra essa gente. Mas acontece que não quero.

– É assim que se fala com um futuro patrão. Arranjou os endereços?

– Sim, encontrei mais ou menos uns trinta caras, de classes diferentes – respondeu Cray.

Impressionante.

– E como fez isso?

– Perguntando. Alguns eu já conhecia, e esses conheciam outros. Fiz alguns contatos.

Tirou um pedaço de papel do bolso e mostrou-o a Daniel. Havia nomes e endereços rabiscados na frente e no verso.

– Trouxe o dinheiro? – indagou Cray.

– Claro. Cinco dólares para cada endereço certo. Depois que eu verificá-los.

Cray suspirou, aborrecido.

– Acha então que eu falsifiquei tudo isso?

– Por que não? Vamos cair na real... Você é um ladrão.

Cray tentou entregar o papel amarrotado a Daniel, que se recusou a recebê-lo.

– Fique com ele por enquanto. Gostaria que desse uma volta comigo, se tiver tempo.

Abriu a porta. Cray parecia desconfiado.

– Aonde você vai me levar?

– Vamos falar com todas as famílias da sua lista.

– E se eu não quiser ir? – defendeu-se Cray.

– Está com medo do quê? Esses endereços são verdadeiros, não são?

– Claro que são “verdadeiros” – respondeu Cray, enfatizando ironicamente a palavra. – Só não quero entrar no seu carro. Vão pensar que eu entrei pra te dar uma chupada.

– Não seja idiota. Você conhece as pessoas da lista e sabe onde elas moram. E sua caligrafia é horrível. Vou lhe pagar dez dólares a hora para ser meu guia.

Cray contornou o carro até a porta do passageiro.

– Quinze dólares a hora – exigiu ele, entrando. – E só se disser que eu sou seu guarda-costas.

– Feito – concordou Daniel. – Qual é o primeiro endereço?

Cray se acomodou e examinou a lista, correndo o dedo pelos nomes e decifrando a própria letra, que era mesmo um horror.

– Se for trabalhar para mim mais que um dia, terá de aprender a usar uma planilha – observou Daniel.

– Não vou ser seu secretário droga nenhuma.

– Você não vai chegar a lugar nenhum na vida se não tiver uma educação básica.

– Depende – retrucou Cray. – Há maneiras de ganhar dinheiro que não precisam dessa merda.

– Traficantes de drogas usam planilhas – ponderou Daniel. – E, se precisar escrever um bilhete para roubar um banco, vai ter que melhorar sua letra.

Percorreram Ariesville, visitando os nomes da lista de Cray e riscando-os um por um. Cada família que viam estava em uma situação diferente, mas praticamente todas elas – do ponto de vista de Daniel – viviam mal. Haviam mandado os filhos para um internato desconhecido principalmente porque não teriam de pagar nada. Algumas queriam para eles uma educação que não poderiam lhes dar. E outras não tinham tempo para cuidar de crianças. Ouviam dizer, além disso, que essa era a única maneira de filhos problemáticos se "ajustarem".

Cray poderia muito bem ter dado a Daniel uma lista com nomes e endereços falsos; mas, ao que tudo indicava, havia cumprido a tarefa com honestidade. Não que isso ajudasse muito. Era dia de semana e quase todos os pais tinham ido trabalhar, deixando os filhos sozinhos em casa. Em um ou outro caso, que para Daniel reforçavam o pior estereótipo Ariano, os pais estavam em casa, bêbados.

Além disso, havia situações realmente ruins. Em um prédio de apartamentos, uma família vivia em um quartinho ao lado da escada. A porta estava quebrada e vedada precariamente com algumas tábuas. Como o pai se recusava a recebê-los, Daniel e Cray voltaram pelo corredor frio do prédio. Os moradores do apartamento seguinte, com cara de poucos amigos, começaram a rir deles. Daniel se congratulava cada vez mais por ter levado um guarda-costas.

– Merda! – resmungou Cray, enquanto caminhavam para o carro. – Que lugar sinistro!

– Você não disse que conhecia essas pessoas?

– Eu sabia onde elas moravam – explicou Cray. – E que o lugar era uma droga. Mas não pensei que fosse tanto.

– E quanto a você? Como é a sua casa?

– Uma porcaria. Mas não tão ruim quanto este lugar – disse Cray.

No final do dia, já não restavam muitas famílias dispostas a abrir as portas para um Capricorniano estranho e um jovem Ariano. E as poucas que concordaram – seis, no total – receberam com espanto e desconfiança a proposta de Daniel para empreender um processo coletivo. Na última casa, a babá de um menino, uma mulher de cabelos brancos que parecia octogenária, mostrou a Daniel a carta de um advogado.

– Eu queria processá-los, acredite – disse ela. – Mas acabei aceitando uma indenização. Agora não há nada que eu possa fazer.

No fim do dia, ela foi uma das únicas três pessoas que chegaram a entender as intenções de Daniel. E nenhuma concordou em assinar sua petição.

De volta ao carro, ele escondeu a cabeça nas mãos.

– Droga! – gemeu.

– Por que você quer tanto que essas pessoas assinem esse documento? – perguntou Cray, acomodado no banco do passageiro. – Que diferença faz?

– Só quero ajudá-las.

– Ah, é? Então por que não volta lá e dá dinheiro a elas?

Daniel virou-se para Cray.

– Chega! – ordenou com voz firme.

– Não entendo você. Aquela escola era uma merda. Enquanto estive lá, todos os dias tinha vontade de queimar o prédio inteiro, até os alicerces, com os professores dentro. Mas muita coisa pior me aconteceu desde então, e outras ainda piores vão acontecer, assim como ocorreu com todos os caras que estiveram lá. Portanto, se quiser ajudá-los, o que a escola tem a ver com isso?

– É com ela que eu me importo – sentenciou Daniel, quase aos gritos.

Cray olhou pensativo para Daniel.

– Mas por que essa preocupação? Não tem sentido, a menos que seja o pai de uma daquelas três garotas ou algo assim.

Daniel lamentou profundamente sua decisão de perder tempo com Cray. Só fizera isso para provar uma coisa a si mesmo: que Cray podia ser salvo e, com ele, os demais. Se conseguisse salvá-los, era certo que teria conseguido salvar também sua filha, caso essa oportunidade lhe tivesse sido dada.

– Mas que droga! Acertei na mosca – exclamou Cray. – É isso! Por que você mandou sua própria filha para um lugar como aquele?

Daniel sentiu a raiva começar a envolvê-lo, mas se conteve. Uma briga com Cray terminaria mal para os dois.

– Não fiz isso – murmurou.

Cray o encarou fixamente.

– Emma Pescowski – disse ele. – Trudy Norris. Pam Scarsdale.

Daniel apertou com força o volante.

– É Pam, não é? – continuou. – Você se parece com ela. Mas é Capricorniano, e ela era de Peixes.

– Saia do carro – ordenou Daniel.

Cray respirou fundo, desceu e fechou a porta sem dizer uma palavra. Mas não podia controlar a expressão de seu rosto, onde se vislumbrava que Daniel era um idiota e que Craig tinha levado a melhor sobre ele.

CAPÍTULO TRINTA E NOVE

Mendez inclinou-se para a frente na cadeira e lançou a Burton um olhar longo e frio. Empurrou o jornal sobre a mesa e apontou para um parágrafo no artigo.

– Leia isto – pediu.

> Embora inaugurada há pouco mais de duas semanas, a nova delegacia de polícia já está provocando tensões na região. O líder do Ascendente Áries, Solomon Mahout, é um dos críticos mais ruidosos. "A população Ariana de San Celeste vive em estado de medo constante. Sabemos que, a qualquer momento, podemos ser legalmente assaltados na rua por bandidos a serviço das autoridades. E, quando estamos em casa, as portas podem ser arrombadas sem nenhum motivo. Essa nova delegacia de polícia não foi construída para dar segurança à nossa região. Não foi feita em benefício da comunidade. Não existe ali sequer uma entrada para que as pessoas compareçam a fim de denunciar crimes. O edifício é uma fortaleza do Esquadrão Aríete. É uma base militar – e nós somos o território ocupado.

Burton levantou os olhos da página.

– Mas, senhor – disse ele –, o que isso tem a ver comigo?

– Vou precisar explicar? O que aconteceu com o grande Superdetetive? Mais e mais pessoas estão se reunindo diante da nova delegacia todos os dias. Dobramos o patrulhamento na área. Estamos quase decretando toque de recolher. Temos feito de tudo para impedir novos tumultos como os de Cardinal Fire, e você solicita uma viatura para ficar na porta de sua casa dia e noite, a fim de proteger o próprio traseiro caso os bandidos voltem a atacar? Quem diabos você pensa que é?

– Desculpe, senhor – disse Burton, tentando se controlar. – Lamento ter feito esse pedido.

– Muito bem. Seja um pouco mais esperto. Houve progressos na investigação?

– O irmão de Hammond sugeriu que os assassinatos talvez tenham conexão com uma série de suicídios ocorridos há cerca de dez anos. Estou analisando uma antiga investigação conduzida por Williams e aguardo a chegada de alguns arquivos que pedi. Se houver mesmo fortes evidências de uma conexão, avisarei o senhor. Tudo aconteceu na antiga escola de Mahout.

Mendez arregalou os olhos.

– Como? Há uma conexão com Mahout e você não me contou nada?

– Ele era um entre centenas de alunos. Não há prova de que esteja envolvido. Mas, se eu conseguir esmiuçar a investigação...

– Afinal, do que está falando, Burton? Mahout está envolvido, é claro! O maldito Solomon Mahout! Quem mais faria com que duas das pessoas mais influentes da cidade fossem assassinadas? Quem mais tem um bando de seguidores enlouquecidos? Seu estúpido filho de...

Mendez não concluiu a frase, mas continuou olhando fixamente para Burton.

– Quero um relatório sobre minha mesa em quinze minutos – determinou ele. – E é melhor que mencione o nome de Mahout.

CAPÍTULO QUARENTA

Naquela tarde, Lindi trabalhou em seu apartamento. Burton andava muito preocupado com o caso e com sua situação em casa, por isso vinha conversando pouco com ela. Assim, Lindi pôs de lado a investigação dos assassinatos e voltou aos procedimentos de segurança para o aeroporto, a fim de dar mais clareza ao texto. A cada meia hora mais ou menos, recebia uma nova mensagem de texto de Bram Coine. Lindi as ignorava.

Oi, Lindi. Desculpe, fui um idiota. Quer conversar?

Como eu disse, os caras estavam só zoando. Era tudo brincadeira. Ninguém quis fazer de você um objeto sexual. São todos gente boa e esclarecida.

Estão ajudando. Você devia dar uma olhada na tela.

Lindi, dê uma olhada na tela agora!

Enfim ela cedeu. Pegou o celular e digitou com raiva:

Bram, não dou a mínima para esse site. Estou tentando trabalhar. Pare de me mandar mensagens, por favor.

Ele respondeu quase de imediato:

Esta vai interessar você. SÓ OLHE.

Lindi suspirou com aquele tipo de exasperação a que só se pode dar curso livre em um apartamento vazio. Seu notebook estava sepultado sob uma pilha de papéis. Pegou-o e procurou lembrar o nome do quadro de mensagens de Bram. ACTIVENATION. Que nome idiota. Achou-o em seu histórico da internet.

Havia dezenas de novas mensagens. Os textos apareciam em maiúsculas enfáticas, entremeados de imagens de carros de polícia, tumultos e bombas de gás lacrimogênio. A cada segundo, uma mensagem nova surgia embaixo na tela, empurrando as antigas para cima.

– Que droga é isso aqui? – praguejou Lindi, em voz alta.

Voltou ao início da página para descobrir o que estava acontecendo. A primeira imagem era de veículos da polícia estacionados diante de um edifício de tijolos qualquer.

DurESSS: Polícia diante da sede do Ascendente Áries em Ariesville. Três carros do Esquadrão Aríete e seis viaturas. Parece uma batida.

Kart33: Como assim? Quando isso aconteceu?

DurESSS: AGORA.

AKT: MERDA! ESTÃO PRENDENDO SOLOMON MAHOUT! AO VIVO!

Lindi clicou no link e uma nova janela apareceu. Após alguns segundos carregando, apareceu uma gravação de qualidade precária, filmada por celular e compactada. A câmera apontava diretamente para uma calçada que balançava como louca.

Lindi aumentou o volume do notebook até ouvir os sons entrecortados. Sons de respiração ofegante, com gritos e sirenes ao fundo.

– *Meu Deus, olhem só para isso!* – gritou uma garota.

A câmera avançou para uma esquina onde um carro preto de polícia, blindado e com grades nas janelas, deslizava devagar. Por uma abertura no teto, um policial emergiu até a cintura, usando capacete com máscara contra gases e uma armadura resistente, mais parecendo um astronauta em trajes negros. Apontou para a câmera e gritou alguma coisa ininteligível.

– *O quê?* – perguntou a garota invisível.

O policial não respondeu, mas tirou do carro algo que parecia um fuzil de assalto. Lindi não conseguiu ver muito bem a cena, pois a imagem ficou borrada no instante seguinte. Os alto-falantes estalaram.

Por um terrível segundo, Lindi pensou que a garota do celular tivesse sido alvejada, mas alguma coisa aparecia e desaparecia da tela, semelhante a um borrão. Só um pouco depois foi que percebeu que o celular estava de ponta-cabeça: o que via agora eram as pernas da garota, correndo para se pôr a salvo.

Lindi olhou mais de perto a imagem, tentando decifrar o borrão em movimento. A câmera apontou para um muro de tijolos e percorreu-o em detalhe, a fim de revelar uma cena caótica. De um prédio de dois andares em uma rua comercial saía fumaça, tanto das janelas de cima quanto das de baixo. Veículos da polícia estavam estacionados por perto e mais homens de armadura corriam para o prédio. Lindi reconheceu-o por fotos anteriores: era a sede do Ascendente Áries.

A câmera girou para mostrar um grupo de curiosos. Dois policiais foram até lá, e o grupo se dispersou. Um dos policiais apontou uma arma de cano grosso naquela direção e disparou. O projétil explodiu no meio deles, soltando uma fumaça cinzenta e densa.

– *Merda!* – praguejou a garota da câmera.

A imagem oscilou e fixou-se de novo na fachada do prédio. Homens e mulheres vestidos principalmente de vermelho eram empurrados para fora do prédio pelos policiais. Visivelmente abalados pelo gás lacrimogênio, traziam algemas nos punhos. Já longe o bastante do prédio, foram obrigados a se ajoelhar e ficaram sob a vigilância de um policial armado, enquanto os outros voltavam ao local. Lindi tentou apurar a visão, mas a câmera do celular não tinha *zoom*, e a imagem ao vivo estava mal comprimida; entretanto, uma das figuras ajoelhadas parecia ser Solomon Mahout. Sua camisa fora rasgada e mostrava manchas de sangue; havia também ferimentos em seu rosto.

A câmera se agitou e girou mais uma vez. Mais figuras com camisas vermelhas desciam a rua rumo aos carros de polícia. Ouvia-se um tumulto de vozes, mas Lindi não conseguiu distinguir se vinha da polícia ou da multidão que se aproximava. Algumas pessoas lá na frente atiraram pedras nos policiais. Estes, munidos de escudos e cassetetes, abandonaram os veículos e lançaram-se sobre os agressores. A câmera agitou-se de novo, e a imagem transformou-se em um padrão abstrato de luz e sombra, para depois se congelar. Ficou assim por alguns segundos, e logo depois apareceu um pequeno texto: "GRAVAÇÃO INTERROMPIDA".

– Ah, não! – exclamou Lindi, dando um tapa no teclado.

Fechou a janela e voltou para as mensagens. As queixas já pipocavam, acompanhadas de uma sequência de *pop-ups* silenciosos.

DurEsss: Minhas imagens foram cortadas.

Octagon: As minhas também.

Kart33: Para onde foram?

RomanRoulette: WTF? AKT está OK? Alguém pegou os detalhes?

Funkt: Tentando chamar outros observadores da cena. Aguentem firme aí.

Lindi viu que Bram acabava de entrar na conversa.

<<MARB>> Alguém mais tem algo a mostrar?

Houve uma pausa que pareceu durar uma eternidade; então, uma mensagem apareceu.

Funkt: Não consigo captar mensagens nem imagens de ninguém na área. Tentei ligar, mas todas as linhas estão ocupadas. Lamento.

Depois:

Funkt: MERDA, A POLÍCIA BLOQUEOU TODOS OS CELULARES!

RomanRoulette: De todas as operadoras?

Funkt: S.

Lindi pegou seu celular e checou o sinal. Tudo normal, mas não estava em Ariesville.

Digitou o número de Burton. Após cinco toques, ele atendeu. Sua voz demonstrava impaciência.

– Oi, Lindi.

– Burton, o que está acontecendo em Ariesville? Onde você está?

– Estou no meu escritório.

– Por que prenderam Solomon Mahout?

– Não tenho nada a ver com isso – respondeu Burton. – Apresentei um relatório sobre nosso encontro com Kruger. Eu disse que Mahout frequentou a escola. Não posso impedir Mendez de fazer o que quiser com essa informação.

– E você não foi mais fundo na investigação? O que achava que iria acontecer?

– Não comece, Lindi – protestou Burton. – Também não gosto disso, mas o que posso fazer? É o meu trabalho. E desculpe por não ser tão eficiente quanto você gostaria. Não sei se já percebeu, mas estou sendo vigiado.

CAPÍTULO QUARENTA E UM

Daniel não podia deixar San Celeste. Conhecia-se muitíssimo bem. Se voltasse para a casa da família, logo retomaria o antigo e depressivo estilo de vida. Tinha renunciado à batalha contra a Academia dos Signos Verdadeiros, mas isso o deixava sem nada para fazer e sem nada em que acreditar. O único pensamento que atravessava aquela camada de autocomplacência era o orfanato de Maria em Ariesville. Um pouco apreensivo, voltou lá para oferecer seus serviços.

– Que bom vê-lo de novo! – disse Maria. – Pegue isto.

Passou-lhe um conjunto de lençóis limpos que tirou de um armário de roupas.

– Venha comigo.

Ele a acompanhou na rotina matinal de limpeza e ajudou-a a fazer as camas de todos os quartos das crianças. Depois, arrumou a cozinha e levou o lixo para o estacionamento cercado.

– E então, como está se sentindo? – perguntou Maria ao final da manhã.

– Ótimo.

Não queria se queixar e, assim, encarnar o estereótipo do Capricorniano. Parte dele havia pensado que aproveitaria melhor seu tempo contratando alguém para ajudar Maria a fazer o serviço. Mas era bom executar aquelas tarefas do dia a dia e pôr a mão na massa.

– Muito bem – aprovou ela. – Volte amanhã às oito.

Agora a vida tinha um propósito para Daniel.

Não era fácil, porém. Estava acostumado com um mundo sem encontros desagradáveis ou incidentes perturbadores, e isso não faltava na casa de Maria, o tempo todo. As crianças brigavam, adoeciam, berravam, fugiam e se machucavam, mas Daniel dava o melhor de si para manter as coisas sob controle. Varria o chão e cortava legumes. Aprendeu o nome de todos os internos, embora isso significasse se confundir e ter de perguntar mais de uma vez. Ouvia queixas e resolvia disputas. Nisso, pelo menos, levava vantagem: o sotaque Capricorniano soava, na cultura popular, como a voz da autoridade e, mesmo que as crianças nem sempre o entendessem, costumavam obedecer.

Após algumas semanas, Daniel começava a se sentir um membro útil da casa. Fazia a contabilidade com Maria e doava algum dinheiro do próprio bolso. Em troca, ela lhe cedeu seu "escritório" no último andar, que não passava de um quartinho de despejo vazio aonde ele ia quando o barulho e a correria se tornavam excessivos. Daniel agradeceu a cortesia.

Mas Daniel continuava sendo Daniel. Um homem rico em Ariesville que, quando ia para as ruas, tornava-se um alvo fácil. E não só ele. A escola ficava a alguns quarteirões de distância, e os garotos tinham de percorrer esse trajeto de manhã e à tarde.

Um dia, Daniel ligou para Cray a fim de saber se estava disponível. Cray censurou-o por ele agir "como um filho da mãe" da última vez em que haviam se encontrado, mas confessou que não tinha nada a fazer no momento. Negociaram um novo acordo: Cray passou a trabalhar como segurança e assistente na casa.

Maria não gostou muito.

– Ele assusta as crianças – comentou ela.

– Por quê? – perguntou Daniel. – O que ele faz?

– Nada. Mas elas ouviram falar desse rapaz, que tem uma péssima reputação aqui. Talvez se torne uma má influência. E há na casa algumas adolescentes.

– Vou lhe dizer que, se apenas olhar para elas, vamos cortar o saco dele. Está bom assim?

– Hum... – murmurou Maria, pouco convencida.

– Acontece que lhe devo um favor. O rapaz é esperto. E melhor do que você pensa.

Felizmente, Cray se controlou, e as crianças procuravam ficar longe dele – até um dia em que entrou na casa amparando uma garota ferida.

Foi no meio da tarde. Maria tinha saído, deixando Daniel encarregado de tudo por algumas horas enquanto ela fazia compras. Daniel estava no estacionamento fechado, jogando futebol de salão e tentando explicar aos garotos por que deveriam recolher o próprio lixo (o que, no entender de quem havia crescido em Ariesville, era uma ideia ridícula), quando Cray cruzou a porta principal carregando nos braços Ella, uma das meninas de 12 anos. Ella tinha um corte na testa e os olhos inchados. Gemia em uma voz rouca, como se tivesse chorado sem parar como um bebê. Uma garota nova, Brandy, seguia Cray, aterrorizada ao ponto das lágrimas e tentando se esconder de Daniel atrás do rapaz.

– O que aconteceu? Quem fez isto? – alarmou-se Daniel.

– Alguns garotos fugiram da escola depois do lanche – explicou Cray. – Encontrei-os na Weyland Street.

Essa rua era ladeada pelas ruínas de velhos edifícios recém-demolidos. Apesar dos avisos de "PERIGO – NÃO ENTRE", o lugar tinha se transformado em um parquinho para os moleques de Ariesville.

– Os garotos maiores estavam jogando tijolos, e um deles a acertou – disse Brandy. E começou a chorar.

Daniel pegou a garota dos braços de Cray.

– Cuide das crianças até Maria voltar – pediu.

Colocou Ella no carro e levou-a ao hospital mais próximo, o Deacon Avenue General.

O hospital assustou-o. Os únicos que ele conhecia eram limpos e privados, com profissionais bem pagos que ouviam com paciência e diagnosticavam com serena autoridade. O Deacon Avenue era apinhado de gente, ruidoso e aterrorizador. A sala de espera regurgitava de pessoas sangrando, tossindo e agonizando. Uma meia dúzia de médicos absurdamente novos corria de quarto em quarto, berrando instruções uns aos outros, enquanto enfermeiras de ar exausto aguardavam informações sobre como tratar os pacientes. O piso era imundo. Daniel não conseguiu esperar mais que meia hora; colocou Ella de volta no carro e levou-a para o South SC General.

Quando Maria chegou, duas horas depois, encontrou-o na sala de espera lendo uma revista.

– Como ela está?

– Bem – respondeu Daniel. – Mas foi por pouco. Disseram que ela tem uma fratura na órbita ocular. Se a garota não fosse atendida, poderia ficar cega para sempre. Lamento ter deixado as crianças com Cray. Mas não havia ninguém mais no pedaço.

– Deu tudo certo. Os garotos estão vendo TV. Cray é um filho da mãe, mas pelo menos me escuta quando é preciso.

– Sim – concordou Daniel. – E os outros garotos também o escutam.

– Hum... – resmungou Maria.

Estava tensa. Daniel olhou-a, preocupado.

– O que foi?

– Não posso pagar o tratamento dela neste lugar. – Apontou para o piso brilhante e as obras de arte abstratas nas paredes. – Não posso.

– Eu sei. Já resolvi o problema.

– Oh – exclamou ela, aliviada. – Obrigada.

Sentou-se perto dele e fitou-o por um longo tempo. Daniel fechou a revista.

– Algo errado?

– Tenho uma dúvida: acha que estou me aproveitando de você?

Daniel franziu o cenho.

– Como assim?

Maria respirou fundo.

– Trabalhei numa importadora de roupas – contou ela. – Minha chefe era Capricorniana, e eu nunca a entendi, até perceber que ela encarava toda espécie de interação social como uma transação. Nunca dava mais do que recebia, emocional ou financeiramente. Por isso, sei muito bem o que ela pensaria se estivesse na sua posição. Pensaria que lhe pedi que doasse seu tempo com a intenção de explorá-lo ainda mais. Depois de conhecer os garotos, você concluiria que algumas centenas de dólares por mês não seria suficiente para pagar roupas, sapatos, mensalidades escolares e ossos quebrados. Não seria suficiente para mantê-los vivos.

– Mas esse não era seu plano – ponderou Daniel.

– Não. Talvez não. Não faço cálculos com tanta antecedência assim. Mas... e se fizesse? – questionou Maria. – Preciso cuidar dessas crianças, mas não consigo dar conta de tudo. Antes de você começar a visitar nossa casa, estávamos quase morrendo de fome. Literalmente. Não, nunca pensei em explorá-lo. Porém, quem de nós dois tem o dinheiro?

Daniel esfregou as têmporas.

Maria soltou um suspiro.

– No momento, a casa é um desastre. Faço o que posso, mas ela não é muito melhor do que os lugares de onde as crianças vieram. Quero que a casa funcione bem. Preciso de novas ideias. Pensei que, se procurasse algumas empresas, elas nos apoiariam, mas ninguém quer assumir esse compromisso. Estamos em um local caindo aos pedaços, onde tudo é caótico. As empresas evitam ser associadas a essa bagunça, por melhores que sejam minhas intenções e por mais impossível que seja resolver a situação de outra maneira. Essa gente quer algo simples de entender. Como é o mundo deles? Quantificável. Um executivo me disse sem papas na língua: "Se acontecer um assassinato ou um estupro em sua casa, nossa imagem ficará manchada". – Maria balançou a cabeça. – Mas, com você por perto... você conhece esses empresários. Sabe falar a língua deles, não sabe? Que tal... não sei, um evento beneficiente para arrecadar fundos ou coisa assim? Uma maneira de ajeitar as coisas? Hoje, tenho mais crianças do que posso cuidar, e todo dia sou obrigada a recusar algumas. Preciso de novas ideias porque estou por fora. Realmente por fora.

CAPÍTULO QUARENTA E DOIS

Burton entrou no quarto de Bram Coine, à frente do pai do rapaz. Lindi estava sentada na cama, rodeada por mapas astrológicos impressos. Bram se levantou da escrivaninha, onde havia pouco digitava no notebook de Lindi. Um sistema de som, a um canto, vertia uma música barulhenta da qual Burton nunca fora jovem o bastante para gostar.

– Mas que droga está acontecendo aqui, Lindi?

– Espere aí, detetive – vociferou o pai de Bram no corredor. Podia ter impedido Burton de entrar na casa, pois era um direito seu, mas se calara, e Burton estava irritado demais para se mostrar cortês.

Burton apontou-lhe o dedo em riste.

– Está tudo em ordem, senhor Coine; só vim buscar minha colega. Lindi, posso falar com você lá fora, por favor? Pegue suas coisas.

– Qual é o problema? – perguntou ela.

O pai de Bram segurou Burton pelo braço e tentou tirá-lo do quarto.

– Por favor, detetive...

– Já vou sair – disse Burton, desvencilhando-se. – Vou esperar lá fora. Obrigado pela atenção. Lindi?

Lindi fitou-o. Pensou em recusar o convite, mas, se fizesse isso, pareceria petulante.

– Está bem – disse por fim.

O pai de Bram escoltou-o até a rua. Recostado no carro, Burton não sabia o que fazer para aliviar o tédio da espera por Lindi, exceto imaginar a discussão que teria com ela.

Passaram-se cinco minutos e nada. Burton já começava a pensar que ela estava demorando de propósito, só para aborrecê-lo. E ia tocar de novo a campainha quando a porta se abriu, e Lindi apareceu com a bolsa do notebook sob um braço e uma pasta recheada de papéis sob o outro. Parecia agitada.

– O que foi que aconteceu, Burton? Não havia motivo para eu sair assim. Estávamos trabalhando.

– Trabalhando? Você está legalmente proibida de partilhar com estranhos qualquer informação sobre a investigação em curso. Sobretudo com alguém que era suspeito há menos de uma semana, como esse maldito Bram Coine!

– Não partilhei nada com ele – defendeu-se Lindi. – Sei que ele deixou os policiais enfurecidos, mas isso não significa que não seja útil. Ele tem um grupo *on-line* que está investigando o caso...

– Ah, que ótimo! – zombou Burton. – Vigilantes da internet.

– Escute só por um minuto, Burton. E não seja infantil.

Burton estava a ponto de explodir.

– Infantil? Encontrei você sentada numa cama cujos lençóis tinham estampa de super-heróis...

– Um assunto por vez, sim? Bram me disse que seus amigos estão tentando descobrir mais a fundo como Hammond levantou fundos para a escola de Kruger. Acharam tudo muito estranho. Uma parte do dinheiro veio de doadores privados, mas muita coisa veio da prefeitura, nos termos da Lei de Resposta Civil. Conhece essa lei?

– Claro – respondeu Burton.

Tratava-se de uma legislação controvertida colocada em votação após o levante de Cardinal Fire, vinte e cinco anos atrás. Deu à prefeitura e às autoridades policiais locais plenos poderes para enfrentar desordeiros e organizações terroristas, de modo ostensivo e por prazo limitado. Grupos de direitos civis se queixavam da situação, afirmando que as novas leis eram exageradas e pouco transparentes, mas a indignação logo arrefeceu. A LRC ficou sendo apenas mais um fato da vida, tão inalterável quanto as órbitas dos planetas.

– Por que você acha que uma escola receberia fundos destinados a combater o levante? – perguntou Lindi. – Parece até que Hammond trabalhava com alguém da prefeitura para desviar verbas. E quem sabe se os legítimos destinatários desse dinheiro não ficaram aborrecidos?

– Acha que o Esquadrão Aríete os matou?

– Não acho nada. Estou apenas levantando irregularidades.

Burton esfregou o nariz.

– Está bem, agora ouça – disse ele. – Não sei por que a escola pegou o dinheiro da LRC. Talvez a prefeitura quisesse testar algo novo. Talvez pensasse que educar crianças seria, no longo prazo, uma solução melhor que prendê-las. Quem sabe? A única certeza que tenho é esta: não vou passar os próximos cinco anos redigindo pedidos e reivindicando a Lei de Liberdade de Informação que jamais serão examinados. Preciso encontrar o assassino agora. Não contarei a Mendez que você andou conversando com Coine, mas quero que pare de desafiar nossos aliados. Vamos voltar ao escritório e estudar as evidências contra Mahout. Vou apresentar uma denúncia com bases sólidas contra ele ou provar que é inocente, tirando-o da cadeia antes que alguém mais o faça na marra.

CAPÍTULO QUARENTA E TRÊS

Daniel esperou no hospital até as dez da noite, quando a jovem Ella enfim teve alta. Estava com metade do rosto enfaixado e parecia acuada durante o trajeto de carro até Ariesville. Maria recebeu-os com alívio. Enquanto levava a garota para a cama, Daniel subiu até o escritório a fim de pegar sua pasta.

Com a luz ainda acesa, Cray estava sentado atrás de sua escrivaninha. Levantou-se ao ver Daniel à porta.

– Relaxe – disse Daniel. – Não se preocupe, você também pode usar este espaço. Só vim pegar algumas coisas.

Cray se sentou de novo.

– Obrigado – agradeceu ele. – Todas as crianças já estão na cama. Margie e Ellen continuam brigando, por isso precisei colocá-las em quartos separados.

– Fez bem – reconheceu Daniel. Viu uma garrafa de uísque e dois copos sobre a escrivaninha. – Ei, onde arranjou isto?

– Comprei. – disse o rapaz. O copo à sua frente estava pela metade. Despejou uma pequena quantidade no outro.

– Você é novo demais para beber – censurou Daniel.

– Quem diz isso? – desafiou Cray. – A lei?

Fechou a garrafa e empurrou o copo para Daniel. Ele até queria dar um bom exemplo, mas o dia fora difícil e, honestamente, não ligava muito para aquilo. Em sua opinião, Cray já tinha idade suficiente para fazer as próprias escolhas erradas. Bebeu o uísque e fez uma careta.

– Que porcaria é essa? – praguejou.

– Você compra a próxima garrafa, então.

– Sem chance.

Cray vasculhou embaixo da mesa e pegou uma embalagem de *fast-food*.

– Comprei também um sanduíche de frango, caso queira – falou.

Daniel não comia nada desde o almoço. Estendeu a mão, e Cray lhe entregou a embalagem. O sanduíche ainda estava quente. Em outras circunstâncias, Daniel nem olharia para uma comida daquelas, mas naquele momento comeu o lanche com avidez, devorando também as batatas fritas um pouco frias. Limpou a boca com um guardanapo de papel enquanto Cray servia mais uma dose de uísque para os dois.

– Obrigado – agradeceu Daniel.

Ficaram sentados em silêncio por algum tempo, bebericando o uísque. Então Daniel disse:

– Tenho uma pergunta. Se dependesse de você, como melhoraria a vida destas crianças?

Cray olhou para Daniel, estreitando os olhos.

– Que droga de pergunta é essa?

– Maria me pediu ideias sobre uma maneira de conseguir mais dinheiro, mas não sei se a solução é por aí. Suspeito que, se entrasse dinheiro a rodo aqui, ainda assim as crianças teriam pela frente a mesma vida quando saíssem. Enfrentariam as mesmas dificuldades para achar emprego, conseguir empréstimos ou encontrar um lugar seguro para viver. Não sei o que responder a ela. Mas Maria quer uma perspectiva nova. Talvez você a tenha.

Cray terminou seu drinque e pousou o copo na mesa. Inclinou-o de modo que ele se equilibrasse na extremidade inferior e colocou um dedo na extremidade superior, fazendo-o girar.

– Vou lhe dizer o que penso – disse por fim. – Penso que este lugar é um bote salva-vidas. O bote salva-vidas é necessário, mas não vai muito longe. O problema é que todos os outros botes nas imediações estão afundando. Pelo menos, estas crianças têm Maria para cuidar delas. As outras, em Ariesville, estão se virando sozinhas, bem ou mal. Não vamos melhorar a vida de nenhuma delas enquanto não melhorarmos Ariesville.

– E como faríamos isso?

Cray pigarreou e deu de ombros.

– Não sei. Política ou coisa assim. – Continuava fitando o copo.

Daniel tentou outro caminho.

– Quais foram seus maiores problemas na infância?

– Ah! – suspirou Cray. E depois, sem rodeios: – Mãe Libriana falecida. Pai Ariano e alcoólatra. Irmão filho da mãe. Bandos de idiotas nas ruas.

– Não sabia que você tinha um irmão.

– Morreu. Estava no exército havia mais ou menos três dias e quebrou a espinha num trote. Rodou por aí de cadeira de rodas durante dois meses e faleceu no hospital. Pneumonia.

– Que merda! – murmurou Daniel. – Sinto muito.

Cray olhou para Daniel como se ele não soubesse direito o que dizia. Daniel não levou o assunto adiante.

– E seu pai?

– Um filho da mãe também.

– Ele batia em você?

– Não – respondeu Cray, enxugando o nariz na manga da camisa. – Só um pouquinho, quando éramos bem novos. Mas aprendemos a dar o troco. E ele vivia tão bêbado que era fácil derrubá-lo. Não se arrisca mais a me agredir. Hoje, é um sujeito patético.

– Qual a profissão dele?

– Era ladrilhador. Ia bem até o dono do imóvel onde morávamos quebrar os dedos dele. Depois disso, decaiu.

– Como assim? – perguntou Daniel, chocado.

– É preciso pagar o aluguel em dia – explicou Cray. – Todo mundo em Ariesville sabe disso. As pessoas correm para arranjar empréstimos em financiadoras, preferindo pagar juros absurdos a ficar mal com Hernandez.

– Quem?

As sobrancelhas de Cray se franziram.

– Hernandez! Nunca ouviu falar em Miguel Hernandez? Achei que você fosse um cara importante.

Por cerca de uma hora, Cray explicou tudo a Daniel. Quase todas as propriedades em Ariesville pertenciam a três ou quatro famílias de empresários. Elas é que fixavam os preços, motivo pelo qual os aluguéis em Ariesville eram mais altos do que no resto da cidade, apesar das péssimas condições. Os mais pobres estavam condenados a permanecer ali, pois ninguém em outras áreas alugaria imóveis para eles, e os proprietários não impunham limite ao número de pessoas amontoadas nas residências. Famílias inteiras viviam em apartamentos de um só cômodo.

– Hernandez é o maioral – disse Cray. – É dono da maior parte da área ao norte do rio. Não posso acreditar que nunca tenha ouvido falar desse cara. Se ele não fosse Ariano, todo mundo na cidade saberia seu nome.

– Isso é pura exploração! – irritou-se Daniel.

– Sem dúvida – concordou Cray, levando o copo à boca.

– E ninguém tentou deter esse sujeito?

– Deter como? As únicas pessoas mais ricas que ele em Ariesville são os traficantes, que estão pouco se lixando. Na verdade, são cúmplices de Hernandez. E o resto da cidade também não dá a mínima.

– Foi esse homem que quebrou os dedos do seu pai?

– Não só do meu pai. Pergunte por aí. Os proprietários de imóveis fazem questão de divulgar o que acontece quando alguém não paga o aluguel.

CAPÍTULO QUARENTA E QUATRO

Lindi se sentou no escritório de Burton e prosseguiu com sua investigação astrológica enquanto ele digitava um relatório minucioso sobre o andamento do caso no outro lado da escrivaninha em L. Mal haviam conversado desde que tinham chegado à delegacia. Burton continuava furioso por ela ter falado com Bram, e ela não perdoara sua insolência e nem o fato de não levar a sério a investigação do rapaz.

Ouviu-se uma batida na porta do escritório e o detetive Rico entrou.

– Aqui estão as certidões de nascimento completas de Hammond e Mahout – informou Rico, estendendo um envelope a Burton.

Lindi se virou na cadeira.

– Eu pego – disse ela.

Rico olhou para Burton, a fim de se certificar de que não havia problema. Certidões completas permitiam a Lindi, ou a qualquer outro astrólogo, fazer mapas astrais acurados, o que, era óbvio, tornava-as documentos altamente confidenciais. Empresas poderiam dispensar empregados que tivessem mapas pouco auspiciosos. Companhias de seguros poderiam usar as certidões como base para determinar o prêmio de seus clientes.

Burton confirmou com um gesto de cabeça e Rico entregou o envelope à moça.

– Obrigada – agradeceu Lindi. E virou-se de novo para a escrivaninha a fim de abri-lo.

Sentia o olhar dos dois homens cravado nela. Burton provavelmente contara a Rico sobre sua conversa com Bram. Lindi concentrou-se em digitar a informação em seu software de Astrologia, criando dois novos mapas astrais e tentando estabelecer sinastrias. Após algum tempo, murmurou:

– Estranho...

– Que foi? – perguntou Burton por cima do ombro.

Lindi mostrou-lhe um dos mapas.

– Veja. Uma coincidência bizarra.

– Explique – pediu Burton.

– Este aqui é o mapa de Harvey Hammond comparado com o do chefe Williams. Reparou? Os Sóis estão separados quase por noventa graus exatos. Oitenta e nove vírgula oito graus.

– Certo – falou Burton, um tanto impaciente. – Avise-me se encontrar alguma coisa que os ligue a Mahout.

Voltou para o teclado e continuou a digitar. Lindi examinou o mapa e começou a tamborilar na mesa, refletindo.

Depois de alguns minutos, ouviu Burton resmungar às suas costas:

– Isso não significa nada. Esqueça.

– Lamento informar... – replicou Lindi, os olhos fixos na tela –, mas acho que significa, sim.

– Por favor, apenas examine se, no mapa de Mahout, há coincidências que o associem a Hammond ou a Williams. Não importa que existam conexões entre esses dois.

– Por que não? – perguntou Lindi, girando a cadeira para encará-lo.

– Porque isso nós já sabemos. Eram amigos. Não precisamos provar isso num júri. Precisamos provar, sim, que Mahout está envolvido... e logo, de maneira convincente o bastante para evitar um tumulto.

– A quantas perguntas terei de responder para lhe provar que isto é importante?

Burton pensou um pouco.

– Três – disse por fim, levantando três dedos e passando a contar. – Primeira: essa coincidência é estranha a ponto de exigir uma explicação especial? Trabalhei num caso em que duas vítimas e um assassino tinham o mesmo sobrenome. Isso não necessitava de investigação, pois coisas improváveis às vezes acontecem. Como num lance de dados. Segunda: não haverá por acaso uma explicação subjacente para a coincidência? E terceira: podemos usá-la para achar o assassino?

– OK – respondeu Lindi, também contando nos dedos. – Vamos lá. Primeira: para mim, a coincidência é estranha demais e merece um exame mais detalhado. Segunda: nossa teoria astrológica se desenvolveu ao longo de centenas de anos a fim de nos fornecer explicações subjacentes. E terceira: só saberemos se ela nos ajudará a resolver o caso se nos aprofundarmos no exame. A meu ver, esse padrão é extremamente curioso.

– Por quê? – replicou Burton. – O que há de tão curioso assim nele?

– Não sabemos a data exata do nascimento de Kruger. Entretanto, ele é de Aquário, como eu, e sabe que veio ao mundo em janeiro ou fevereiro, ou seja, seu Sol está a noventa graus de distância do de Williams e a 180 do de Hammond. Espere um pouco.

Pegou um pedaço de papel da mesa de Burton e traçou nele seis linhas, todas se entrecruzando em um ponto central e formando doze segmentos com espaços iguais entre um e outro. Com rapidez profissional, desenhou os símbolos astrológicos dentro de cada segmento: Áries, Touro, Gêmeos, Câncer, Leão, Virgem, Libra, Escorpião, Sagitário, Capricórnio, Aquário e Peixes.

– Estes são os céus – explicou.

– Sim – resmungou Burton. – Eu sei.

Lindi ignorou o tom de sua voz.

– Agora, Astrologia básica. Cada um desses signos tira suas qualidades de duas coisas: de seu elemento...

Começando em Áries, percorreu os símbolos um por um, em sentido horário, e escreveu embaixo deles: "FOGO", "TERRA", "AR", "ÁGUA", "FOGO", "TERRA", "AR", "ÁGUA"...

– ... e da qualidade desse elemento.

Percorreu de novo o círculo, escrevendo: "CARDINAL", "FIXO", "MUTÁVEL", "CARDINAL", "FIXO", "MUTÁVEL"...

– Você, por exemplo, é Touro, a terra fixa. Significa que retira as qualidades do elemento terra, sendo portanto prático, honesto, confiável, leal. Os nativos de Peixes são a água mutável, isto é, inseguros, prontos a se deixar levar pela corrente. Quero dizer que nosso elemento é parte fundamental do que somos. Está entendendo?

– Um pouco – confessou Burton.

– Certo. Então, Williams nasceu quando o Sol estava em Touro... – Escreveu "WILLIAMS" acima de "TERRA". – E Hammond nasceu quando o Sol estava em Leão. – Escreveu "HAMMOND" acima de "FOGO". – Está vendo?

– Diabo! – murmurou Burton.

– Exatamente – disse Lindi. – Duas pessoas assassinadas no elemento de seu signo. Isso é tão primário que nem parece Astrologia. Agora, dê uma olhada aqui.

Traçou uma linha pontilhada de "HAMMOND", pelo centro do mapa, até Aquário. E escreveu "KRUGER" acima de "AR".

– Se eu estiver certa, deve haver mais um ponto no quadrado... – Traçou outra linha pontilhada de "WILLIAMS" até Escorpião, mas não escreveu nada. – Esta é a chamada "grande cruz", em geral tida como muito pouco auspiciosa, porque quadratura implica energias bloqueadas. Entretanto, ouvi dizer que algumas pessoas procuram-na de forma deliberada. Os Branch Morinian acreditam que as quadraturas sejam na verdade harmonias superimpostas que...

Percebeu a expressão no rosto de Burton e se interrompeu.

– Sinto muito – desculpou-se. – Tudo aponta para o fato de que isso é astrologicamente significativo.

– Mas o significado disso nós já sabemos, não? – observou Burton. – Williams, Hammond e Kruger se conheciam. O que está escrito nas estrelas apenas confirma esse fato.

– Sim, mas veja bem – insistiu Lindi, apontando os nomes dos elementos. – Morte por terra. Morte por fogo. Kruger morrerá por ar, e uma quarta pessoa, que não sabemos quem é, será morta pela água.

Burton examinou o diagrama. Seus olhos passavam de um elemento a outro.

– Que merda! – falou baixinho.

– Sim. Que tal essa previsão astrológica, hein?

CAPÍTULO QUARENTA E CINCO

Na manhã seguinte, Daniel não foi ao orfanato de Maria. Em vez disso, deu alguns telefonemas e visitou o escritório de seus advogados. No outro dia, ligou para Cray.

– O que você sabe sobre Miguel Hernandez? – perguntou.

– O que todo mundo por aqui sabe – respondeu Cray. – Por quê?

– Você seria capaz de reconhecer os cobradores de aluguel dele? Os brutamontes?

– Claro! Alguns. Por exemplo, Gill, Hank, Cesar...

– Ótimo. Encontre-me na frente do orfanato em uma hora.

Quando Daniel chegou, Cray estava encostado ao portão de entrada. Entrou no carro de Daniel e sentou-se no banco do passageiro.

– Que negócio de espionagem é esse? – perguntou. – O que pretende fazer? Brigar com Hernandez?

– Você vai ver. Coloque o cinto.

Cray revirou os olhos, mas obedeceu.

Deixaram Ariesville pelo Western Boulevard, atravessando o bairro industrial e saindo do outro lado. Os edifícios foram escasseando e jardins de um verde vibrante apareceram atrás de cercas altas.

Daniel deteve-se diante de um portão com a placa “Stone River Business Park”. O guarda, após ver sua identificação, levantou a barreira e acenou para que entrassem. Estacionaram no subsolo e se dirigiram a um segundo portão, que os levou a um pátio de paralelepípedos. Liam-se nas portas os nomes de várias empresas: NRV Sports, Axonic Consulting, Dynamic Human Logistics.

Daniel levou Cray até uma porta sem identificação, na extremidade do pátio, perto de uma pequena fonte circular ao redor da qual uns sujeitos Sagitarianos e Virginianos, de porte delgado, estavam sentados, conversando e atirando migalhas de comida às gaivotas. Tirou uma chave do bolso e abriu a porta, acionando um alarme ruidoso. Cray fez uma careta. Daniel digitou um código em um teclado junto à soleira, e o barulho cessou após três estalidos. Acendeu então as lâmpadas fluorescentes e convidou Cray a entrar.

As paredes do escritório eram nuas por completo. Viam-se algumas escrivaninhas e seis cadeiras giratórias ainda embaladas ao lado da entrada. O carpete era cinza-azulado, com baixos-relevos circulares onde antes tinham se firmado pés de mesas. Em um dos cantos, abria-se a pequena área vazia da cozinha e, ao fundo, uma porta que dava em um gabinete privado. Caixas de papelão e monitores de computador alinhavam-se contra a parede de trás.

– Que diabo é isto? – estranhou Cray. Seu olhar passeava pelo entorno, confuso.

– Isto – respondeu Daniel – é a armadilha na qual apanharemos Miguel Hernandez. Estou registrando uma nova empresa, a Regrowth Properties. O que acha?

Cray suspirou.

– Vai pegar Hernandez usando este escritoriozinho de brinquedo?

– Por que não? Meu plano não exige muita gente. Ao menos por enquanto. Este lugar tem tudo para montarmos um negócio regular, e o aluguel é barato.

– Não entendo você – disse Cray. – Sabe que, se bater de frente com Hernandez, os capangas dele vão matá-lo, não sabe? Quando disse que ia me mostrar uma coisa, pensei que tivesse comprado uma arma ou um colete à prova de balas, por exemplo.

– Verdade?

– Ou então uns óculos de visão noturna, sei lá. Uma arma de choque ou algo assim. Poderia então surpreender os capangas de Hernandez num beco escuro e deserto, algemá-los e entregá-los aos tiras.

Daniel não pôde conter o riso.

– Como um super-herói? – brincou.

Cray enrubesceu.

– Não sei... Fazer isso seria loucura, mas o que está planejando também é.

Daniel se sentiu um pouco aborrecido. Cray no geral era bem esperto e tinha sido obrigado a crescer tão rápido, que Daniel às vezes se esquecia de que era ainda muito jovem e, portanto, ignorava muitas coisas.

– Escute, Cray. Hernandez é um bandido, mas brinca de empresário e está indo à bancarrota. Isso significa que podemos colocá-lo de escanteio por meios lícitos, sem que ele consiga fazer nada a respeito. Há um sistema em vigor que permite acabar com gente da laia dele. Se o que você diz é verdade, e Hernandez recorre mesmo à violência para cobrar o que lhe devem, isso não será difícil de provar. Levaremos aí uma boa vantagem. Podemos obrigá-lo a vender suas propriedades por um preço razoável, e esse será o primeiro passo para livrar Ariesville desse tipo de gente.

– Ele vai dar o troco. Se desconfiar do que está tramando, não vai pensar duas vezes antes de pôr fogo neste lugar.

– Não vai desconfiar – garantiu Daniel. – Fique tranquilo. Sou discreto e tenho um bom trunfo escondido na manga. Sei quem ele é e posso facilmente seguir seus passos. Hernandez, porém, não faz ideia de quem eu seja, lembre-se disso. Assim, se quiser me ameaçar, terá primeiro de descobrir quem sou e depois me encontrar pessoalmente. Com o que estou planejando, porém, posso localizá-lo em qualquer lugar do mundo. Mesmo que este escritório estivesse na Sibéria, eu poderia fazer isso.

– Vai querer que esse escritório esteja lá se ele descobrir tudo – disse Cray.

Daniel deu de ombros.

– Ele pode fazer o que quiser com este lugar. É alugado mesmo.

CAPÍTULO QUARENTA E SEIS

O detetive Kolacny entreabriu com a ponta dos dedos as persianas de alumínio do Departamento de Homicídios. Espreitou a rua, apinhada de manifestantes.

– Estão cada vez mais numerosos – murmurou.

Burton se juntou a ele. Parte da multidão vestia camisas vermelhas, mas a maioria lembrava os cidadãos comuns de San Celeste, o que era assustador. A polícia prendera Solomon Mahout cedo demais, e agora o Ascendente Áries estava vencendo o combate verbal. Alguém brandia uma faixa com os dizeres "LIBERTEM MAHOUT".

– Eles se deram mal – disse Rico. – Mahout nem está aqui.

– Ah é? E onde ele está?

– O Esquadrão Aríete o levou embora a noite passada. Acho que o puseram na nova delegacia de Ariesville.

– Pensei que essa delegacia não estivesse em funcionamento ainda – disse Burton.

– Oh, está, sim. O prefeito ainda não foi lá com a tesoura para cortar a faixa de inauguração, mas o lugar já funciona a todo vapor. E há semanas.

O burburinho confuso da multidão lá fora transformou-se em um cântico regular:

– *Arianos querem respeito! Todos temos direitos!*

– Que se danem – resmungou Rico. – Não têm o direito de protestar em favor daquele filho da mãe. Minha casa foi arrombada por ladrões Arianos. Minha irmã foi assaltada no trem. E por acaso protestamos por causa disso?

– Burton! – veio uma voz do outro lado do departamento. Era Mendez, que se aproximava correndo. – Obrigado pelo relatório sobre Mahout. Você fez o melhor que pôde, mas, mesmo com uma evidência sólida, levaria um bom tempo até conseguir calar a boca dessa horda aí fora.

– Sim, senhor – disse Burton. – Viu meu relatório sobre o padrão dos astros que Lindi Childs traçou?

– Vi.

– E leu a nota que acrescentei a ele? O único Escorpiano de destaque que Williams e Hammond conheciam é o prefeito. E, se ele for o alvo do assassino...

Mendez levantou a mão.

– Não, Burton. Dê uma espiada lá fora. Já sabemos que o prefeito precisa ser protegido, e o Serviço Especial de Investigação está cuidando dele. O homem não corre perigo algum. Avisei o SEI, e Kruger também, mas a teoria de Lindi Childs não tem cabimento. O prefeito já está sofrendo muita pressão. Deveria ter decretado a lei marcial. Não o aborreça até termos algo concreto. E quanto a Mahout, alguma novidade?

CAPÍTULO QUARENTA E SETE

Naquela noite, voltando para casa, Burton recebeu um telefonema de um número desconhecido. Ligou o viva-voz.

– Alô?

– Boa noite, detetive. Aqui é Bruce Redfield.

O tom de voz era calmo e confiante. Burton levou alguns instantes para se dar conta do nome.

– Senhor prefeito? – perguntou, surpreso.

– Sim. O capitão Mendez me contou que você encontrou uma coisa interessante em meu mapa astral.

– Não eu, senhor. A astróloga que está trabalhando comigo, Lindi Childs.

– Ah, sim – respondeu o prefeito. E, após uma pausa: – Algum de vocês contou isso a alguma outra pessoa?

– Não, senhor. Não que eu saiba.

– Certo, detetive. Se estiverem livres amanhã à tarde, gostaria muito de conversar com os dois em particular. Venham à minha casa por volta das cinco. Meu chefe de segurança será informado.

– Algo errado, senhor? – perguntou Burton.

– Não, não, de modo algum – negou o prefeito. – Apenas... advertiram-me de que esse detalhe encontrado no meu mapa astral poderia ser mal interpretado. Quero os dois aqui para explicar tudo a vocês pessoalmente, pois assim saberão por que prefiro manter esse fato longe do conhecimento público. E, é claro, o encontro também deverá ficar só entre nós. Agradeço sua discrição.

– Está bem, senhor. Às cinco.

– Obrigado, Burton. E não gostei nada daquela denúncia de Aubrey. Hammond não se rebaixaria tanto, a ponto de fazer uma acusação tão sem fundamento. Você é a pessoa menos parecida com um Ariano que já conheci.

Burton sabia que o prefeito estava apenas sendo político, mas ainda assim se sentiu grato. Precisava ouvir isso, fosse de quem fosse.

– Obrigado, senhor. Suas palavras significam muito para mim.

CAPÍTULO QUARENTA E OITO

Em menos de um mês, o novo negócio de Daniel estava montado e funcionando, com uma equipe de quinze pessoas espalhadas entre recepção, RH, gerência de projetos e um considerável Departamento Jurídico. Cray foi o primeiro funcionário de Daniel e seu assistente oficial. Em seu benefício, o rapaz não manteve aquela sua atitude ligeiramente arrogante no escritório. Ele dedicou-se ao trabalho, fazendo exatamente o que Daniel esperava dele – em geral tarefas básicas como reunir dados, procurar registros de domínio público e comparar preços. Ficava até tarde da noite para cumprir sua agenda, era perseverante e focado. Aprofundava-se nas pesquisas, dava sugestões e, mais importante ainda, fazia perguntas. Estava aprendendo rápido.

Daniel, porém, policiava-se para não confiar demais em seu funcionário. Agora Cray o respeitava mais, provavelmente porque ele lhe pagava na mesma moeda. Entretanto, tinham lá suas crises. Quando Daniel falava sobre a Academia dos Signos Verdadeiros, o rapaz se calava ou respondia com sarcasmo. Os outros empregados não confiavam nele, e Daniel o mantinha longe de tarefas que exigissem conversas ao telefone. Cray poderia ser rude e era possível, embora improvável, que se esforçasse apenas para cair nas boas graças do chefe e conquistar sua confiança. Se tivesse acesso ao caixa da empresa, não seria de duvidar que pegasse o dinheiro e sumisse dali. Afinal, ainda era o mesmo jovem que dera socos em Daniel para surrupiar sua carteira.

Mas lidar com a suspeita diária era algo exaustivo. Nos meses seguintes, Daniel deu a Cray inúmeras oportunidades para roubá-lo, às vezes deliberadamente, às vezes por acaso. Cray não se aproveitou de nenhuma. Nunca se queixava; nunca sumira sequer com um grampeador. Embora houvesse dado risada quando Cray insinuara que ele estivesse se transformando em um super-herói, Daniel gostava da ideia de ambos formarem uma dupla dinâmica. Cray tinha bons instintos e até carisma. Daniel tinha dinheiro e influência. Juntos, poderiam mudar aquela cidade. E a primeira coisa que precisavam fazer era mandar Miguel Hernandez para trás das grades.

O plano não podia ser mais simples. Daniel o discutiu em detalhes com seu Departamento Jurídico. Era evidente que Hernandez infringia diversas leis e regulamentos urbanos ao subornar fiscais. Uma vez preso, ficaria com um pé atrás e teria dificuldade em conduzir seus negócios da maneira a que estava acostumado. Sob a luz dos holofotes, precisaria jogar conforme as regras, e Daniel o manteria sob controle.

A única pessoa que não concordava com o plano era Maria.

– Isso é besteira, Daniel.

Daniel e Cray ainda passavam boa parte dos fins de semana trabalhando no orfanato. Cray estava no salão de jogos, para evitar que houvesse tumulto, enquanto Daniel e Maria preparavam a sopa na cozinha. Por insistência de Daniel, serviam legumes e verduras para acompanhar o frango frito, embora soubesse que a maioria das crianças deixaria esses alimentos de lado no prato. Daniel picava tomates, ouvindo as recriminações de Maria.

– Por que está fazendo isto? – perguntou ela. – Se Hernandez descobrir seu plano, quem você acha que ele vai perseguir? Não você, em seu hotel chique, cercado de seguranças.

– Hernandez não vai saber nada sobre mim – garantiu Daniel. – E eu é que vou atrás dele. Vou arrumar as coisas por aqui. Se Ariesville continuar como está, você terá geração após geração dessa molecada para cuidar. Faço isso no interesse dessas crianças também.

– Não me venha com essa tolice! – disse Maria, jogando os tomates picados no óleo quente. – Não se faça de salvador da pátria aqui! O interesse na verdade é todo seu!

– Isso não é justo – replicou Daniel. – Quer que Hernandez continue mandando em Ariesville? Não? Certo. Então outra pessoa terá de fazer isso. Eu, pelo menos, não vou explorar esses coitados.

– Não, só vai tomar dinheiro deles para permitir que vivam na sua propriedade.

Daniel pousou a faca na mesa.

– Não está me censurando a sério por causa do conceito de propriedade, está? – disse ele. – O que quer que eu faça? Que dê as casas aos inquilinos?

– Não, quero apenas que pare de mentir para si mesmo e para os outros sobre o que pretende fazer. E, por favor, não transforme meus garotos em peões desse seu jogo empresarial.

– Não vou ser outro Hernandez, Maria.

– Ah, não? E o que fará quando seus inquilinos não pagarem o aluguel? Ou quando passarem por cima da lei e empilharem famílias inteiras em apartamentos minúsculos porque não terão outra alternativa?

– Darei um bom prazo a eles e cobrarei um aluguel razoável.

Maria lançou-lhe um olhar enviesado.

– Claro – disse ela. – E se mesmo assim não conseguirem pagar? Vai ter que despejá-los para não ter prejuízo, não é mesmo? Então os pais acabarão na rua e os filhos virão para cá. E assim é a vida. Não se entusiasme muito com seu heroísmo.

Sem contar o ceticismo de Maria, prender Hernandez revelou-se uma tarefa bem mais difícil do que Daniel esperava. Não havia dúvidas de que Hernandez era um criminoso explorador, mas nenhum dos inquilinos quis testemunhar contra ele, embora Daniel lhes prometesse apoio e segurança. Era necessária uma nova fonte de evidências. Com o passar das semanas e o aumento dos custos, passou a levar em conta medidas desesperadas. Adquiriu equipamentos de vigilância – microfones, microcâmeras e aparelhos de GPS –, solicitando aos advogados que o informassem sobre os limites exatos da legalidade e a admissibilidade de quaisquer registros feitos.

Gravar áudios ou vídeos dentro das propriedades de Hernandez estava fora de cogitação. Isso teria de ser feito em público. Felizmente, seus cobradores não eram discretos. No começo do novo mês, Daniel e Cray seguiram-nos a uma distância segura, enquanto faziam as cobranças por toda a Ariesville. Antes que a primeira hora se escoasse, os homens já haviam arrebentado uma porta e arrastado uma senhora em prantos, pelos cabelos, até a rua. Daniel filmou tudo com uma lente de longo alcance, de dentro do carro, enquanto Cray passava por perto e gravava o áudio com um microfone preso ao punho. Aquilo já beirava as façanhas do super-herói que Cray imaginara, exceto pelo fato de, quando a confusão terminou, a pobre mulher continuou soluçando na rua, depois que os capangas de Hernandez limparam sua bolsa. Daniel ficou chocado ao ver o descaramento com que aqueles homens agiam. De novo, ninguém chamou a polícia em Ariesville.

– Isso não basta – explicou um dos advogados de Daniel, após examinar as gravações no escritório. – Hernandez poderá alegar que não aprova esse comportamento e dispensar esses empregados. Porém, se eles mencionarem o nome dele, aí sim tudo ficaria mais fácil...

Daniel refletiu um pouco.

– Se esses caras fossem presos, acha que denunciariam Hernandez?

Cray balançou a cabeça.

– Sem chance. Seriam mortos.

Daniel ficou até mais tarde naquela noite, examinando propostas de investimento com as quais poderia adquirir as propriedades de Hernandez, se conseguisse induzi-lo a vendê-las. Cray também ficou, aprendendo sobre as responsabilidades dos proprietários e consultando registros do governo em um dos computadores do escritório.

Após algumas horas, olhou para Daniel.

– Hernandez comprou alguns prédios de apartamentos que aguardam inspeção. Segurança contra incêndio, integridade estrutural, coisas assim.

– Eu sei – disse Daniel. – Minha intenção era prendê-lo antes que isso acontecesse, pois assim os fiscais se sentiriam menos propensos a aceitar suborno. Então, Hernandez estaria em apuros.

– Sim. Mas talvez você esteja fazendo as coisas do modo errado.

– Como assim?

– Não podemos pressionar os capangas nem Hernandez. Mas que tal um inspetor da prefeitura que aceitou propina? Esses caras não devem conhecer Hernandez muito bem e sem dúvida têm medo da prisão.

Daniel fitou-o, os olhos arregalados.

– Cray – disse ele –, você é um gênio.

Não precisaram usar nenhum equipamento de vigilância. Bastou uma queixa anônima ao Departamento de Moradia: dois dias depois, uma inspetora foi mandada para vistoriar três dos edifícios de Hernandez, antes da data marcada. Liberou todos, conforme se esperava. Cray entrou logo depois e, disfarçadamente, tirou algumas fotos com seu celular que mostravam os problemas do edifício: saídas de emergência inexistentes, aposentos superlotados, elevadores quebrados, rachaduras no concreto e vigas enferrujadas – tudo ao lado de um jornal do dia, para mostrar a data. Daniel enviou as fotos anonimamente, por e-mail, ao chefe da inspetora no departamento. Ela foi dispensada sem estardalhaço, mas Daniel moveu seus pauzinhos e conversou com um conhecido na prefeitura. O supervisor compareceu a uma audiência disciplinar, e a inspetora acabou presa.

Daniel chegou a ler a transcrição de sua confissão melancólica. A inspetora admitiu que Hernandez havia lhe oferecido dinheiro e ameaçado sua família caso ela se indispusesse contra ele. Pensara então: ora, trata-se apenas de Ariesville...

Uma ordem de prisão foi emitida contra Hernandez e, como ele morava em Ariesville, o Esquadrão Aríete é que o capturou. Havia o risco de Hernandez subornar também os policiais, motivo pelo qual Daniel agira com cautela no início; mas, agora, o signismo fanático dos policiais Taurinos trabalhava a seu favor. Nenhum deles estava na folha de pagamento de Hernandez e, portanto, ninguém ali se submeteria às suas ordens. Alguns amigos traficantes de drogas poderiam tentar ajudá-lo – mas nenhum arriscou o pescoço por ele. Hernandez estava na pior, e os honorários advocatícios eram altos. Daniel logo se apresentaria como o salvador das suas finanças.

Na noite em que soube da prisão de Hernandez, Daniel deu uma festa no orfanato. Encomendou três bolos – de chocolate, com cobertura de morango e baunilha e marzipã –, além de comprar faixas comemorativas e chapeuzinhos para as crianças. Espalhou ainda doces coloridos em uma longa mesa.

– Por que chamou os garotos para comemorar um acordo comercial? – perguntou Maria.

– Ainda não há acordo comercial nenhum – respondeu Daniel. – Isso virá depois, se conseguirmos ir em frente. Mas vale a pena celebrar a queda de um marginal, não vale?

– Esta festa é para quem? – perguntou uma das garotas, Zoë. Ela tinha sardas e cabelos lisos e longos.

– Meu aniversário foi há três dias – disse um garoto chamado Max, com ar esperançoso.

– É para o Max? – estranhou Zoë, cruzando os braços. – Por que ele tem uma festa como esta se eu nunca tive nenhuma?

– Não é para o Max – respondeu Maria com firmeza.

– Ah, ouviram isso? – exclamou um dos garotos maiores. Puxou Max pelo ombro e afastou-o da mesa. – Não é para você!

Riu da própria piada, mas Maria ergueu o dedo em um gesto autoritário, em sinal de advertência.

– Pare com isso, Brad! A festa é do senhor Lapton.

Todos os garotos se viraram para encarar Daniel, desconfiados.

– Do senhor Lapton? É seu aniversário?

– Não – respondeu ele.

– Então, para que é a festa? – perguntou Brad. – É uma coisa que Capricornianos costumam fazer?

Maria arqueou as sobrancelhas para Daniel, tentando não rir de modo muito ostensivo.

Daniel olhou para aqueles rostos cheios de expectativa. Não podia contar a eles. Se Hernandez soubesse da participação dele em sua prisão, não haveria a possibilidade de um acordo, e a ideia da empresa iria para o espaço.

– Não – disse Daniel, por fim. – A festa é para todos vocês.

Eles o encaravam confusos.

– Queria recompensá-los – prosseguiu ele. – Vocês me deram algo pelo qual sinto que vale a pena lutar. Obrigado. A todos.

Era apenas em parte verdadeiro, mas não estava mentindo. A resposta pareceu boa o suficiente para os garotos, que se congratularam sem mais preocupações, atacando os doces e refrigerantes. Até mesmo o ceticismo de Maria pareceu se amenizar naquele momento. Daniel ligou o velho aparelho de CD da casa, que tinha apenas um alto-falante.

Isso, combinado à energia natural da garotada, bastou para dar um início vibrante à festança.

Daniel cortava o bolo e distribuía fatias dele quando seu celular tocou. Tirou-o do bolso e checou o visor.

Era Cray. Daniel não achava que ele viria. Cray já tinha 18 anos e não precisava se enturmar com um bando de meninos caso não quisesse. Não era nada estranha a sua ausência; estranho era que ligasse para se inteirar do que acontecia ali.

Daniel atendeu:

– Alô?

A linha chiava e zumbia. Cray devia estar falando da rua. Ao fundo, ouviam-se vozes e roncos de motores de carro.

– Hernandez sabe – disse ele. Havia pânico em sua voz.

– O quê?

– Seus capangas foram à minha casa. Puseram meu pai para fora e jogaram nossas coisas na rua. Ele disse que estavam à minha procura. O cara descobriu. Não sei como, mas que descobriu, descobriu.

Daniel deixou o olhar correr pela sala, fixando-se nos doces coloridos e no rosto feliz e inocente das crianças. O portão da frente estava fechado, e as portas, trancadas; mas, de súbito, Daniel se sentiu vulnerável.

Estranhou a luz que vinha de fora. Não tinha notado aquilo antes por causa da algazarra; mas uma leve cintilação atravessava as velhas cortinas vermelhas no fundo da sala.

– Que droga! – praguejou Daniel.

Abriu as cortinas. A janela não dava diretamente para o estacionamento, mas podia ver o brilho amarelo-alaranjado refletindo-se na parede lateral da casa, branca e descascada.

Os garotos foram aos poucos percebendo que algo estava errado, e a alegre tagarelice transformou-se em gritinhos de pânico. Daniel pôs o celular na mesa e correu para a cozinha. Cruzou com Maria, que levava mais refrigerantes para a sala.

– Ei! – estranhou ela. – O que aconteceu?

– Fogo!

No canto do armário da cozinha, perto do forno a gás, havia um velho extintor. Daniel rezou para que funcionasse – estava coberto por uma fina camada de poeira, e ele sabia que extintores tinham prazo de validade. Puxou o trinco da porta dos fundos, que levava ao estacionamento. A porta rangeu nas dobradiças.

Seu carro estava em chamas. Línguas de fogo envolviam-no, subindo para o capô e se espalhando pelo asfalto ao redor. Gasolina. Alguém incendiara seu carro. O portão da casa pendia para um lado, ainda preso à dobradiça superior. A inferior tinha sido arrancada, deixando-o inclinado o suficiente para dar passagem a uma pessoa.

Daniel correu em direção às chamas, um dos braços sobre o rosto a fim de protegê-lo do calor escaldante. Quase sufocou com a fumaça da gasolina e da borracha dos pneus. Seus dedos deslizaram pela parte superior do extintor e encontraram o fecho plástico de segurança, que mantinha o pino no lugar. Um homem surgiu a seu lado e arrancou o extintor de suas mãos. Por um instante, Daniel supôs que fosse alguém que sabia usar o equipamento e tinha vindo ajudá-lo; mas, em vez disso, o estranho lançou-o contra seu rosto como se fosse um taco de beisebol, acertando seu maxilar.

Ossos estalaram. Daniel sentiu o queixo se deslocar. As pernas cederam sob seu peso e ele caiu de lado no chão de cascalho.

O homem, de pé a seu lado, vestia uma jaqueta de couro marrom e um gorro preto. Lançou de novo o extintor contra Daniel, como um jogador de futebol americano. Daniel não conseguiu desviar a tempo e foi atingido no peito. Suas costelas estalaram. O homem se abaixou, agarrou-o pelos cabelos e arrastou-o até a porta da cozinha. Dois outros, também de gorro, entravam na casa carregando baldes. Gritos soaram lá dentro. O homem que trazia Daniel continuava segurando-o pelos cabelos, para que ele não desviasse o olhar.

– Olhe, seu idiota! Olhe o que acontece com quem se mete com Hernandez!

CAPÍTULO QUARENTA E NOVE

Burton foi apanhar Lindi em seu apartamento às quatro e meia da tarde. Ela parecia muito mais bem-humorada do que no último encontro dos dois.

– Lindi – disse Burton, enquanto percorriam a avenida até os subúrbios do sul –, sinto muito ter me aborrecido tanto por você visitar Bram. Só estava tentando manter as coisas nos devidos lugares. Mas você é adulta. Pode quebrar seu contrato quando quiser.

– Tudo bem, não tem problema. Para ser franca, o clima estava meio estranho naquele quarto.

– Refere-se ao cheiro do garoto? – perguntou Burton.

O lugar o havia feito recordar o próprio quarto entre o final da adolescência e o início da faixa dos vinte, quando imaginava que o constrangimento pelo seu odor natural podia ser eliminado com uma boa aplicação de desodorante.

– Não – respondeu Lindi. – O cheiro até que não era tão ruim. Mas acho que o rapaz queria me passar uma cantada.

Burton relanceou o olhar para ela. Lindi reprimia um sorriso.

– Bram tentou alguma coisa?

– Não exatamente. Mas parecia ansioso por agradar, e acho que estava se exibindo um pouco. Nada tão sério na verdade.

– Ele sabe sobre... você?

– Que sou uma homossexual convicta?

Burton voltou a olhar para a estrada, as orelhas ardendo.

– Ainda não – prosseguiu Lindi. – Mas vai ser uma conversa bem esquisita.

A residência do prefeito era longe da cidade, no limiar entre mansões de muros altos e as casas de fazenda. O odor de fertilizantes pairava de leve no ar. A propriedade era cercada por espinheiros que escondiam um muro de concreto. No portão de entrada, foram detidos por um membro do Serviço Especial de Investigação.

– Olá – cumprimentou Burton. – Burton e Childs, para ver o prefeito Redfield.

O policial respondeu com um aceno de cabeça.

– Senhor e senhora, por favor, saiam do carro.

– Como assim? Para quê?

– Apenas por precaução.

O homem estava um pouco acima do peso e exibia um bigode. Ficava em uma guarita logo ao lado do portão de ferro da residência. Burton avistou de relance um romance policial sobre sua pequena mesa, diante de uma bancada com oito monitores de segurança.

Burton e Lindi desceram. O guarda contornou o veículo, checando todos os lados, e espiou embaixo com um espelho na ponta de um bastão. Examinou a parte inferior dos assentos e do capô, o porta-luvas e o porta-malas.

– Você faz isso com todos os veículos que entram aqui? – perguntou Burton.

– Sim, senhor – respondeu o guarda, carrancudo. – E vou precisar revistá-los também antes de permitir que entrem.

Burton começou a se irritar.

– Vou chegar atrasado ao encontro com o prefeito.

– Não se preocupe, senhor. Ele sabe que a inspeção demora uns quinze minutos ou mais. Vai levar isso em conta.

Burton se virou e deixou que o homem o apalpasse de alto a baixo. Sentia-se um criminoso.

Quando chegou a vez de Lindi, ela cruzou os braços.

– Pensei que, segundo a lei, a pessoa só pudesse ser revistada por outra do mesmo sexo.

– Isso se ela estiver sendo presa, senhora – esclareceu o policial. – Aqui, a situação é totalmente diferente.

– Você não vai me revistar – disse Lindi, com firmeza.

O policial franziu o cenho para ela, como se não conseguisse entender a objeção. Acariciou o bigode, pensativo.

– Não posso deixá-la entrar sem ser revistada, senhora. Terá então de esperar aqui fora.

– Ora, vamos! – protestou Lindi.

O homem cruzou os braços, imitando-a.

– Sinto muito, senhora. Regras são regras.

– Isso é uma idiotice – protestou Lindi. – Uma discriminação.

Olhou para Burton em busca de solidariedade.

– Vou entrar e explicar para o prefeito. Ele entenderá. Quer ver você e abrirá uma exceção.

– Ótimo – falou Lindi.

O guarda arqueou uma das sobrancelhas, cético, mas acabou abrindo o portão para Burton enquanto apontava a casa.

– É só seguir reto.

– Obrigado.

Burton avançou pelo caminho coberto de cascalho, passando por jardins de um verde vívido e aspersores sibilantes. A um lado havia um bosque de bambus e, do outro, um lago retangular com carpas. Estacionou diante da mansão de dois andares. A porta estava ligeiramente aberta, o que era inesperado, após todo aquele rigor da segurança na entrada.

Burton se aproximou e espreitou pela fresta. Avistou um saguão bem iluminado pela luz do sol e uma escada revestida de carpete marrom. Não havia campainha, apenas uma velha aldrava de bronze no meio da porta. Bateu-a, mas não obteve resposta.

Após um minuto, bateu de novo e gritou para o interior da casa:

– Senhor prefeito? É o detetive Burton.

Ficou atento a algum barulho. Mas só lhe chegaram aos ouvidos um rumor distante e um zumbido, que podia ser dos aspersores.

– Prefeito Redfield! – insistiu Burton. – É o detetive Burton! Sua porta está aberta!

Burton empurrou a porta. O saguão tinha dois andares de altura, com duas escadas nas laterais que se encontravam em cima, em um patamar. Do teto pendia um belo lustre e viam-se três grandes quadros nas paredes, um na parte frontal e os outros dois ao pé das escadas, formando uma cena de caça contínua: cavaleiros elegantes à esquerda, cães no meio e um urso ferido à direita. Uma versão um tanto rudimentar da antiga aristocracia.

O barulho vinha do andar superior. Agora que estava lá dentro, Burton percebeu com clareza que era o som de água corrente.

"Quem marca uma visita e vai tomar banho no horário do encontro?"

Burton deu alguns passos cautelosos pelo saguão. Uma gota caiu do patamar, seguida de um filete morno de água, que respingou em uma poça a seus pés.

Olhou para o alto da escada. Seria melhor voltar e chamar o guarda.

– Prefeito Redfield! – disse mais uma vez.

A água que descia do patamar ia se transformando em uma torrente.

– Droga! – murmurou Burton. E se precipitou para a escada.

O carpete vermelho-escuro estava totalmente encharcado. O ruído do vazamento vinha do corredor à direita do patamar. Burton enveredou por ele, escorregando na água morna, que ensopou seus sapatos lustrosos.

A segunda porta à direita estava entreaberta. Pela fresta, Burton avistou um piso branco e nuvens de vapor. O som da água o fez se lembrar de tambores de guerra. O banheiro era bem maior que o necessário, com uma pia de um lado e um armário de toalhas no outro. Uma banheira vitoriana, com pés de bronze, estava posicionada perto de uma das paredes, sob uma janela de vidros foscos. A ducha acoplada à banheira tinha uma mangueira de metal flexível.

O prefeito Bruce Redfield jazia de costas no meio do recinto, os olhos arregalados fixos no teto. A água em volta dele, sobre o piso branco, estava vermelha de sangue. Alguém tinha esticado a ducha da banheira, enfiando a mangueira pela garganta de Bruce Redfield, até os pulmões. A água esguichava de sua boca e nariz.

Burton extraiu a mangueira e verificou o pulso da vítima. Tentou comprimir seu tórax em ritmo compassado, colocando o próprio peso sobre o esterno. Ossos rangeram, e mais água jorrou da boca do prefeito.

Burton precisava esvaziar os pulmões dele; tinha que iniciar uma respiração boca a boca. Segurou a cabeça do prefeito com ambas as mãos e percebeu que algo se movia entre seus dedos. Virou a cabeça do prefeito para um lado.

A parte de trás do crânio estava afundada. Fragmentos de osso se projetavam por entre a massa revolta de cabelos. O prefeito fora golpeado pelas costas. Toda aquela água era apenas encenação.

Burton fechou a torneira. Sem o som da água, a casa ficou em absoluto silêncio. O único ruído era o dos filetes que vertiam do patamar e caíam no saguão, além de um arranhar quase imperceptível atrás de Burton.

Junto à pia, havia uma prateleira com sabonetes, cremes, produtos para barba e uma caixinha de presente, de papelão, com uma alça na tampa. O som de algo arranhando vinha de dentro dela. Burton foi até lá e abriu a caixa.

Um grande escorpião negro esticou a cauda e por pouco não feriu a mão de Burton, que deu um pulo para trás.

Pela vidraça fosca, entreviu a silhueta de alguém que corria. Abriu a janela e avistou um homem de gorro que se afastava velozmente pelo jardim. Um lenço preto cobria a parte inferior de seu rosto.

– Pare! – gritou Burton.

O homem olhou-o por cima do ombro... mas não parou.

CAPÍTULO CINQUENTA

Lindi esperou junto ao portão, encostada à parede para evitar o sol da tarde. O guarda, já de volta à sua guarita, entretinha-se com seu livro. Ela tentou mandar uma mensagem a Burton para lhe pedir que esquecesse o caso. Não valia a pena insistir. Poderia pegar um táxi e voltar para casa.

Um conversível prata avançava lentamente pela rua, guiado por uma mulher de cabelos loiros platinados, presos por um lenço vermelho e amarelo. Devia ter uns quarenta e poucos. Parou perto de Lindi e observou-a através dos óculos escuros.

– Quem é você? – perguntou ela, com um sotaque Escorpiano da Costa Oeste.

– Sou Lindi Childs. E você?

– Verônica Redfield. O que faz aqui na frente da minha residência?

A mulher trajava um vestido branco curto e usava brincos chamativos. Se o sol ainda não brilhasse tanto, ela bem poderia ser uma convidada de uma recepção elegante. Lindi não gostou nada do tom de sua voz.

– O prefeito me convidou. Mas o seu guarda queria me apalpar.

A esposa de Redfield tirou os óculos e examinou Lindi de alto a baixo. Depois, virou-se no banco e chamou o guarda.

– Ian!

O oficial do Serviço Especial de Investigação saiu da guarita.

– Pois não, senhora.

– Quem é ela?

– Convidada de seu marido. Veio para um encontro às cinco horas. Não quis se submeter à revista.

A voz de Burton ecoou a distância:

– Pare! Não se mexa! Polícia!

O maxilar do guarda se enrijeceu. Lindi viu a mão dele descer com rapidez para o coldre, enquanto com a outra pressionava um botão dentro da guarita para abrir o portão.

– Senhoras, acho que devem ficar aqui.

– Ora, que se dane! – berrou a mulher do prefeito, acelerando o conversível e avançando pelo caminho rumo à residência.

CAPÍTULO CINQUENTA E UM

– Parado aí! – gritou Burton pela janela. – Polícia!

O homem lá embaixo avançava agora em direção ao arvoredo nos fundos da propriedade. Burton se virou e disparou pelo corredor. O assassino tinha uma boa vantagem. Ele precisava sair pela porta da frente e contornar a casa. Além disso... que droga! Não estava armado!

Correu para o patamar do primeiro andar e desceu até o saguão. Ao sair, deparou com um conversível prata estacionado na frente da casa. A motorista, uma mulher de vestido branco, viu Burton e soltou um grito.

Burton olhou para si mesmo. Sua camisa clara estava toda manchada com o sangue do prefeito.

Não tinha tempo para explicações. O assassino estava em fuga. Continuou correndo para contornar a casa. O guarda também se aproximava, com Lindi em seu encalço. Quando avistou Burton, sacou a arma.

– Pare!

Burton deteve-se na lateral da casa.

– Onde está o prefeito? – gritou o guarda.

– Lá em cima, no banheiro, mas...

O guarda correu para a entrada.

– Fique onde está! Não se mova!

– Sou detetive da polícia!

O guarda não o ouviu, adentrando a casa. A esposa do prefeito o seguiu. Burton olhou para o outro lado. "Mas que droga", pensou, terminando de contornar a casa e dirigindo-se aos fundos, com Lindi agora atrás dele.

Ouviram a esposa do prefeito soltar outro grito lá em cima.

– Meu Deus! Bruce, Bruce! Ele não está respirando!

Burton se embrenhou no arvoredo onde o assassino desaparecera. Chegou a um muro. Um bloco de concreto fora removido dele, mais ou menos na metade de seu comprimento, bem embaixo de uma das câmeras de segurança.

Burton se aproximou do buraco, à espreita. Do outro lado, estendia-se uma estrada poeirenta, paralela ao muro, e, mais além, uma plantação de trigo. Um carro preto se afastava ao longe. Burton não conseguiu identificar a placa.

– Falei para não se mexer!

Burton tirou a cabeça do buraco e olhou ao redor. O guarda estava postado no jardim, a arma apontada para eles. Suava em bicas. Lindi ergueu as mãos espalmadas.

– No chão! Os dois! De bruços!

– Está falando sério? – protestou Burton. – Tem um homem em fuga. Um carro preto, mas não consegui...

– Eu disse no chão! – O guarda apontou a arma para Lindi. – Você também, senhora. Já!

Aquilo era uma estupidez. Burton relanceou o olhar para o buraco no muro mais uma vez, levantou as mãos e ajoelhou-se.

– Assim não! De bruços. Com as mãos para trás!

Burton obedeceu.

– Que loucura! – falou. – O assassino fugiu por aquele buraco. Já lhe disse, sou um policial! Olhe no meu bolso.

As algemas estalaram em volta de seus punhos.

– Vou fazer isso – disse o guarda. – Mas você não vai a lugar nenhum.

Algemou Lindi também e solicitou reforços pelo rádio.

A mulher do prefeito veio tropeçando pelo gramado, em choque.

– Não se aproxime, senhora, por favor – pediu o guarda.

– Você o matou – vociferou ela, olhando para Burton. – Seu Ariano desgraçado! Você matou meu marido.

Então ela sabia quem ele era. Todos sabiam.

CAPÍTULO CINQUENTA E DOIS

Se a vida fosse um filme, Daniel teria perdido a consciência e acordado em um quarto muito branco e bem asseado de um hospital. Mas não foi assim que aconteceu. Viu os homens saindo pela porta da cozinha e atirando o isqueiro aceso atrás de si. Viu as chamas e ouviu os ruídos de pânico lá dentro. Sentiu a agonia quando aquele que o segurava enfim o soltou, deixando seu maxilar fraturado bater no cascalho, mantendo-o imobilizado enquanto vasculhava seus bolsos. O homem pressionou o joelho de Daniel, quebrando-o, e enfiou-lhe um canivete nas costas, entre as costelas. Daniel viu-o depois se juntar aos outros, todos correndo pela cerca danificada e se perdendo na noite. Continuava consciente. Sentindo cada segundo de dor.

Permaneceu desperto durante a longa espera pelos bombeiros, escutando cada grito que vinha do interior da casa. Alguns garotos tinham conseguido sair, provavelmente após destrancar a porta principal. Via pés correndo por todo lado. Tentou contar os garotos, mas não se lembrava de quantos eram. Mesmo assim, pareciam em número bem menor do que deviam ser. Quis se levantar e ajudar os que ainda se achavam lá dentro; porém, a cada movimento, sentia como se machados o golpeassem pelo corpo todo.

A casa era uma coluna de quatro andares em chamas quando os caminhões dos bombeiros apareceram. A ambulância chegou meia hora depois. Os médicos não encontraram a carteira de Daniel, e ele não podia falar; levaram-no então para o Hospital Geral de San Celeste, onde se deu mais uma hora de espera antes da entrada no pronto-socorro. Por fim, uma enfermeira de ar entediado passou-lhe papel e caneta para que anotasse os detalhes do seu convênio. Em questão de minutos, Daniel foi promovido a um quarto particular, no qual cirurgiões atentos e habilidosos se apressaram a atendê-lo. Um anestesista aplicou uma injeção no dorso de sua mão, e o mundo enfim desapareceu.

Depois disso, a consciência ia e vinha, fazendo-o imergir em uma onda de dor antes de sumir novamente. Daniel estava em um lugar azul. Vinham-lhe lembranças distantes da infância, quando caíra em uma piscina antes de aprender a nadar. Então, havia tido a tranquila certeza de que jamais voltaria a respirar. Talvez ainda estivesse lá. Com os olhos semicerrados, só o que podia ver era uma parede pintada de azul-claro.

– Está acordado de novo – disse uma voz. Um rosto entrou em seu campo de visão. – Consegue me reconhecer desta vez?

Daniel queria falar, mas sua boca não se abria.

– Crrr – foi o que conseguiu emitir.

– Shh... – disse Cray. – Cuidado. Eles tiveram que costurar seu maxilar. Tome.

Cray passou a Daniel um bloco de notas e uma caneta. Daniel estava deitado de lado, uma posição bastante desconfortável para escrever; mas a dor no rosto e nas costas advertiu-o de que não seria boa ideia se movimentar. Com extrema dificuldade, rabiscou a palavra "garotos".

Cray leu e entendeu.

– A maioria conseguiu sair de lá – disse ele.

A frase era vaga. Daniel percebeu que Cray fora instruído a não lhe causar nenhuma aflição. Lançou um olhar de súplica para o rapaz, que cedeu:

– Kelly ainda estava no andar de cima e... bem, você sabe como ela era.

Daniel cerrou os olhos com força. Quando se sentiu forte o suficiente, escreveu "Maria".

-- Ela voltou para salvar Kelly.

Daniel não se conteve. Lágrimas correram por suas faces. O peito arfava por causa da dor pungente nas costelas. Praguejou através do maxilar imobilizado:

– Mrd... mrd... Drg... Drg...

– A polícia perguntou quem fez aquilo. Não contei. Queria consultar você primeiro.

Daniel tentou balançar a cabeça, mas a dor era forte demais. Rabiscou a palavra *NÃO* e mostrou-a. Por mais assustado e furioso que estivesse, e mesmo em sua lamentável condição, reconhecia que enfrentar Hernandez já não era mais possível. As crianças corriam perigo. Droga, ele nem sabia quem estava cuidando delas agora! Um outro pensamento, ainda mais imperioso, deslizou por sua mente.

Como ele descobriu?

– Não sei – disse Cray, como se não fosse um assunto importante. – As pessoas falam.

Daniel pensou bem antes de escrever a próxima frase. Que, sem dúvida, deixaria o rapaz irritado. Mas Cray não estivera na casa e tinha sido o último a aparecer para vê-lo. Escreveu em garranchos: *Foi você?*

Manteve o dedo no botão que chamava a enfermeira.

– O quê? – explodiu Cray, primeiro assombrado, depois colérico. – Não, não! Como pode pensar isso depois de tudo o que fiz por você?

Quem mais sabia?

– Hernandez não é nenhum idiota! – protestou Cray. – Ele não perde nada do que acontece à sua volta. Talvez tenha pago alguém no Departamento de Habitação. Vocês não saíam de lá.

Daniel virou o rosto, o que pareceu enfurecer o rapaz ainda mais.

– Eu não contei nada pra ele! Por que faria isso? Ainda não acredita em mim? Achei que... mas que droga! Achei que você me respeitasse!

Uma enfermeira muito nova, de touca e uniforme verde, deu uma espiada no quarto.

– O que está acontecendo aqui?

– Nada – Cray apressou-se a dizer. – Eu e meu patrão estamos apenas conversando.

– O senhor Lapton precisa descansar – observou a enfermeira em um tom enfático.

– Tudo bem – concordou Cray, com amargura. – Vou calar a boca assim que ele ouvir o que tenho a dizer.

– Por favor, senhor. Volte amanhã.

A enfermeira pegou-o com delicadeza pelo cotovelo. Cray se desvencilhou dela, mas seguiu para a porta.

– Quer uma prova de que não contei nada a ele? – vociferou para Daniel. – Quer que te mostre? Pois vou mostrar!

CAPÍTULO CINQUENTA E TRÊS

Cray aguardou, sem desviar os olhos da entrada do clube O Canivete. Longe de ser um clube noturno elegante, era mais um lugar para ser frequentado sexta-feira à noite em Ariesville: um bar de três andares, com o segundo e o terceiro conectados por uma escada de metal fino que se projetava para fora do edifício, formando uma varanda. Ali, dezenas de pessoas faziam hora, fumavam, transitavam e admiravam a paisagem. Cray não queria ser visto. Sentou-se do outro lado da rua, a cabeça baixa e com um gorro, abraçando os joelhos e fingindo estar embriagado.

Sua paciência foi recompensada. Cerca de onze horas da noite, quando a música lá dentro estrondejava ainda mais alto, a lustrosa limusine preta de Hernandez parou diante da entrada. O segurança correu para deslocar o cone que reservava o espaço particular e a limusine estacionou. Hernandez e dois de seus homens desceram e entraram no clube.

Cray imaginara que ele viria. Hernandez tinha sido solto sob fiança e precisava mostrar que não dava a mínima para aquilo tudo. Precisava provar a todos que continuava no controle.

Começou então a verdadeira espera. Cray se levantou, esticou as pernas, fez xixi em um beco e voltou para pegar o revólver, que havia escondido em uma lata de lixo perto da esquina – para o caso de alguém surpreendê-lo rondando por ali. Tinha roubado a arma alguns anos atrás, quando invadira um apartamento à beira-mar, na zona norte, com seu amigo Elroy. De vez em quando, pegavam a lata velha do irmão de Elroy e iam a um matagal para treinar tiro ao alvo em garrafas. Elroy normalmente é quem ficava com o revólver, mas havia pouco tinha arranjado um emprego como segurança noturno em um posto de gasolina e queria manter o bom comportamento. Deixou que Cray ficasse de vez com a arma.

Cray enfiou o revólver na cintura da calça de moletom. O peso o fazia pender para um dos lados. Fechou então o zíper do agasalho, para que assim pudesse manter o revólver no lugar, disfarçando também seu volume. Em seguida, voltou para a frente do clube. Pediu um cigarro a um grupo de garotas embriagadas, que saíam do bar, e fumou com elas, tagarelando e flertando como quem não quisesse nada. Depois, sentou-se de novo no mesmo lugar, abaixou a cabeça e esperou.

Após cerca de meia hora, viu Hernandez e seus homens descendo a escada que conduzia do terceiro ao segundo andar do clube. "Droga", pensou. Achou que tinham demorado pouco. Quanto mais tempo passassem no bar, mais bêbados ficariam.

Atravessou a rua e se postou de modo casual a uns cinco metros da entrada. Hernandez saiu acompanhado por uma garota de vestido justo e estola de pele apoiada no braço. Os homens vinham atrás. Cray começou a andar.

Pensou em Daniel, nos garotos e em Maria. Pensou também que, se fosse morto, Daniel teria notícia do acontecido e saberia que ele não era um dedo-duro. Morrer não o preocupava. Morrer era fácil quando a pessoa não se preocupava.

Era como mentir. Era tão fácil apenas se deixar levar pelo que quer que você estivesse fazendo, sem pensar muito nem atrair atenção para si.

Lá estava Cray, caminhando a poucos passos de Hernandez e seus capangas, em um ritmo que logo o colocaria ao lado deles. Sua linguagem corporal era de descontração. Não olhava para os homens. O fato de ter coberto a cabeça com o gorro não causava estranhamento: a noite estava fria.

Lá estava Cray, quase alcançando-os. Levou a mão à arma e destravou o fecho de segurança.

Lá estava Cray, virando a cabeça para o outro lado e fingindo observar um cartaz na parede, um velho anúncio de cerveja que quase havia desaparecido sob os grafites.

Lá estava Cray, perto o bastante para ouvir Hernandez dar ordens a seus homens.

– Você vai atrás – disse a um deles. – Eddie dirige.

– Por que eu tenho de dirigir? – perguntou o sujeito chamado Eddie. Parecia magoado.

– Porque eu mandei.

Lá estava Cray, encostando o revólver nas costas de Hernandez. Disparando. E correndo.

A mulher gritou às suas costas. Os homens de Hernandez agiram mais rápido do que esperava. O primeiro disparo deles ecoou quase de modo instantâneo.

Cray virou a esquina, o que lhe deu alguns segundos de vantagem, e correu pela rua afora. Se abrisse uma distância de algumas centenas de passos, as chances de que os homens o acertassem com alguma arma seriam mínimas. Eles tentavam atirar enquanto corriam, o que tornava os disparos pouco precisos. Cray era mais jovem que os capangas, além de mais rápido, e tinha planejado sua fuga. Bastaria chegar à ponte.

Continuou correndo pelo local, na Delaney Street, que recebera o ridículo nome de Distrito Central de Aprimoramento, ao lado do rio, rumo à cerca que margeava a ponte da rodovia, à direita. Chegou ao buraco que fizera na cerca e passou por ele. A descida até a margem era íngreme, e o ponto mais baixo ficava longe o suficiente para não receber a luminosidade da rua. Cray se camuflou na escuridão.

Uma trilha lamacenta se estendia ao longo da margem nos dois sentidos. À esquerda, terminava na ponte; à direita, na área industrial, o lugar óbvio para onde um fugitivo se dirigiria.

Cray virou à esquerda.

À frente, avistou um clarão. Umas doze barracas rodeavam uma pequena fogueira que recendia a plástico queimado. Alguns mendigos tinham feito uso da proteção natural do lugar – rio de um lado, cerca de outro, muro de concreto da ponte atrás – para montar uma versão de acampamento onde poderiam erguer suas barracas de náilon. Muitos já dormiam, mas Cray avistou alguns poucos rostos junto ao fogo: uma garota com cabelo rastafári, envolta em uma jaqueta muito grande para ela, e um velho perneta de barba branca e face enrugada. Um pastor-alemão, preso, latiu para Cray quando ele passou.

Os moradores das barracas olharam-no, curiosos, mas não tentaram detê-lo enquanto corria para o alto muro de concreto que constituía um dos lados da ponte da rodovia, imergindo vários metros água abaixo. Não havia como contorná-lo sem nadar, o que seria perigosamente lento. Por sorte, Cray não tinha planejado fazer nada assim.

Na parte superior, a uns dois metros do chão, abria-se uma fresta de mais ou menos cinquenta centímetros de altura entre a base de concreto e a ponte propriamente dita. No meio, sucediam-se as cristas das colunas, com espaço suficiente entre elas para que alguém passasse rastejando, embora fosse sair com a roupa toda suja de excremento de gaivotas. Cray tinha feito isso dezenas de vezes quando era garoto e sabia que poderia atravessar com rapidez. Do outro lado da ponte havia outra fresta, mas bem menor. Se conseguisse passar, bastaria correr por um breve caminho para estar em relativa segurança nos becos de Ariesville, pois os perseguidores não fariam a mínima ideia de seu paradeiro.

De um salto, agarrou-se à extremidade da fresta. Os pés arranharam o concreto enquanto ele alçava o corpo. Devia haver luz do outro lado, mas, sob a ponte, estava completamente escuro. Enquanto rastejava, um de seus dedos tocou um tecido morno.

Todo o ruído que fazia ao rastejar era abafado pela própria respiração entrecortada. Reteve o fôlego por um instante e ouviu. Apesar do sangue latejando nos tímpanos, escutou uma tosse baixinha e um estalido de náilon.

Droga.

Devia haver umas dez pessoas aconchegadas em sacos de dormir bloqueando seu caminho. Um verdadeiro labirinto de corpos. Tentou deslizar por entre eles, tateando no escuro.

Não havia pensado naquela possibilidade. Jamais lhe ocorrera que poderia haver pessoas usando aquela fenda à noite, mas havia: o lugar era um abrigo.

Ouviu um ruído; uma pequena chama se acendeu à sua frente. Um homem pouco mais velho que ele, de barba loira e emaranhada, erguia um isqueiro e fitava Cray com ar sonolento. Estava envolto em um saco de dormir verde e azul.

– Quem é você? – vociferou o homem. – Este lugar é nosso!

Tentava não acordar os outros. Mas mesmo assim rostos se viraram e olhos se entreabriram em volta de Cray.

– Shh! – sussurrou Cray. Tirou o revólver da cintura e o apontou para a cabeça do homem.

– Mas que droga é essa? – espantou-se o sujeito, falando mais alto do que devia. Fora tomado pela surpresa.

– Eu disse pra calar a boca!

O terror devia ter se estampado no rosto de Cray, pois o homem calou-se de imediato. Cray se virou de costas e olhou para a fresta. Ouviu som de passos apressados.

– Para onde ele foi? – perguntou uma voz.

Era um dos homens de Hernandez. Um dos desabrigados resmungou alguma coisa que Cray não entendeu direito. Sem dúvida, fora descoberto. Ele mirou a arma para a fresta. Provavelmente só teria uma chance para atirar.

Duas mãos apareceram sob a fresta, recortadas contra a luz difusa do céu noturno. Em seguida, surgiu uma cabeça, que olhou ao redor. Um grande erro, com o qual Cray havia contado.

Disparou.

Naquele espaço restrito, o estampido entrou pelos seus ouvidos como agulhas. Em volta, mendigos despertos e semidespertos puseram-se a berrar de susto e aflição.

Na cabeça recortada contra a luz faltava um pedaço. E depois ela sumiu do campo de visão.

Corpos ao redor de Cray começaram a se mover. Sacos de dormir se contorciam como vermes rechonchudos. Os desabrigados seriam loucos se não estivessem armados, e Cray sabia que, em segundos, facas cintilariam nas trevas. Não podia ficar ali. Além das pessoas, que já eram uma ameaça em si, ele tinha denunciado sua posição. Não havia como ir em frente nem tempo para afastar aquelas pessoas de seu caminho. Recuar, impossível: outro perseguidor quase com certeza estaria à sua espera. Só lhe restava uma alternativa.

Grudou os braços na lateral do corpo e rolou de lado entre as colunas, rumo à margem do rio.

A distância era menor do que tinha calculado. O concreto desapareceu debaixo dele de repente e Cray foi para a água. Por instantes, achou que a profundidade não seria suficiente e que cairia sobre pedras ou detritos. Depois afundou, expelindo todo o ar dos pulmões.

Levantou-se com rapidez, a água na altura do peito. O ruído da queda fora alto – se o homem de Hernandez até então não havia descoberto onde ele estava, agora saberia com certeza. Cray tinha de dar o fora dali. Rangeu os dentes e avançou pela água fedorenta em direção ao outro lado da ponte.

Avançou pela margem, tiritando. Ali não havia fogueiras. O vento soprava do leste, deixando o lugar mais exposto e mais frio. Viam-se vestígios de um acampamento abandonado – uma geladeira velha tombada com a porta aberta para cima, que fora usada para acender fogo, e um plástico branco jogado no concreto. Cray avistou o brilho das luzes da Delaney Street. Não sabia ao certo onde estava o seu perseguidor. Se fosse agora para a rua, corria o risco de ser capturado. A claridade na margem, ao contrário, era fraca, e não dispunha por enquanto de lugar melhor para se esconder. Deitou-se junto ao concreto da ponte e envolveu-se no plástico, como faria qualquer desabrigado. No escuro, talvez parecesse parte do lixo espalhado em volta.

Esperou, atento, ouvir o rumor que o homem faria na água ao se aproximar da ponte, mantendo o revólver apontado para a margem. Mas o que percebeu foi uma sombra passar acima dele. Alguém vinha pela estrada, contornando a cerca.

Droga.

Seu plano talvez tivesse sido desmascarado. Enquanto Cray alvejava o primeiro cara, o segundo provavelmente havia voltado para a estrada a fim de lhe preparar uma armadilha. Se tivesse visto Cray se cobrindo com o plástico, seria seu fim.

Mas o capanga se movia devagar, desorientado. Contornou a cerca e desceu até a margem do rio. No escuro, Cray viu sua silhueta se aproximando. O homem segurava a arma com ambas as mãos, apontando-a para o chão em um gesto que Cray considerou bastante profissional, como um policial ou um soldado faria.

Sabia que o plástico que o cobria disfarçava a forma de seu corpo e tornava difícil detectá-lo. Mas também emitiria ruídos caso se movesse rápido demais. Lenta, cuidadosamente, apontou o revólver para o homem que se aproximava. Sua cabeça estava para fora, mas os braços e a arma continuavam ocultos, encobertos, tornando impossível fazer uma mira precisa. Teria de esperar até o último instante.

O homem estava a uns cinco metros de distância, na margem. Parou, atento, e virou-se para o ângulo da ponte que Cray tinha acabado de contornar. E caiu na armadilha. Não percebeu que o rapaz havia chegado ali antes.

Cray apertou o gatilho.

Nada aconteceu. Nenhum estampido. O pânico tomou conta de Cray. A arma não disparava se estivesse molhada? Passou os dedos pelo cano até o fecho de segurança. Estava travado. Devia ter voltado àquela posição depois do tiro na ponte.

Puxou o fecho, que emitiu um estalido.

O homem se virou e enfim deparou com Cray.

– Droga! – vociferou ele, levantando a arma.

Cray apertou o gatilho. A bala atingiu o ombro do capanga, lançando-o para trás. Ele tropeçou, gritou e deixou cair o revólver.

De joelhos, estendeu o braço no escuro para recuperar a arma.

– Merda, merda, merda... – gemia ele.

Cray disparou mais duas vezes. O segundo projétil acertou o homem na garganta. Ele se estirou no chão e ficou imóvel, emitindo um som gorgolejante.

Cray se levantou, cambaleante, e livrou-se do plástico. Jogou a arma no rio, o mais longe que pôde. Ela bateu em uma das colunas de concreto da ponte e caiu na água. Cray começou a correr.

Gostaria de ter trazido o plástico. Ainda estava molhado, tremendo de frio e também devido à adrenalina. Já não tinha a casa do pai nem a de Maria para se esconder. O único outro lugar que lhe ocorreu, no qual poderia dormir, eram as ruínas dos prédios demolidos aonde os garotos iam brincar. Conhecia um esconderijo ali – parte de um velho porão ainda com as escadas de concreto – seguro o bastante para lhe garantir tranquilidade pelo resto da noite. E na manhã seguinte iria ao hospital contar a Daniel sobre o risco que correra.

Cray tinha conseguido.

CAPÍTULO CINQUENTA E QUATRO

Uma viatura policial chegou, depois outra, e por fim uma ambulância acompanhada pela van da perícia. Burton e Lindi esperavam do lado de fora da casa, algemados, sob o olhar vigilante do oficial do Serviço Especial de Investigação, enquanto paramédicos, detetives e investigadores forenses entravam na casa, saíam e entravam de novo.

– Como o assassino conseguiu escapar das câmeras? – perguntou Lindi.

Burton refletiu durante alguns instantes.

– Deviam saber que o guarda, enquanto revistava visitantes, não podia olhar para os monitores.

O assassino, quem quer que fosse, havia planejado tudo meticulosamente. Tinha esperado também que o detetive que investigava os crimes aparecesse. Era muita arrogância.

A noite se aproximava e o sol descia por trás do bosque de bambus. Uma hora depois do crepúsculo, o capitão Mendez deu o ar da graça. Ficou dentro da casa por vinte minutos, saiu e foi conversar com a mulher do prefeito, que estava na ambulância em estado de choque. Só depois se dignou a falar com Lindi e Burton.

– Ela diz que você é o assassino, Burton.

– E o senhor, o que pensa? – retrucou o detetive.

– O que penso? Penso que você deve se ferrar, Burton. Eu lhe dei instruções precisas. Pedi que ficasse longe do prefeito e continuasse investigando Mahout. Mas o que foi que você fez? Foi encontrado na cena do crime, coberto de sangue.

– O prefeito queria conversar em particular com a gente – explicou Burton.

– Ah, é? E por que não me contou isso antes?

Burton não respondeu. A verdade pura e simples era que não precisava e não queria responder.

– Entendo – disse Mendez, interpretando sua expressão. – Entendo como é.

– Espere um pouco – interveio Lindi. – Nós lhe dissemos que isso ia acontecer. O mapa que fiz...

– Não vale nada – cortou Mendez. – E não vale nada porque essa informação veio de vocês, e vocês foram apanhados na cena do crime. A pessoa não precisa ser um gênio para prever um crime que ela própria vai cometer.

– Não, espere aí. Um mapa é um mapa. Mostre-o para qualquer astrólogo...

– Dê um tempo, Childs – repreendeu Mendez. – Nem sei por que deixei você se envolver neste caso, sua charlatã!

Virou as costas e caminhou para a entrada da casa.

– E o que vamos fazer, senhor? – perguntou Burton, de longe. – Estamos presos? Vamos ficar aqui pelo resto da noite?

– Vão pro inferno vocês dois – esbravejou Mendez, por cima do ombro. – Rico e Kolacny vão assumir o caso pela manhã.

– Kolacny? Deve estar brincando!

Kolacny tinha acabado de concluir o treinamento para detetive. Era um bom rapaz, mas ainda sem experiência.

– Não se meta nas minhas decisões! – gritou Mendez, apontando um dedo para Burton. – Em minha infinita bondade e generosidade, vou deixá-los sair em liberdade, em vez de trancafiar os dois a noite inteira numa cela, como merecem. Deem o fora daqui, durmam, acordem e sigam seja qual for o maldito caminho de vocês. E pare de esperar que todos o tratem como um herói da polícia, Burton. Você pegou o assassino do senador, mas esqueça isso. Ninguém liga mais.

CAPÍTULO CINQUENTA E CINCO

Cray visitou Daniel na manhã seguinte e contou tudo a ele. Quase não havia dormido; ainda estava gelado e sob o efeito da adrenalina. Falou em tom bem baixo, para que ninguém da equipe do hospital pudesse ouvi-lo, mas de olhos arregalados e com a voz trêmula de excitação.

Daniel ouvia atentamente, movendo apenas os olhos. Como o maxilar ainda estava imobilizado e enfaixado, Cray não podia interpretar por completo sua expressão; entretanto, ao final, pegou o caderno e o lápis da mesa de cabeceira e escreveu: *Desapareça!*

Cray olhou para a página, primeiro incrédulo, depois furioso.

– Seu Capricorniano de merda! – vociferou. – Matei os caras que fizeram isso com você. E quer se ver livre de mim? Pois então vá se ferrar!

A mão de Daniel deslizou de novo pela folha: *Você não entendeu! Agora, nós dois estamos em perigo. Para sua própria segurança, você tem que desaparecer por uns tempos.*

– Minha própria segurança? Acha que ligo pra isso?

Pegue dinheiro na minha carteira e vá. AGORA!

Cray pegou a carteira da mesinha. Tirou um maço de notas de vinte e jogou a carteira no chão.

– Eu avisei você – disse ele. – Pensou que poderia enfrentar Hernandez como empresário, mas eu te avisei, droga!

Saiu do quarto antes que as enfermeiras tivessem a chance de colocá-lo para fora.

À noite, dormiu em um Topp Hotel do centro da cidade. Os Topp Hotels eram iguais no país inteiro – baratos, com quartos minúsculos e kits de higiene em embalagens de plástico moldado, produzidos em série. A diária custava menos de vinte dólares. O quarto era limpo e o chuveiro era quente. Cray precisava economizar ao máximo o dinheiro de Daniel, para futuras emergências.

Na manhã seguinte, refastelou-se com um farto café da manhã. Era *self-service*, por isso encheu o prato de bacon, ovos e *waffles*, devorando tudo enquanto pensava no que faria em seguida. Não tinha um grande plano, exceto voltar para Ariesville e descobrir um novo canto onde ficar, bem longe do pai. Precisaria achar uma maneira de ganhar dinheiro, já que roubar pessoas era difícil sem sua gangue. E muitos de seus amigos já tinham sido pegos pela polícia.

Mas ainda não havia finalizado a questão no que se relacionava a Daniel. Ficou a manhã inteira repassando o assunto na mente. Daniel queria mantê-lo por perto agora que estava na pior, mas Cray poderia muito bem se afastar dele sem problemas. Se Daniel planejava descartá-lo, não havia motivo algum para lealdade, pouco importando os favores que tivessem prestado um ao outro. Poderia dizer que ia procurar os tiras – embora não precisasse fazer isso de fato – para fazer um acordo com eles e lhes contar que os assassinatos haviam sido ideia de Daniel. Daniel, por certo, recorreria a seus advogados; mas, Cray podia apostar, o caso arruinaria sua reputação. Afinal, ele tinha mais a perder do que Cray.

Após o café da manhã, pegou um ônibus de volta ao hospital. Atravessava a rua para a chegar à entrada quando um carro parou à sua frente e o vidro da janela baixou. A motorista era uma mulher de ar sério, vestido cinza-escuro, cabelos curtos e óculos de sol.

– David Cray!

Cray estava pronto para correr, mas logo a reconheceu como integrante da equipe de advogados de Daniel.

– Não entre – disse ela. – Encontre-me no parque em meia hora. Nos bancos perto do portão de baixo.

O carro acelerou e sumiu no trânsito. Cray olhou para ele e depois para a porta giratória do hospital. Era só ignorar a mulher e enfrentar Daniel sozinho. O encontro com a advogada talvez não passasse de uma armadilha. Refletiu sobre isso por alguns instantes. Depois, enfiou as mãos nos bolsos e dirigiu-se ao Parque da Amizade.

O parque ficava a cinco minutos do hospital – uma mancha verde do tamanho de três quarteirões cortada no meio, em diagonal, por uma trilha de *cooper* com palmeiras de ambos os lados. Na parte norte havia um velho parquinho com balanços quebrados e um escorregador enferrujado; na parte sul havia um gramado para piqueniques que estudantes universitários Leoninos e Sagitarianos frequentavam no verão para jogar *frisbee* e passear sem camisa.

Cray se sentou à sombra de umas das árvores, na parte de gramado oposta à entrada sul do parque, e esperou. Bem a tempo, a advogada apareceu e acomodou-se em um banco vazio. Cray examinou as outras pessoas que transitavam por ali, mas não avistou ninguém que parecesse ser segurança da advogada. Ela checou seu celular, provavelmente para ver a hora, e sua perna começou a balançar de impaciência. Após dez minutos, Cray concluiu que a mulher estava mesmo sozinha e saiu das sombras em sua direção.

– Anda me espionando? – perguntou Cray.

Ela levantou o rosto e o fitou através dos óculos escuros. Cray não conseguia interpretar sua expressão, mas os lábios da mulher estavam apertados.

– Tentei ligar para você – explicou ela. – Lapton me deu seu número.

– Joguei meu celular fora.

A advogada balançou a cabeça.

– Foi o que pensei. E concluí que voltaria ao hospital. Fiquei esperando lá desde o início do horário de visitas.

Cray se sentou ao lado dela, que se afastou um pouco para abrir um espaço entre os dois.

– Qual é o problema? – perguntou Cray.

– Não sei. Mas vi no noticiário o que aconteceu com Hernandez, por isso não vou perguntar nada a você. Tome.

Entregou a Cray um envelope fino. Cray revirou-o nas mãos. Tinha o número 1 escrito na grafia clara de Daniel.

– Ele pediu que você o abrisse agora.

Cray rasgou o envelope e tirou de dentro uma única página manuscrita.

Caro Cray:

Desculpe ter sido rude ontem. Não esperava que nossa amizade fosse terminar assim. E lamento dizer que ela de fato terminou em definitivo.

Você fez algo de que eu, nem de longe, o julgava capaz. A princípio, não achei que seu ato fosse justificável, mas, quanto mais penso a respeito, menos certeza disso eu tenho. Considerando as circunstâncias, talvez essa fosse a única maneira honesta de revidar.

No entanto, por mais bem-intencionado que você tenha sido, o episódio despeja um universo de problemas sobre nós dois. Neste exato momento, estou sendo seu cúmplice por não denunciar o acontecido e por fazer de tudo para nos manter em segurança. Não quero mais conservar as propriedades, pois isso tornaria óbvia nossa conexão com H., e vou fechar o escritório, cujos documentos destruirei. Também ficarei de olho nas autoridades, da melhor maneira que puder, e farei o possível para mantê-las longe de nós.

Infelizmente, isso significa que não poderemos mais nos ver, nem ter contato um com o outro, para nossa própria segurança. Levando em conta meus negócios e suas ações, ambos provavelmente nos tornaremos suspeitos, e nenhum de nós dois deve pagar pelo que o outro fez.

Compreenda que estou tentando ser justo com você, sem julgá-lo nem aos seus atos. Tenho de agradecer pelo tempo que passamos juntos e por tudo o que lhe devo. O que aconteceu foi horrível, em um momento horrível – porém, satisfez mais que a justiça de qualquer tribunal.

Jessica tem outro envelope para você. Espero que seja o suficiente.

Sinceramente,

D. L.

– Leu tudo? – perguntou Jessica. Em seguida, pegou de volta o papel e rasgou-o em pedacinhos.

– O que vai fazer com isso?

– Ele me pediu que queimasse tudo ao chegar em casa – respondeu Jessica.

– Não está curiosa para saber o que está escrito aí?

Jessica fitou-o por um instante e depois fez que não com a cabeça. Colocou os pedaços de papel no bolso interno do casaco e tirou um segundo envelope, marcado com o número 2. Cray pegou-o. Pelo formato e pelo peso, não teve dúvida de que se tratava de dinheiro.

– Ele pediu que não o abrisse aqui.

– Obrigado.

– Certo – disse ela. Levantou-se com rapidez e caminhou em direção ao portão do parque.

– Jessica! – chamou Cray.

Ela se voltou.

– Diga a ele que ainda é um maldito Capricorniano.

Jessica hesitou, depois assentiu e continuou a andar a passos rápidos. Cray abriu um sorriso. Ela não diria nada. E queimaria os pedaços de papel.

Pois, do contrário, teria de se haver com Cray.

CAPÍTULO CINQUENTA E SEIS

Burton se sentou no escritório que agora pertencia a Kolacny e Rico, com uma caixa de papelão sobre os joelhos, e dentro dela seu recorte de jornal emoldurado. A única coisa que lhe pertencia naquele recinto. Kolacny olhou para sua xícara e girou-a entre as mãos.

– E então, tem tudo o que queria? – perguntou Burton.

Kolacny pareceu acordar para a realidade.

– Claro, claro. Obrigado. Estava esperando ansiosamente por isso. Só preciso do último arquivo e depois vou embora.

– Como assim? – estranhou Burton. – Já lhe dei tudo.

– Quase tudo. Examinei a lista e vi que falta a auditoria do Esquadrão Aríete, certo?

– Certo – concordou Burton. – Mas é porque esse arquivo nunca chegou.

– O computador diz que sim.

Burton coçou o queixo áspero. Como não tinha ouvido o despertador naquela manhã, ficara sem tempo para tomar banho e se barbear.

– Por que queria aqueles registros financeiros? – perguntou Kolacny.

– Para descobrir por que Kruger estava recebendo fundos municipais. Talvez isso tivesse algo a ver com os assassinatos. Como boa parte do dinheiro da prefeitura passava pelo Esquadrão Aríete, achei que pudesse haver alguma menção a Kruger nos arquivos.

– Bem, o formulário diz que eles chegaram até você.

– Ora – disse Burton –, então vamos lá checar.

A sala dos arquivos era no subsolo, com estantes de metal entre as colunas que sustentavam o prédio. A maior quantidade ali era de caixas de papelão marrom contendo arquivos impressos. Os espaços entre as estantes mal podiam sustentar as caixas que ainda não haviam encontrado o devido lugar, e as pilhas subiam até o teto. As da parte de baixo estouravam sob o peso e iam ficando escuras por causa do mofo. A sala toda perdera importância depois que os sistemas automatizados no andar de cima tinham entrado em funcionamento, e havia anos se esperava que o local fosse evacuado e transformado em algo mais útil, por exemplo, um depósito para evidências de crimes. Porém, como ocorre com toda tradição, a burocracia não desaparece simplesmente porque não presta para mais nada. O recinto continuava recebendo coisas inúteis, mas agora classificadas como "cópias impressas de segurança". Quase ninguém mexia mais naquelas caixas, exceto detetives meticulosos como Burton.

Walters, um dos arquivistas, estava postado no pequeno canto iluminado da sala, ao lado da entrada. Cercavam-no três prateleiras altas (arquivos de arquivos), uma escrivaninha com um computador, um aquecedor de parede e uma grande impressora que ele usava para copiar mais documentos destinados a outras caixas marrons. Era um homem pálido, de aspecto doentio. Ou a existência subterrânea o matava aos poucos ou era a única coisa que o mantinha vivo. Encolheu-se todo quando Burton entrou, seguido de Kolacny.

– Ah, desculpem – gaguejou ele. – Não estava esperando ninguém.

– Olá, Rob – cumprimentou Kolacny. – Burton me disse que pediu uns arquivos sobre o Esquadrão Aríete, mas não os recebeu.

– Hum... – murmurou Walters. – Estranho.

Conduziu-os em meio às estantes escuras. Não havia luz além do cantinho perto da porta, mas Walters guiou-os com confiança até o outro lado da sala, onde achou um interruptor em uma das colunas de concreto. Uma lâmpada de consumo econômico se acendeu.

– JR_{97}, JR_{97} – murmurou Walters para si mesmo, examinando as estantes à sua volta. – Ah, aqui está.

Aproximou-se de uma estante menor e foi contando os números escritos na lateral das caixas com marcador preto.

– JR_{95}, JR_{96}... e JR_{100}. Viram? Faltam três caixas na pilha.

– Quem requisitou essas caixas? – perguntou Burton.

– Não sei. Antes de você, ninguém. O seu é o único nome que consta no computador. Se alguém mais as pedisse, eu lhe diria que estavam com você.

Burton surpreendeu Kolacny, que o fitava com atenção.

– Uma pessoa não poderia retirá-las sem que isso fosse registrado no computador? – indagou Burton.

Walters balançou a cabeça, um tanto incerto.

– Bem... é possível. Mas, se aconteceu, foi antes da minha época. Agora, eu controlo tudo.

CAPÍTULO CINQUENTA E SETE

– Algo muito estranho está acontecendo aqui – resmungou Burton enquanto caminhavam pelo corredor rumo ao elevador.

Sabia que havia corrupção no departamento. Vez ou outra, quando um policial se via em apuros, os colegas cerravam fileiras à sua volta. Afinal, todos estavam do mesmo lado. Arriscavam a vida todos os dias. Se não pudessem contar uns com os outros, contariam com quem? Mas Burton farejava coisas maiores, mais tenebrosas, por trás dos olhares esquivos e as pequenas mentiras que pululavam no Departamento de Polícia de San Celeste.

– Se tem gente escondendo alguma coisa – disse Burton –, você precisa contar para Mendez. Ele precisa saber.

Kolacny parecia em dúvida.

– Escondendo o quê?

– Isso eu não sei, mas tenho certeza de que Kruger tinha conexões com Williams e Hammond. De algum modo, ele está ligado também ao Esquadrão Aríete. Williams apoiou o esquadrão por anos e você conhece bem aqueles caras. Diariamente eles espancam alguém ou atiram contra portas fechadas. Acha que, durante esse tempo todo, Williams não deu uma mãozinha quando passaram dos limites? Não lhe pediram, digamos, que mudasse a posição de um corpo ou a hora de uma morte? Ou quem sabe que ignorasse projéteis inconvenientes na cena de um crime?

– Burton! – advertiu Kolacny.

Burton percebeu que havia exagerado. Kolacny correu o olhar pela Sala de Homicídios, mas ninguém os tinha ouvido.

– Eu e Rico estamos cuidando do caso agora – disse ele. – Você já pode deixar a paranoia de lado. Sim, é estranho que aquelas caixas tenham desaparecido, mas vou investigar. Não é assunto seu.

Burton examinou o rosto de Kolacny, mas a expressão do jovem policial era inocente. Ainda assim, preferia não se arriscar.

– Eu não peguei as caixas. Você acredita em mim, não acredita?

– Sim – garantiu Kolacny. E sorriu. – É claro que acredito em você, cara.

CAPÍTULO CINQUENTA E OITO

Após o expediente, Burton foi visitar Kate, que continuava na casa de Hugo, do outro lado da cidade. A cunhada de Burton, Shelley, recebeu-o com ar constrangido. Sorriu e olhou-o de maneira inquisitiva, como se tentasse descobrir um Ariano sob sua superfície familiar.

Kate estava sentada à mesa de jantar com Benjy, o filhinho de 2 anos de Hugo e Shelley, no colo. As mãozinhas rechonchudas do menino faziam desenhos com tinta vermelha em uma folha de papel.

– Muito bem! – incentivou Kate. – O que você está desenhando?

– Fogo – respondeu Benjy, com ar sério.

Kate levantou o rosto e viu Burton.

– Jerry!

Beijaram-se. Shelley se aproximou e pegou o menino do colo de Kate.

– Vamos lavar essas mãos?

Segurou Benjy pelas axilas, a fim de manter os dedos sujos de tinta do garoto longe de suas roupas e dos móveis, e saiu com ele da sala.

– Ainda não acabei! – gritou Benjy.

– Pode fazer isso depois do jantar.

Burton puxou uma cadeira e sentou-se ao lado da esposa.

– Muito esperto – observou ele.

Kate sorriu.

– Sim – disse. – E é um amor. Maluco por dragões. Você era assim quando menino?

– Eu gostava de aviões – lembrou Burton. – Até meu avô explicar que Taurinos deviam se interessar por trens, escavadeiras e coisas do tipo.

Kate franziu o cenho.

– Era outra época – falou Burton. – Tem passado bem?

– Sim – respondeu ela, dando-lhe a mão. Burton ajudou-a a se levantar. – Ufa! Às vezes, parece que vou cair para a frente e dar de cara no chão.

Dirigiu-se à cozinha e Burton a seguiu.

– Shelley comprou para mim um chá de ervas que é bom para mulheres grávidas. Quer uma xícara?

Burton balançou a cabeça.

– Não, obrigado.

– Tem razão. O gosto é bem esquisito.

Encheu a chaleira de água e colocou-a no fogo.

– Soube que você teve problemas ontem à noite – continuou ela. O tom era casual, mas Burton a conhecia o suficiente para perceber que aquilo a estava incomodando bastante.

– Sim. Quem lhe contou?

– Charlie e Sarah, os vizinhos do outro lado da rua. Foi muito ruim?

– Não – disfarçou Burton. – Na verdade, não. Mais duas pedras atiradas de um carro em movimento. Uma delas acertou a calha e a amassou.

– Escute, Jerry... tem certeza de que quer continuar lá? Até que tudo isto acabe, eu gostaria de saber que você está em segurança.

Burton respirou fundo e expeliu o ar em um longo suspiro.

– Não posso me mudar – disse ele. – Tenho de zelar pela casa. Logo ela será muito necessária para nós, esqueceu? O bebê precisa ter um lugar para onde ir.

Envolveu a barriga proeminente de Kate com ambas as mãos.

– Ela continua se mexendo? – perguntou.

– Agora, mais ainda. Estava me chutando como louca há alguns minutos. Sempre me acerta direitinho na bexiga.

– Ótimo – exultou Burton.

Kate arqueou uma das sobrancelhas para ele.

– Você entendeu o que quero dizer.

Não era fácil enganar Kate.

– Por favor, fique longe de lá por algum tempo – pediu ela. – Vá para a casa de um amigo. Você tem de ficar perto de alguém. Estou muito preocupada com sua segurança.

– Acha que Hugo e Shelley me deixariam morar aqui? – perguntou Burton.

Kate olhou-o, pesarosa.

– Jerry...

– Não? Certo, então.

– Não pense assim. Eles têm de proteger Benjy. Você não gostaria que um lunático daqueles o seguisse até aqui, gostaria?

– Claro que não.

Shelley entrou na cozinha, trazendo no colo um Benjy agora limpinho.

– Hugo vai estar aqui dentro de meia hora – avisou ela. – Sinto muito, mas não tenho jantar para quatro.

– Não se preocupe – disse Burton. – Preciso ir embora mesmo. Vou comprar tinta para pintar a parede da entrada da casa.

Beijou Kate nos lábios.

– Cuide-se – pediu ela.

– Certo. Estou fora do caso, agora. Acabou. Logo todos se esquecerão de mim.

CAPÍTULO CINQUENTA E NOVE

Burton recebeu um telefonema de Bram Coine enquanto se dirigia para o carro. Ignorou-o. Mas recebeu outro quando abria a porta. Apoiou o cotovelo no carro e atendeu.

– Alô?

– Detetive Burton? – indagou Bram. – Escute, não sei se tem entrado nas mídias sociais ultimamente, mas está sendo crucificado.

– Só uso o e-mail – explicou Burton.

– Como? Isso é possível?

Burton não tinha energia para esse tipo de conversa naquele momento.

– Diga logo o que quer, por favor, meu senhor – resmungou.

Bram hesitava. Burton podia quase afirmar que ele não havia gostado nada de ser chamado de "meu senhor".

– Os Cancerianos estão enlouquecendo na internet. Um canal entrevistou a esposa do prefeito. Ela afirma que você matou o marido dela e que os outros tiras estão fazendo de tudo para protegê-lo. Tem vários blogs dizendo que você faz parte do Ascendente Áries e que assassinou Williams, Hammond e Redfield.

– E daí? Quem liga para o que esses lunáticos dizem? – perguntou Burton.

– Todo mundo! Jornalistas sérios andam escrevendo artigos sobre o assunto, pois é mais fácil para eles tagarelar sobre o que está nas mídias sociais do que tirar a bunda da cadeira. Sabem que é bobagem, mas mesmo assim escrevem coisas como: "O leitor acredita no que as pessoas estão dizendo sobre esse policial?". Assim, conseguem piorar tudo. Você está em pleno julgamento por aqui!

– E o que quer que eu faça, senhor Coine? – desabafou Burton. Sentia-se farto de tudo e de todos.

– Defenda-se! Tome uma atitude! Se quiser vir à minha casa, podemos fazer uma entrevista ou...

– Não – disse Burton. – Esqueça isso. Sem chance.

– Mas é sua reputação que está em jogo! Sua história passou a ser distorcida por um bando de filhos da...

– Sou um policial, Bram. Só por intermédio do Departamento de Comunicações é que posso dar entrevistas.

– Está falando sério? Ah, tem mais: outros policiais também estão crucificando você. Usando-o como bode expiatório. Ponha a boca no trombone! Exponha já toda essa corrupção!

As caixas perdidas não saíam da cabeça de Burton, mas a proposta de Bram era inviável.

– Que espécie de porcaria está sugerindo? Que eu entre na internet e denuncie outros policiais? Como acha que isso iria acabar para nós dois, Bram?

– É sua oportunidade de se defender! – incentivou Bram, confiante. – Tudo o que quero é ajudá-lo!

– Não! – gritou Burton. A pressão, a raiva e a paranoia dos últimos dias explodiram dentro dele. – Escute aqui: se não fosse por você e Lindi, eu não teria perdido o comando da investigação! Não seria atacado todas as noites por lunáticos nem espezinhado na televisão! Não saberia sequer que sou um maldito Ariano! Não quero mais dar atenção a esses telefonemas; não quero mais ouvir teorias absurdas de paranoicos esquizofrênicos que ficam martelando um teclado!

Bram ficou em silêncio.

– Lamento, amigo – disse por fim.

Burton sabia que tinha sido rude, mas estava cansado demais para se importar.

– Não preciso de sua ajuda, senhor Coine. E o caso já não é mais meu mesmo. Estou fora. Só me deixe viver minha vida.

CAPÍTULO SESSENTA

Bram desligou e guardou o celular no bolso do jeans. Suas faces estavam coradas de raiva e constrangimento. Tinha passado os dois últimos dias tentando minimizar o estrago para Burton na internet porque Lindi lhe dissera que aquele detetive era um bom sujeito e também porque Bram lamentava o que estava acontecendo com ele. Mas Burton era, isso sim, um filho da mãe. Bram deveria deixá-lo arder no fogo da opinião pública.

A universidade se localizava a menos de dois quilômetros da casa de Bram. Como o tempo estava fresco, resolveu esquecer o ônibus e voltar a pé pela Palmolive Court, uma praça enorme e pavimentada com concreto no centro da cidade – a ideia que alguém fazia de um paraíso capitalista do futuro. Em volta, os edifícios eram altos, elegantes e cobertos de vidro. Seguranças uniformizados postavam-se à entrada das diferentes empresas, na maioria bancos e companhias de seguros. Sob os pés de Bram havia três níveis de estacionamento para carros de luxo. O meio da praça era ocupado por uma gigantesca escultura abstrata, incapaz de despertar alegria ou inspiração em quem quer que fosse.

A única atividade ocorria no canto da praça, diante de um café, onde um mendigo sentado em um banco de concreto atirava migalhas de pão a alguns pombos de aspecto miserável. Um guarda de uniforme laranja se aproximou do homem, que, ao vê-lo, juntou seus pertences espalhados por perto: uma garrafa de água, uma capa de chuva e umas sacolas de plástico.

Bram sabia, sem necessidade nenhuma de perguntar, que o mendigo era Ariano ou Pisciano. Exagerando, talvez Taurino ou um Canceriano com problemas mentais e nenhum apoio familiar. Às vezes, perguntava-se como seria o mundo caso as divisões sociais fossem totalmente aparentes. Caso as pessoas fossem codificadas por cores, sendo seu grupo cultural identificado ao primeiro olhar – vermelho para Áries, branco para Capricórnio, azul para Virgem. Imaginava um mapa da cidade com os moradores assinalados por pontos coloridos. Poderiam se movimentar com liberdade, mas permaneceriam agrupados por cor, em virtude da própria escolha ou de pressões financeiras e sociais. Uma grande mancha vermelha em Ariesville, uma faixa branca nos subúrbios e profusão de cores onde Aquarianos, Virginianos e Sagitarianos se misturassem, embora conservando a própria identidade.

A sociedade mudaria se as pessoas vissem as divisões com mais clareza? As coisas melhorariam ou piorariam? Por enquanto, reconhecer o signo de alguém era um jogo sutil que consistia em julgar roupas pelo seu preço e estilo, observar a escolha de vocabulário e os padrões de seu discurso, avaliar seus interesses e tendências políticas. Identificar signos era uma habilidade tão comum e importante, que a maioria das pessoas fazia isso de modo automático. Só os nativos de Virgem e as crianças não conseguiam fazer isso com facilidade. Não era algo que se ensinasse na escola: as pessoas apenas sabiam. Alguns excêntricos – Sagitarianos em especial – tentavam fugir ao modelo, mas ainda assim revelavam aspectos suficientes de sua formação para serem identificados. Pouca gente encontrava dificuldade em identificar signos, mas para isso era preciso observar, ouvir e refletir com atenção.

O mundo seria mesmo pior se todos fossem codificados por cores? Se as pessoas conseguissem captar a essência de alguém com um simples olhar? Se a discriminação não exigisse tanto esforço? Talvez então as pessoas deixassem de se importar tanto com isso. Talvez não perdessem tempo agindo, falando e pensando exatamente como seus vizinhos, por medo de que os outros confundissem seu signo. E talvez compreendessem que a coisa toda era puramente arbitrária.

Caminhou por um vão entre dois edifícios altos e chegou a um beco que servia de despejo para a Utopia capitalista de onde acabava de sair. O ar-condicionado rugia e o chão cheirava a lixo, que vinha de tubulações ocultas. Era como se a sujeira da praça houvesse sido afastada apenas pela distância mínima aceitável, ocultando assim sua deselegância.

O beco dava em uma rua secundária que, como Bram já sabia, só ganhava vida após o escurecer. Havia ali um *sex shop*, uma loja de discos abandonada, dois bares *gays* e o Clube K Plus, uma casa noturna coreana sem janelas e com uma tabuleta manuscrita na porta, oferecendo *KARAOKÊ, DRINQUES E DIVERSÃO*. Bram se perguntou se, na Coreia, haveria bares ocidentais equivalentes.

Um sedã branco passou por ele devagar. O motorista era um homem de meia-idade, de óculos de sol espelhados, e tinha o cotovelo apoiado na janela aberta. Lançou um olhar sério para Bram e se afastou. Aquilo era de dar nos nervos. Bram apressou o passo.

Já estava praticamente convencido de que não fora nada, apenas um pequeno susto, quando uma grande van preta apareceu com seus vidros escuros e blindados. Bram reconheceu o veículo por uma dezena de postagens *on-line*. Era do Esquadrão Aríete. Um terror gélido o dominou.

O veículo se emparelhou com ele, mantendo a mesma velocidade. Um minuto depois, acelerou e foi embora. O medo de Bram transformou-se em raiva. Aquilo era uma franca intimidação.

– Vão se ferrar! – gritou.

O veículo freou e Bram se deteve. Pensou em correr, mas logo enrijeceu os ombros em um gesto desafiador. Aqueles caras estavam brincando com ele. Rindo dele. Que droga!

A porta do motorista se abriu e um policial do Esquadrão Aríete desceu. Trajava a vestimenta típica da SWAT: colete à prova de bala, capacete preto, óculos de proteção. E empunhava um fuzil.

– Tem algo a dizer, garoto? – perguntou o policial. – Se tem, vá dizendo!

– Vocês estão me pressionando! – gritou Bram. – Isso é intimidação! Deixem-me em paz!

Tirou o celular do bolso. Precisava filmar aquilo.

– Ei! – advertiu o policial. – Ponha as mãos onde eu possa vê-las!

Bram ergueu os braços, ainda segurando o aparelho e mantendo a tela longe do policial. Sem olhar, deslizou o polegar para cima e ligou a câmera.

– Abaixe isto! Agora! – ordenou o tira, avançando em sua direção.

– O quê? – perguntou Bram. Tocou na tela, desejando acionar a função de gravação.

O policial do Esquadrão Aríete correu para ele e golpeou sua mão. O aparelho caiu no pavimento, e Bram ouviu o estalido da tela se espatifando.

– Droga! – exclamou Bram. – Posso processá-lo por isso!

– Cale a boca!

O policial chutou para longe o celular, que bateu no meio-fio e foi parar no meio da rua. Agarrou Bram pelo colarinho e lhe deu um safanão.

– Você vem com a gente. Precisa aprender boas maneiras.

Bram tropeçou e se apoiou no colete do policial para se amparar. O policial se desvencilhou.

– Agredindo um oficial de polícia! – gritou para que todos ouvissem. Deu uma cotovelada no rosto de Bram e arrastou pelo braço até a viatura.

Bram olhou em volta, procurando ajuda. Havia só mais duas pessoas na rua: uma mulher, a um quarteirão de distância, usando fones de ouvido e caminhando na direção oposta, e um homem de meia-idade que pusera a cabeça para fora da porta do estúdio de tatuagem. Ele também fez menção de levantar um celular.

– Nem tente! – ameaçou o policial.

O homem hesitou e em seguida abaixou o aparelho.

Os pés de Bram se arrastavam na calçada enquanto o tira o conduzia para a viatura. As portas de trás se abriram, revelando mais dois policiais com trajes da SWAT acomodados ali.

– Você dirige, Ken – ordenou o policial que conduzia Bram.

– Socorro! – gritou o rapaz, em desespero.

O policial ergueu-o pelos cabelos e deu-lhe uma cabeçada no rosto. Bram se estatelou no chão de metal da traseira da van. O policial entrou depois dele e empurrou-o para o fundo, enquanto um de seus camaradas saía. As portas se fecharam com um estrondo. O motor foi ligado e a superfície estremeceu sob o rosto de Bram.

A única luz no interior da viatura vinha de duas aberturas gradeadas no teto, semibloqueadas pela fuligem. Embaixo, havia dois bancos compridos, um de cada lado do veículo. Um dos policiais estava sentado a um canto, sem capacete e com os braços cruzados. O chão era sujo e, à medida que a van ia acelerando, um líquido com odor de antisséptico escorreu para trás, entre as canaletas do revestimento, molhando o rosto de Bram.

Bram, a fim de evitar o líquido, virou-se de costas, mas o policial imobilizou-o com uma mão na garganta. O rapaz tentou empurrá-lo.

– Mãos ao lado do corpo – ordenou o policial.

Bram tentou se sentar. Com a mão espalmada, o policial empurrou sua testa, encostando com violência sua cabeça na superfície metálica.

– Mandei abaixar as mãos! – O homem se debruçou sobre ele, e Bram sentiu cheiro de cigarro em seu hálito. – Agressão a um policial e resistência à prisão, senhor Coine. É um prazer conhecê-lo.

Bram estava em choque. Ofegava ao tentar tossir.

– Que foi isso? – perguntou o policial, aproximando o ouvido da boca de Bram. – Você disse "desculpe"?

Com o cassetete, desferiu um golpe nas costelas de Bram e afastou a mão da garganta do rapaz. Bram se encolheu como uma bola, de lado, e gemeu, sem ar. Seus olhos se encheram de lágrimas.

– Vejam só! O garotinho está chorando!

– Devagar, capitão – resmungou o outro policial, que parecia entediado.

– Dane-se – disse o capitão. – Todo mundo sabe que ele pega no nosso pé. Ninguém vai acreditar nesse cara, exceto os filhos da mãe que julgam a gente o diabo em pessoa. – Encostou de novo a cabeça de Bram no chão. – Tenho família, seu merdinha. Não quero que nenhum Ariano nojento me ligue para ameaçar meus filhos. Não quero que vocês saibam onde eu moro. Falei para abaixar as mãos!

Levantou o cassetete e desceu-o com força sobre os antebraços do rapaz. Bram berrou de dor.

– Que droga! – exclamou o outro policial, inclinando-se para a frente com ar preocupado.

Em meio à dor, Bram sentiu um estranho estalido no antebraço esquerdo. Um de seus ossos estava quebrado.

O capitão percebeu o que tinha acontecido, e um sorriso maligno se esboçou em seu rosto. Agarrou o pulso de Bram e torceu-o. O rapaz gritou tão alto que, com o esforço, começou a vomitar.

– Peça desculpas! – rugiu o capitão na cara de Bram.

Bram não conseguia falar. Seu braço queimava como fogo. Seus lábios se moviam, mas não formavam nenhum som coerente.

– Não é o bastante!

O capitão torceu de novo o pulso de Bram, que, desta vez, não conseguiu sequer gritar.

– Diga "Desculpe, capitão". Diga! Não estou ouvindo. Diga "Desculpe, capitão", e isto vai parar. Mas diga!

– Desculpe – balbuciou Bram com a maior dificuldade, antes de começar a berrar de novo.

– Desculpe quem? – insistiu o capitão, dando um soco bem embaixo do olho do rapaz.

– Desculpe, capitão – murmurou Bram, mal sendo capaz de pronunciar as palavras.

– Capitão, chega! – pediu o outro policial.

– Não encha o saco; pare de bancar a mocinha! Estou ficando nervoso! – vociferou o capitão. Sentou Bram com um safanão, puxando-o pelos cabelos. – Ei! – gritou. Bram revirava os olhos. – Ei! – repetiu o capitão, esbofeteando-o. – Quem o machucou? Quando alguém lhe perguntar isso, o que vai dizer?

Bram balançou a cabeça, incapaz de falar.

– Ei! – gritou o capitão, esbofeteando-o outra vez. – Você vai dizer que bandidos Arianos o machucaram. Está me ouvindo? Bandidos Arianos. Diga!

Um ligeiro pensamento cruzou a mente de Bram. Aqueles policiais estavam em uma encrenca bem feia. Não seria apenas sua palavra contra a deles – quanto mais o machucassem, mais evidências físicas da violência haveria. E Bram tinha também um nome: o Esquadrão Aríete só contava com um capitão.

– Minha ordem foi "Diga!" – insistiu Vincent Hare. – Do contrário, vamos aparecer e pegar você de novo. Somos como um táxi, senhor Coine! Gostaria de outro passeio como este? Podemos encontrá-lo de dia ou de noite. Quem fez isso com você? Diga!

Bram se inclinou para a frente. Era difícil responder com o maxilar doendo.

– Dane-se... você...

– Resposta errada – disse Vince. E empurrou a cabeça do rapaz para trás com um forte safanão.

A nuca de Bram bateu na quina do banco metálico. Ficou estirado de costas, respirando com dificuldade. Ofegava. Procurou sua mochila, tentando pegar o inalador, que pelo menos lhe daria a capacidade de falar.

– Nada disso – disse Hare, empurrando a mochila para longe e inclinando-se sobre Bram.

Bram sentiu uma pressão no pescoço. O joelho de Hare estava sobre sua garganta. As mãos e os pés do rapaz se contraíram como se espetadas por agulhas, e a van de repente lhe pareceu muito distante.

– Só quero ouvir de você uma coisa: "Bandidos Arianos fizeram isso comigo". Está pronto? Então diga.

Vince aliviou a pressão, e o mundo voltou para Bram como se ele despertasse. Sentiu-se momentaneamente surpreso por ainda se encontrar na viatura. Tentou falar, mas só conseguiu emitir sons roucos. Seus pulmões estavam congestionados.

– Não – disse Hare, pressionando de novo o joelho contra a garganta de Bram.

A dor desapareceu de novo, cedendo lugar a um leve formigamento. Certa vez, há muito tempo, seus amigos haviam arranjado uma vasilha de óxido nitroso, e Bram experimentara uma sensação em que todos os pensamentos eram pura geometria contra um fundo de veludo. Transferiu-se para aquele lugar, e a dor nos pulmões e no corpo deixou de ser uma preocupação urgente. Tudo acabaria bem. Era uma questão de paciência. A justiça viria para todos.

CAPÍTULO SESSENTA E UM

Dez anos depois da agressão, Daniel ainda se locomovia de bengala. Seu maxilar precisara de uma cirurgia reconstitutiva. Os melhores médicos do país haviam trabalhado nele, mas Daniel achara seu novo rosto desconcertante. A pele do queixo ficara lustrosa e esticada. Tinha tentado deixar a barba crescer para ocultá-la, mas os pelos vinham desiguais, e, por fim, viu-se forçado a raspá-la e viver com uma cara que lhe parecia cada vez mais estranha.

Além disso, havia um tratamento constante à base de analgésicos, que havia agravado sua ansiedade social normal. Sabia que não faria novos amigos, não se casaria nem encontraria parceiros de negócios. Sua aparência afastava gente superficial, e seus modos não agradavam ninguém. De certo modo, isso era um alívio. Dava-lhe uma desculpa para enfurnar-se em casa e mergulhar de novo no caos anterior, sabendo que era inevitável. Recebia entregas de comida e remédios duas vezes por semana, e as visitas do fisioterapeuta e do fonoaudiólogo. Fora isso, não tinha o que fazer na vida, exceto lamentar suas perdas.

Na solidão, sua mente perambulava, voltando à casa de Maria ou ao tempo em que procurava sua filha, detendo-se em alguns detalhes – uma frase que alguém dissera ou uma expressão facial. Perdia-se tentando analisar esses detalhes, descobrir o significado deles. Relembrava as últimas palavras que Cray lhe dissera no hospital, a advertência de Maria e sua briga com o detetive Williams no bar perto da Central de Polícia. O que aquilo realmente significava? O que devia ter dito? As coisas poderiam ter sido diferentes? Depois, caía em si e constatava que vinte minutos haviam se passado, mas ele continuava de pé diante da geladeira aberta, deitado na banheira ou olhando para a mesma página de um livro. Os analgésicos, não havia dúvida, estavam mexendo com sua cabeça, mas Daniel não podia viver sem eles. E não apenas por causa da dor física. Eles eram o único recurso que o capacitava a levantar-se e andar. Sem os analgésicos, ficava o dia inteiro reunindo forças só para sair da cama. Daniel sabia muito bem que não havia desculpas. Era um dos homens mais privilegiados do país – mas isso apenas piorava sua depressão. Podia ter feito qualquer coisa, mas não tinha feito nada; e não faria nada, por ser quem era. O mundo não parecia um lugar adequado para ele.

Abandonou-se ao fluxo da vida. Toda noite, sentava-se no escritório, olhando velhos documentos sobre a casa de Maria e sua antiga imobiliária, além de recortes de jornal sobre Hernandez, Williams e a Academia dos Signos Verdadeiros. Lia e relia essa papelada, catalogando todos os pontos em que havia fracassado. E resolveu se suicidar.

Cianeto parecia o meio mais rápido e irreversível. Quase não havia chances de dar errado. Daniel conheceu um funcionário de uma empresa de pesticidas, que vendia sais de cianeto por um preço exorbitante, e comprou quinhentos miligramas. O dobro da dose fatal.

Uma bela manhã, a encomenda apareceu em sua caixa de correio – apenas alguns cristais incolores no fundo de um tubo de ensaio vedado. Daniel levou-o para dentro e colocou-o sobre a mesa. Ainda não era a hora. Deu sequência a sua rotina naquele dia e por mais uma semana, até ter certeza de que estava pronto e preparado. Às vezes, olhava para o tubo e quase o destampava. Outras, pensava em jogá-lo no lixo.

Isso poderia ter se arrastado por meses, mas uma quarta-feira ele acordou tarde. Vinha consumindo bem mais analgésicos que a dose recomendada e, naquela manhã, ingeriu três cápsulas gelatinosas extras antes de tomar banho. Ao terminar, sentiu-se tonto e tropeçou na beirada da banheira, batendo a cabeça contra a pia.

Ficou desorientado. Sangue escorria de um corte em sua cabeça. Tentou estancá-lo com uma toalha, mas isso não deteve o fluxo. Encontrou algumas bandagens no armário do banheiro e ficou examinando-as, sem saber ao certo como funcionavam.

Voltou ao quarto e vestiu-se. Havia sangue por toda parte. De onde ele vinha? Sua cabeça latejava. Passou os dedos pelo ferimento, e eles ficaram quentes e vermelhos. Ah, sim, havia sofrido uma queda.

Devia pedir ajuda. Não tinha vontade de ver ninguém, mas não havia outra coisa a fazer. Discou o número da emergência, e um homem do outro lado da linha disparou uma série de perguntas confusas. Daniel procurou responder a elas da melhor maneira possível; logo, porém, ficou irritado, gritou e começou a chorar.

Pensou que o homem do outro lado da linha fosse se irritar também, mas não: continuou falando em um tom manso, repetindo as mesmas perguntas confusas. Daniel se lembrou de seu endereço e passou-o ao atendente; depois, sentou-se a um canto do quarto, perto do telefone, e esperou.

Após algum tempo, a campainha soou, e Daniel foi atender. Alguns homens com uniformes cor de laranja queriam que ele os acompanhasse. Daniel não desejava sair de casa por questão de segurança, mas os homens eram muito simpáticos, e ele não pretendia ser rude. Assim, entrou na parte de trás da ambulância, e os homens o levaram.

Permaneceu no hospital por duas semanas. Os primeiros dias foram extremamente dolorosos. Os analgésicos não estavam com ele, e ninguém se dispunha a lhe dar outros. Mesmo depois que a concussão cedeu e suas faculdades mentais retornaram, os especialistas continuaram tratando-o com cautela e condescendência, como se Daniel fosse uma criança que se apossara da espingarda do pai. O neurologista-chefe prescreveu-lhe uma bateria de exames e pediu-lhe que preenchesse um longo questionário sobre sua vida diária. Daniel respondeu com honestidade.

– Por quanto tempo ainda vão me prender aqui? – perguntou, depois de preencher o formulário.

– Pode ir para casa quando quiser – respondeu o neurologista.

Era um homem forte. Daniel apreciava o modo como tratava os pacientes: franco, mas sem frieza.

– Parece-me que você está num quadro de depressão, mania, dependência e, provavelmente, transtorno de estresse pós-traumático. Drogas não vão ajudá-lo. Recomendo-lhe, com toda a honestidade, um psicólogo ou um astroterapeuta. Kelly Milton trabalha na sua área. Tem uma ficha profissional excelente no campo da reorientação após traumas e dependência.

Assim, toda sexta-feira após o almoço, Daniel se dirigia ao consultório de Kelly Milton, instalado em uma edícula atrás de sua casa, para duas horas de terapia.

As sessões começavam sempre da mesma maneira. Na primeira hora, Kelly, uma Virginiana sexagenária de cabelos prateados, ouvia-o em silêncio e sem interferir, sentada atrás de sua escrivaninha. Daniel, acomodado em uma confortável poltrona de couro, ia tagarelando sobre tudo o que achava importante dizer a ela. Na segunda metade da sessão, Kelly recorria ao computador para fazer um mapa da atual posição dos planetas e compará-lo com o mapa natal de Daniel. Explicava-lhe então que as energias dos planetas estavam agora se potencializando ou perdendo força dentro dele, e que isso resultava nos sentimentos e preocupações do momento. Explicava-lhe isso em detalhes, para lhe proporcionar uma compreensão profunda das forças astrológicas que influenciavam sua vida e sua conexão com o universo. Passado algum tempo, ele começou a entender a cosmovisão de Kelly – ela não via o mundo como causa e efeito, mas como a manifestação de uma máquina gigantesca feita de energia pura, constituída de engrenagens tais quais as órbitas dos planetas, onde cada peça se movia com perfeita regularidade e previsibilidade. Aos olhos de Kelly, tudo quanto acontecera na Terra não passava de reflexo dos movimentos do cosmo. E tudo quanto acontecera era ao mesmo tempo significativo e inevitável.

– A astrologia revela a verdadeira natureza do mundo – reforçou ela. – Nada em nossa vida ou na sociedade faz sentido, a menos que olhemos sob o véu das aparências físicas e contemplemos a realidade cósmica que está por trás dele.

Daniel podia compreender por que a ideia era tão sedutora. No seu caso, por exemplo, significava estar absolvido de suas culpas. Significava que seu nascimento privilegiado era seu destino e que não havia razão para se preocupar com desigualdades. O alinhamento do cosmo no instante de seu nascimento lhe atribuía certas qualidades que faltavam a outros, e essas qualidades é que tinham lhe dado riqueza e poder – não o dinheiro do pai nem a educação que sua condição havia lhe proporcionado, e tampouco as milhares de pequenas oportunidades no seio de uma sociedade para a qual os Capricornianos do sexo masculino eram tudo e os demais, quase *nada*. Kelly incentivou-o a encontrar a paz interior, a aceitar-se e também ao mundo tal qual haviam sido feitos.

Daniel a desprezava.

Mas precisava das sessões. Sabia que a necessidade de verbalizar seus problemas para uma estranha era sinal de autoindulgência e obsessão consigo mesmo, mas precisava disso. Colocar os problemas em palavras lhes dava estrutura e tornava-os mais fáceis de serem encarados.

Um dia, depois de falar sobre Pamela e a Academia dos Signos Verdadeiros provavelmente pela milésima vez, Kelly disse:

– Essa escola está realmente pesando sobre você.

Era a pura verdade.

– Sim.

– Gostaria de marcar uma sessão extra para uma leitura horária? Poderíamos pedir inspiração aos céus. O que você gostaria de saber?

Daniel refletiu um pouco.

– Gostaria de saber o que os astrólogos e professores faziam com aquelas crianças nos quartos particulares. Gostaria de saber... o que fizeram com minha filha.

– Para isso, não precisamos de uma leitura horária. Basta perguntar a eles.

Daniel se virou na cadeira e olhou para Kelly.

– Como assim?

– Conheço a maioria dos bons astrólogos do país. Em San Celeste, são poucos. Aposto que alguns trabalhavam na escola naquela época, já que as crianças precisavam muito de assistência. Tenho certeza de que posso marcar um encontro. Isso o tranquilizaria?

– Sim – respondeu Daniel, com um assomo de entusiasmo que não sentia havia anos. – Sem dúvida, sim.

CAPÍTULO SESSENTA E DOIS

Daniel voou de sua casa na Costa Leste para San Celeste. Pouca coisa tinha mudado ali em dez anos. Algumas empresas haviam se transferido, havia mais antenas de celular e as rodovias antes em construção estavam concluídas. Mas a cidade continuava muito quente, as ruas ainda eram sujas e ele podia sentir a tensão que pairava no ar.

A astróloga Kelly colocou-o em contato com uma mulher chamada Cynthia Marsh, que, quando estava com seus sessenta e tantos, havia lecionado na Academia dos Signos Verdadeiros e, desde então, aposentara-se parcialmente. No momento, fazia leituras com hora marcada em sua sala de visitas.

Daniel marcou uma sessão por e-mail e foi vê-la no início da manhã. Reconheceu-a de imediato. Era a mulher de permanente que tinha visto dando aulas e entrevistando sua filha. Sua casa era um modesto bangalô em um bairro tranquilo, com jardim bem cuidado e um velho cão sonolento no alpendre. No interior, viam-se móveis antigos e papéis de parede *art déco*. Um papagaio cinzento observava-os com atenção de um poleiro de madeira no canto da sala.

– Acreditávamos mesmo que poderíamos ajudá-los – disse Cynthia Marsh, por cima da xícara de chá. – Werner era um gênio da Astrologia. Estava convencido de que conseguiria dar um jeito em todos eles e nos convenceu disso também. Penso que esse era o traço principal de sua personalidade: era muito convincente.

– Fale-me sobre os quartos – pediu Daniel.

– Que quartos?

– Vi as fitas. Kruger colocava as crianças em quartos especiais. Chamava-os de Quarto da Água, Quarto do Fogo, Quarto da Terra e Quarto do Ar. Não vi nenhuma filmagem do interior desses recintos e ninguém diz nada sobre o que acontecia lá dentro. Pode me contar como era?

Cynthia colocou mais um cubo de açúcar em seu chá e recostou-se na cadeira.

– Não – esquivou-se ela. – Não posso. Não com exatidão. Era o pequeno segredo de Werner. Eu tinha curiosidade a respeito daquilo, é claro, e perguntava às crianças, mas tudo o que respondiam não fazia nenhum sentido. Algumas diziam, por exemplo, que os tais quartos eram portais para mundos genuínos de fogo ou terra. Outras consideravam Werner um mágico que as transformava naqueles elementos. Alucinações, sem dúvida. Foi uma época muito estranha. A insanidade estava no ar, disfarçada de progresso.

O coração de Daniel se encheu de desânimo. Outro beco sem saída.

– Ainda tem contato com Kruger? – perguntou. Talvez conseguisse saber a verdade dos lábios do próprio homem.

– Não – respondeu Cynthia. – Já antes do fechamento da Signos Verdadeiros não nos dávamos muito bem. Ele estava obcecado por ideias astrológicas esotéricas. Passou a ignorar por completo as crianças. Só falava em criar uma *grand crux.*

– O que é isso?

– Hum... – murmurou Cynthia. – Vai ser um pouco difícil explicar. Mas, basicamente... Kruger acreditava ser possível pegar quatro pessoas de signos diferentes e fazer com que partilhassem a mesma... essência cósmica.

– E para que isso? – perguntou Daniel.

– Não sei muito bem. Talvez para provar que podia ser feito. Ou talvez ele julgasse que, quando quatro pessoas com esferas de influência muito diferentes trabalhavam tendo em vista um propósito comum, conseguiam muito mais do que qualquer uma delas conseguiria sozinha.

Daniel fitou-a. Cynthia evitou seu olhar e revirou as folhas de chá no fundo da xícara.

– Ele achava isso, então? – indagou Daniel.

– Acho que sim – respondeu Cynthia, ainda fitando seu chá.

– Qual é o problema?

Por um instante, pensou que ficaria sem resposta. Ela fez menção de abrir a boca, mas fechou-a de novo.

– Fiquei assustada quando Kelly me disse que telefonaria, senhor Lapton – disse por fim. – Assustada, mas também aliviada, porque, enfim, posso tirar um peso dos ombros.

Daniel inclinou-se para ela.

– Que peso?

Cynthia piscou lentamente.

– Ele queria promover a magia. Dissimulava-a com termos científicos, mas era o que tinha em mente. A magia se baseia em rituais, e os rituais não são nada sem sacrifício. Rituais podem ser ignorados, ridicularizados ou esquecidos. Mas, quando se faz um sacrifício, quando se verte sangue, não é possível rir, pois alguém morre para que ele seja realizado.

A mão de Daniel começou a tremer involuntariamente. Tentou controlar essa reação.

– Quem... – começou, mas logo se deteve. Não podia fazer essa pergunta.

– Não sei se Kruger chegou a tanto – disse Cynthia, com lágrimas nos olhos. – Espero que não. Mas havia crianças lá, crianças com quem ninguém se importava...

Calou-se.

– O que está acontecendo? – ela perguntou. – Tudo está girando. Desculpe, não me sinto bem.

Levantou-se, mas foi ao chão, esbarrando na mesa entre os dois e quase derrubando o aparelho de chá. Em seu canto, o papagaio protestou, alarmado.

Ficou estendida no tapete persa empoeirado, o olhar surpreso fixo em Daniel. Ele não conseguia encará-la; lágrimas escorriam de seu rosto.

– Por favor, me ajude – gaguejou Cynthia. – Socorro!

Estendeu um braço para ele, mas não pôde sustentá-lo. Continuou ofegando por mais um minuto, os olhos revirando.

Daniel esperou até que a respiração cessasse. Tirou o celular de Cynthia da bolsa e deletou a mensagem que lhe mandara, limpou-o com seu lenço e recolocou-o na bolsa.

Saiu da casa, puxando a porta até fechá-la às suas costas. O velho cão no alpendre olhou-o por um momento, depois voltou a dormir com um longo suspiro.

Na semana seguinte, recebeu uma ligação.

– Olá, Daniel, é Kelly. Como vão as coisas?

– Bem – respondeu Daniel. – Posso ajudá-la?

– Sinto dizer isto, mas você se lembra de Cynthia Marsh, a astróloga de San Celeste? Eu lhe dei o número do telefone dela. Ela faleceu. Só hoje fiquei sabendo.

– Oh, não! – exclamou Daniel. – Isso é terrível.

– Sim. Encontraram-na já sem vida em sua sala. Acham que foi ataque cardíaco. Conseguiu falar com ela?

– Não – disse Daniel. – Não tive disposição. Acho que nunca teria. Era idosa?

– Estava com uns setenta e poucos. Teve uma bela carreira. Vai deixar saudades.

Daniel não se encontrou mais com Kelly Milton. Pagou o que lhe devia e não marcou mais sessões. Preferiu enfrentar sozinho seus problemas.

CAPÍTULO SESSENTA E TRÊS

Lindi achou que estava tendo um ataque de pânico. Tentou normalizar a respiração.

– Bram Coine está morto – disse ao telefone.

Do outro lado da linha, Burton replicou:

– O quê? Como assim?

– Encontraram o corpo numa vala da Emperor Street, Burton. Em Ariesville. O que será que ele estava fazendo em Ariesville? Meu Deus, coitado do pai dele...

– Lindi, por favor, você está falando rápido demais. Tem certeza de que ele morreu?

– Sim, Burton. Saiu nos jornais. Não consigo acreditar. Eu...

– Quer conversar? Gostaria de vir aqui em casa? Está uma bagunça, mas...

– Gostaria sim, Burton – agradeceu Lindi.

Megan não atendia a seus telefonemas. Lindi tinha certeza de que o outro caso enrolado de Megan havia dado o ar da graça de novo.

– Ótimo. Venha quando quiser. Estarei lá fora, pintando a parede da entrada da casa.

Lindi chegou à casa de Burton meia hora depois. Conforme dissera, ele estava do lado de fora, junto a uma longa faixa de tinta fresca perto da porta, um pouco mais clara que o restante da parede. Pegou as latas e colocou-as para dentro.

– Quer um drinque?

– Vinho tinto?

– Tenho um que uso para cozinhar. Acho que está bom.

– Vou correr o risco – disse Lindi, fazendo uma leve careta. – Obrigada.

Sentaram-se na sala. Lindi bebeu vinho e Burton saboreou uma dose de uísque.

– Ele era um bom rapaz – disse Burton por fim. – Um pé no saco, mas bom rapaz.

– Estava defendendo você na internet – observou Lindi.

– Eu sei. Queria melhorar minha reputação.

Lindi quase sorriu, mas se conteve. Permaneceram por algum tempo em silêncio.

– Preciso lhe mostrar uma coisa – disse ela por fim.

– À vontade – convidou Burton.

– Posso usar seu computador?

Ela apontou para a velha máquina sobre a escrivaninha de Burton, na sala. Ele concordou. Lindi ligou o computador e abriu a página que Bram Coine sempre frequentava. Os comentários eram puro espanto e cólera. Em meio às mensagens havia uma de um tal AKT.

Eu conhecia Bram muito bem. Fomos colegas de classe no primeiro ano. Sou Ariano e ele era Virginiano, mas isso não prejudicou nossa amizade porque Bram não ligava para signos. Ou talvez não fosse capaz de ligar. Quando olhava para mim, olhava para mim.

Talvez tivesse dificuldade para socializar, mas preocupava-se muito com as pessoas, e a injustiça era para ele motivo de dor e frustração.

`Trabalhamos juntos até o fim. Bram pode ter cometido alguns atos ilegais, mas jamais fez isso sem um motivo justo. Não sei se sua morte foi um crime casual ou se tem relação com o que estivemos fazendo. Sei apenas que, antes de morrer, ele obteve dados que o governo não queria divulgar, apesar dos pedidos reivindicando a Lei de Liberdade de Informação. Hesitamos em publicá-los, pois isso poderia levar Bram à cadeia.`

`Faço isso agora, sem ignorar os problemas que talvez venha a enfrentar. Mas tenho de fazê-lo, por Bram.`

No final da postagem, havia um *link* para um arquivo. Lindi abriu-o e mostrou-o a Burton, que demorou um pouco para entender o jargão jurídico.

– Não pode ser verdade – observou ele.

– Eu acho que pode.

Era uma lista de projetos sob responsabilidade do governo local, nos termos da Lei de Resposta Civil. Não havia detalhes concretos, mas haviam sido garantidos financiamento e confidencialidade legal a projetos com os seguintes títulos:

Intervenção Macrossocial
Astroterapia Química
Técnicas de Interrogatório Ampliado
Reabilitação Avançada

A segunda parte do documento era uma vigorosa ameaça a pessoas não autorizadas que fossem flagradas com materiais relativos a esses projetos. Pelo que Burton entendeu, a Lei de Resposta Civil permitia detenções e interrogatórios sem julgamento.

– O que é Astroterapia Química? – perguntou Burton.

– Sei lá. Mas, seja o que for, Bram foi longe demais. E nós também estamos indo.

Continuaram bebendo em silêncio.

CAPÍTULO SESSENTA E QUATRO

Daniel, na verdade, não aceitava as premissas da Astrologia. Quanto mais observava o mundo, mais tinha certeza de que os traços de caráter das pessoas eram profecias cuja realização elas mesmas provocavam. Sabia que isso o tornava um antissignista e não demoraria a transformá-lo em um pária social, se é que já não o era. Mas achar algo risível não significava que os outros deixariam de encará-la com a mais genuína seriedade. Ou seja, ele também devia encará-la com seriedade.

Consultou a seção de Astrologia da biblioteca e pegou o máximo de livros sobre *grand crux* que conseguiu encontrar. Leu-os com atenção – um general estudando o inimigo.

Ali estava, de forma resumida, tudo o que desprezava na sociedade e em si mesmo. Não se tratava apenas de desigualdade, mas de falta de compaixão e bom senso. Kruger usava a Astrologia ficcional para tramar a própria conspiração; para alcançar os próprios objetivos. E Daniel sabia, com uma raiva que sufocava quaisquer dúvidas, exatamente quem Kruger havia aliciado para sua pequena cabala.

O primeiro era o policial que comprometera a investigação da Academia dos Signos Verdadeiros, o detetive Williams. Daniel percebera isso durante seu encontro com ele. Williams se comportava como alguém que fingia ser Taurino para não destoar dos outros policiais ao redor. E o signo que distava noventa graus do dele era Leão. Nada mais fácil que descobrir de quem se tratava: o tagarela Hammond, envolvido no caso das doações à Signos Verdadeiros. Havia também um Escorpiano: o prefeito de San Celeste.

Daniel, tomado de fúria, sabia que aquilo era verdade. Não podia ser mais ninguém. Aqueles quatro se julgavam um quarteto mágico, intocável – e a filha de Daniel tinha sido a vítima de toda aquela presunção.

Daniel, que jamais tivera certeza de alguma coisa em toda a vida, agora sabia muito bem o que devia fazer.

Contudo, não poderia fazê-lo sozinho.

Encontrar Cray seria fácil. Daniel já tinha um advogado vigiando-o, para garantir que nunca dissesse nem praticasse nada capaz de causar problemas a nenhum dos dois.

Cray ficou surpreso e inquieto ao receber o telefonema inesperado, mas aceitou que Daniel fosse visitá-lo. Ainda morava em Ariesville, em um apartamento que tinha pertencido a Hernandez, mas que agora era de seu primo. Da última vez que Daniel o vira, era um garoto; agora, porém, estava com vinte e tantos e encorpara. Comportava-se como alguém que estivesse no comando.

– Entre – convidou ele orgulhosamente. Em seguida, apresentou Daniel à sua esposa e ao filho. – Esta é Ella.

– Ella!

Daniel a vira pela última vez quando a jovem tinha 12 anos de idade e estava com um esparadrapo sobre o olho. Agora, era uma mãe de 22 anos. Envolveu Daniel com um braço enquanto, com o outro, segurava o bebê.

– E este é o jovem Danny.

Daniel olhou para Cray.

– Danny?

Cray levou-o para a pequena cozinha e preparou drinques para eles. Daniel deixou o olhar passear pelo local, observando as obras de arte penduradas nas paredes: desenhos a lápis de cenas de rua em Ariesville, com um toque impressionista.

– Foi você que desenhou isto?

– Não, são todos de Ella.

– Muito bons! – reconheceu Daniel.

Ella sorriu, orgulhosa.

Cray encheu três copos, mas, antes que pudessem beber, o jovem Danny começou a berrar.

– Ella, dê um jeito nesse menino – exclamou Cray.

Ella revirou os olhos.

– Vou levá-lo para fora. Ele fica mais calmo depois de um passeio.

Saiu do pequeno apartamento com o bebê, cujos gritos ecoaram no corredor do prédio.

– E então? – perguntou Daniel. – O que tem feito desde nosso último encontro?

Cray deu de ombros.

– Fui para o Meio-Oeste. Tive um emprego muito bom como segurança de uma boate durante algum tempo. Depois voltei para cá e me encontrei com Ella de novo. Bem, ela estava mais velha, eu estava mais velho...

– Parabéns! – cumprimentou Daniel.

Brindaram e bebericaram. Cray, como sempre, escolhia muito mal os uísques.

– Bem – continuou Daniel –, devo lhe dizer que esta não é uma visita social.

– Eu sabia.

– Tenho um trabalho a fazer. Um trabalho grande.

Cray assentiu.

– Trabalho administrativo ou... do outro tipo?

– Do outro tipo.

Cray lançou-lhe um olhar longo e firme.

– Não posso – disse. – E não quero. Agora, tenho Ella e o menino. Entrei para uma empresa que conserta elevadores. Não é um emprego que exija muita instrução, mas paga bem. Poderemos sair daqui em alguns meses e ir para o sul. Você precisa de mim para infringir alguma lei?

Daniel assentiu com um gesto de cabeça.

– Então não posso. Eu mudei, Daniel. Encontrei o meu lugar.

Daniel sorriu, terminou seu drinque, despediu-se e foi embora de Ariesville. Sua mente foi processando as novidades – que não eram aceitáveis. Tinha um plano e precisava de Cray para colocá-lo em prática.

Cray podia ter mudado; Daniel, porém, sempre seria capaz de atraí-lo de novo.

Ella era uma artista talentosa. Daniel conhecia várias escolas na Costa Leste que procuravam com desespero promover a diversidade, recrutando alunos de ambientes empobrecidos. Seria fácil conseguir uma bolsa de estudos para ela. E a empresa de consertos de elevadores de Cray, bem... as grandes corporações que a contratavam poderiam sempre contratar outra.

Daniel sabia que estava sendo injusto. Sabia que iria causar sofrimento a Cray. Mas tinha de ser feito, pois a única coisa que lhe importava era trazer justiça a um mundo despedaçado.

CAPÍTULO SESSENTA E CINCO

– Será que vão lhe dar o devido reconhecimento? – perguntou o detetive Rico.

– Quem? – retrucou Vince Hare, o capitão do Esquadrão Aríete.

Estava sentado diante de Rico e Kolacny em uma das cadeiras do escritório.

– Os Arianos – respondeu Rico. – Acha que mostrarão lealdade àquele porta-voz deles, senhor?

Hare fungou e deu de ombros.

– Não creio que isso esteja na natureza deles – disse ele. – Ou talvez nem tenham ouvido falar do cara. Provavelmente, nem perdem tempo diante de telas de computador, como alguns signos fazem.

Rico olhou para o relatório inicial que estava sobre sua mesa. O corpo de Bram Coine fora encontrado pouco antes do amanhecer em uma vala aberta para uma nova tubulação de esgoto em Ariesville. A lividez da pele mostrava que havia morrido na tarde anterior e sido jogado ali por volta da meia-noite. Um bilheteiro da estação ferroviária descobrira-o ao caminho do trabalho.

– Vocês acham muitos corpos como este em Ariesville, não, senhor? – indagou Rico.

– Sim – respondeu Hare em tom calmo. – Na maioria, traficantes de drogas e chefes de gangues. É uma sorte que se matem entre si, não é mesmo? São em geral difíceis de processar e, mesmo quando conseguimos colocá-los na cadeia, acabam de volta às ruas dois anos depois, com o dobro de contatos feitos durante o tempo na prisão. É bom que alguém apareça de vez em quando para dar um jeito neles.

Rico tamborilou a caneta no tampo da mesa. Aquilo era de dar nos nervos. Não apenas por causa da natureza dos fatos que se via obrigado a ignorar, mas também porque não poderia esperar outra coisa. Ninguém na Crimes contra a Pessoa ousava desafiar o Esquadrão Aríete. Esse era o motivo de Hare haver concordado em comparecer à entrevista. O Departamento de Homicídios não significava nada para ele.

– Sendo assim, o caso do senhor Coine foi apenas um acidente infeliz – disse Rico. – Estava no lugar errado, na hora errada.

– Exatamente. – Hare assentiu balançando a cabeça. – Por mais que avisemos as pessoas, elas nunca nos ouvem.

Rico sabia que, se pressionasse mais um pouco, encontraria evidências suficientes para incriminar aquele grupo. Estava certo de que, ao longo dos anos, o Esquadrão Aríete havia deixado um rastro que o denunciaria com facilidade. Contudo, forçar a barra dividiria o departamento em dois. Muitos policiais honestos tomariam as dores dos acusados. E isso levaria tempo, durante o qual o Esquadrão Aríete encontraria inúmeras maneiras de acabar com ele.

Além do mais, era impossível negar, o Esquadrão Aríete fazia um trabalho que ninguém mais era capaz de realizar, ainda que quisesse.

Hare esticou os braços.

– E então, terminamos aqui? – perguntou ele. – Há denúncias de roubos na Ellen Street. Temos de manter a ordem.

– Só mais uma coisa – interveio Kolacny, sentado ao lado de Rico. – Vocês estão com Solomon Mahout na nova delegacia, mas este departamento precisa interrogá-lo. Podemos...

– Não se preocupem com Mahout. Temos nosso sistema de interrogatório. Seja lá o que descobrirmos, comunicaremos. Posso ir agora?

– Claro – disse o detetive Rico. – E obrigado pela atenção.

– Tudo pelos meus colegas policiais – disse Hare, com sarcasmo. Levantou-se.

– Você se dava bem com o chefe Williams, não se dava? – perguntou Rico.

– Eu, pessoalmente? Um pouco. Ele respeitava o Esquadrão Aríete. Abria o caminho para nós, tornando mais fácil nosso trabalho. Era um bom policial. – Sorriu para Rico. – E vocês também estão se saindo muito bem, rapazes.

CAPÍTULO SESSENTA E SEIS

Seis meses depois da última vez que vira Daniel Lapton, Cray pegou a melhor camisa que tinha de uma das sacolas de plástico amontoadas no fundo do armário do albergue. Levou-a, junto com a única calça jeans boa que lhe restava, para a lavanderia da esquina, e ficou uma hora esperando a roupa ser lavada e secar. A camisa saiu da máquina completamente amarrotada, mas ali não havia ferro de passar, e Cray, na verdade, nunca havia usado um. Enfiou-a então de novo na sacola. Voltou ao albergue para vestir sua camiseta mais limpa, sob a velha jaqueta militar do irmão.

Dirigiu-se à cafeteria da esquina para encontrar o coroa. Nos dez anos desde que o havia conhecido, Daniel tinha mudado muito. A pele pendia frouxa no corpo e os ombros estavam caídos. Sentara-se em um canto escuro, embaixo de uma foto em preto e branco de uma antiga churrascaria, a bengala ao lado e a perna balançando compassadamente. Mas, ao ver Cray, sorriu e chamou-o.

– Meu Deus, olhe só pra você! – exclamou Daniel, enquanto Cray se sentava à sua frente. – Tudo bem? O que aconteceu?

Cray resmungou alguma coisa e ergueu um dedo, acenando para a garçonete ao fundo do estabelecimento. Ela distribuía cardápios a alguns clientes, mas respondeu com um gesto de cabeça.

– Como vão as coisas com Ella? – perguntou Daniel.

– Nada bem – respondeu Cray.

– Hã?

– Ela recebeu uma bolsa de estudos de uma escola do outro lado do país. Tudo pago. Ela queria ir, mas eu fui contra. Tenho negócios aqui. Ela não me ouviu. E eu disse certas coisas.

– Como assim? Que coisas?

Cray ficou tenso. Esquecera-se de que Daniel podia ser muito insistente. Qualquer outro levaria uma porrada na cara por falar daquele jeito, mas Daniel era como uma criança. A associação de riqueza e ignorância significava que ele nunca havia aprendido a manter a boca fechada.

– Coisas que ela não está disposta a perdoar – explicou Cray, sem mais rodeios. – Levou Danny com ela para a Costa Leste.

– E quanto a seu emprego? Você continua lá?

Daniel percebia com clareza a raiva crescente de Cray, mas ainda assim não se deteve. Cray desejou estender as mãos por cima da mesa e agarrar o velhote pelo pescoço cheio de cicatrizes.

– Não deu certo – respondeu. – Fazia dois meses que já não entravam mais trabalhos.

– Então – disse Daniel –, é uma sorte eu estar aqui.

A garçonete se aproximou da mesa com um sorriso. Estava de avental sobre o vestido xadrez curto; tinha cabelos loiros presos em um rabo de cavalo e franja. O proprietário talvez a fizesse se vestir daquele jeito para despertar fantasias.

– Seu pedido?

– Café – disse Cray.

– E para o senhor, está tudo certo? – perguntou a Daniel, que assentiu.

Quando ela se afastou, Daniel se inclinou para Cray.

– Tenho uma pergunta a fazer – disse ele. – Confidencial. Podemos ir a outro lugar qualquer? Gostaria de não ser perturbado a cada cinco minutos.

– Nada disso – objetou Cray. – Aqui está ótimo. Se tem algo a dizer, este é o melhor lugar. Não há ninguém perto o suficiente para nos ouvir e, se formos discretos, a garçonete não se lembrará da nossa cara. Vai ser discreto, não vai?

Olhava fixamente para Daniel. O velho abriu e fechou a boca. Pareceu não gostar de ter sido contrariado, ou, talvez, sua mente houvesse se deteriorado nos últimos dez anos. Cray precisava de trabalho, mas não se envolveria com Daniel até ter certeza do que se tratava.

Daniel soltou um profundo suspiro.

– Queria saber se ainda posso confiar em você – disse.

Cray não levantou a voz, mas foi direto:

– Matei três pessoas por sua causa. – O sentido dessas palavras era: *vá se ferrar*.

– Sei disso – murmurou Daniel.

– O que quer que eu faça agora?

– A mesma coisa. Desta vez, são quatro.

A garçonete chegou com o café de Cray.

– Leite? – perguntou.

Cray assentiu com um gesto de cabeça, sempre de olhos fixos em Daniel. A garçonete despejou o leite em sua xícara e deixou alguns sachês de açúcar na mesa, entre os dois.

Depois que ela se foi, Cray perguntou:

– Quem e por quê?

– Você conhece bem Astrologia? – e Daniel começou a falar de conjunções, quadraturas e outras baboseiras acadêmicas. Cray ouvia vagamente, mas sem desgrudar os olhos do velho. Percebeu que Daniel estava imerso em seu mundo interior, dizendo coisas que Cray ignorava por completo. Sequer olhava direto para Cray. Mau sinal. Cray se preparava para sair quando Daniel chegasse ao ponto importante.

– Kruger era o diretor da Signos Verdadeiros. Hammond financiava a instituição e encobria os erros. Williams e Redfield davam um jeito quando as coisas saíam errado. Brincavam com a vida das pessoas. E para quê? Para se proteger e alimentar a maldita ideia deles de como o mundo funciona.

Cray se cansou de bancar o submisso.

– E daí? – explodiu ele. – Você não é diferente. Nem eu. Todo mundo faz isso. E quer saber de uma coisa? Os Capricornianos são os piores.

Daniel rangeu os dentes. Cray notou algo estranho no maxilar dele. Não voltara ao normal depois de ter sido quebrado. Fazia Daniel parecer outra pessoa, embora, na verdade, Cray nunca o houvesse conhecido de fato.

– Tudo bem – disse Daniel, tenso. – Esqueça as justificativas. Eles assassinaram minha filha antes que eu a conhecesse, por motivos egoístas e estúpidos. Passei a vida refletindo sobre o que era certo e errado, mas tenho dinheiro e poder suficientes para destruí-los. É só isso que me mantém vivo.

Agora as coisas estavam mais claras. Cray terminou seu café e pôs a xícara de lado.

– Vingança – falou ele.

– Sim. Uma oportunidade de dar o troco a quem machucou nós dois.

– A última vez que fiz isso, você me colocou para escanteio e me ignorou durante dez anos.

Cray não sabia por que estava dando corda a Daniel. Talvez para ver como ele reagiria.

– Pelo que me lembro, as coisas não se passaram dessa maneira – rebateu Daniel.

– Ah, é? Como anda sua memória? Qual foi a última coisa que eu lhe disse na ocasião?

– Que eu não devia ter enfrentado Hernandez como empresário – respondeu Daniel. – Você tinha razão sobre um punhado de coisas na época. E agora preciso de sua ajuda. Considero este trabalho mais importante que minha própria vida.

– Mais importante que oitenta mil dólares?

Daniel estacou. Seus olhos fuzilaram o rosto de Cray.

– O quê?

– Antes eu trabalhava por lealdade – prosseguiu Cray. – Não conhecia muitos Capricornianos pessoalmente, então, quando entrou na minha vida, achei que fosse um rei ou algo parecido. Pensei que, se fizesse suas vontades e fosse fiel, você cuidaria de mim e eu não precisaria mais me preocupar com as necessidades comuns. Então matei aqueles caras, você sumiu, e eu mesmo tive de resolver meus problemas. Posso liquidar os outros, é claro, mas não vou fazer isso só por diversão. Se quiser minha ajuda, terá de pagar pelo que ela vale.

– E você terá de merecer – falou Daniel.

– Oitenta mil – insistiu Cray. – Vinte mil para cada um deles. E será tudo feito como se deve. Reservamos um tempo, planejamos o negócio e desaparecemos. Está de acordo?

– Vamos arredondar para cem – propôs Daniel, estendendo a mão a Cray sobre a mesa.

Cray olhou para aquela mão. Ainda havia muito a considerar. Daniel estaria mesmo falando sério? Se fosse preciso, hesitaria em denunciar Cray? A promessa de dinheiro era um bom começo; mas não tão bom quanto descobrir o que se passava pela cabeça de Daniel – isto é, se é que isso era possível entre um Ariano e um Capricorniano.

Pegou a mão de Daniel e a apertou.

– Combinado.

CAPÍTULO SESSENTA E SETE

– Isso é loucura, capitão!

Burton sabia as consequências de desafiar um superior, mas aquilo já passava dos limites e ele estava irritado demais para se conter.

– Vi o assassino com meus próprios olhos – disse. – Cheguei segundos depois de o prefeito ser morto. Se quer me ver fora do caso, ótimo. Você é o chefe. Mas Rico e Kolacny estão ignorando inúmeras pistas. Que diabo andam fazendo com a investigação? Não têm nenhuma experiência para assuntos dessa natureza!

– Não têm – concordou o capitão Mendez. Estava de pé junto à escrivaninha, em seu escritório, debruçado sobre alguns relatórios, na mesma posição em que Burton o vira ao entrar. – Mas veja aonde a experiência levou você neste caso.

Parecia calmo. Talvez esperasse por aquilo. Burton o encarou com firmeza.

– Você mandou que acabassem com o meu trabalho, não mandou?

Mendez se virou e o encarou também.

– Mandei que conduzissem a investigação da maneira correta. Que ficassem na cola dos suspeitos mais prováveis, como Mahout.

– Vá pro inferno! – esbravejou Burton, batendo as mãos na beirada da escrivaninha de Mendez. – Acha que não sei o que está acontecendo?

Começo fazendo perguntas sobre o prefeito e o Esquadrão Aríete; de repente, meus arquivos desaparecem e sou tirado do caso. Uma de minhas testemunhas é assassinada e desovada em Ariesville. Não estão nem se dando o trabalho de disfarçar! Isso é corrupção descarada! Quando a imprensa descobrir...

– E quem vai ouvi-lo? – vociferou Mendez. – Hein? Acha que alguém dará crédito a um desvairado? Você não é nem de longe um herói dedo-duro. Atrapalhou-se todo no caso, não conseguiu encontrar provas, perdeu arquivos importantes...

– Esses arquivos foram roubados pelo maldito Esquadrão Aríete! – bradou Burton.

– Cale a boca e desapareça! – retrucou Mendez. – Não vou mais livrar sua barra.

– Livrar minha barra? – irritou-se Burton. Sentia que suas faces queimavam. – Você vem me prejudicando desde o início!

– Suspensão total, Burton. Dê o fora do meu prédio.

Mendez empurrou Burton, que cambaleou para trás e teve de se segurar no batente da porta para não cair. Alguns detetives da Homicídios estavam do lado de fora do escritório. Haviam entrado ao ouvir os gritos e olharam para Burton com frieza, sem se envolver, mas fazendo-se presentes. Burton sabia, se revidasse, qual partido tomariam. Levantou os braços em sinal de rendição e trocou um olhar com Mendez.

– Sim, senhor – murmurou.

Saiu do escritório do capitão. Os policiais lhe deram passagem sem dizer uma palavra sequer.

CAPÍTULO SESSENTA E OITO

Daniel começou a planejar os assassinatos. Usando um nome fictício, alugou dois carros e, por um breve período, uma casa perto de Conway Heights, térrea, com acabamento de madeira e caminho de entrada coberto de cascalho. Um quartel-general absolutamente discreto para a operação. Poucos dias depois, levou Cray ao banco e mostrou-lhe um cofre em seu nome com os cem mil dólares. Deixou que visse o dinheiro, trancou o cofre e confiou a chave a um advogado, ficando estabelecido que o montante seria entregue a Cray após a realização do trabalho. Daniel conseguiu uma identidade falsa para Cray, inventou uma história convincente a fim de encobrir a operação e deu-lhe uma passagem de ônibus para uma cidade não revelada ao norte. Caso Daniel fosse preso, Cray poderia desaparecer.

A próxima etapa era a pesquisa. Precisavam estar perto das vítimas. A história com Hernandez lhes dera certa experiência de como sondá-las. Daniel não poupou despesas para adquirir equipamentos anonimamente e mandar que fossem entregues na casa alugada. Instalaram GPS nos carros de Williams e seus vizinhos próximos, o que permitiu a Daniel inteirar-se da agendas cotidiana de todos. Conseguiram até colocar microfones na casa dele, pelas aberturas de ventilação nas paredes externas. Grampearam o telefone da casa de Williams, embora ele o usasse muito pouco. Com mais sucesso, subornaram as pessoas certas na empresa telefônica de seu celular, e então Daniel pôde rastrear as chamadas e mensagens de Williams. Depois, subornando também um funcionário entediado da empresa de segurança, obteve o esquema de instalação do sistema de alarme da casa.

Com os outros três alvos foi um pouco mais difícil. Hammond era uma figura pública e bem mais paranoico, ou seja, o esquema de segurança era mais reforçado em sua casa. Kruger morava em um condomínio fora da cidade, constantemente vigiado. As visitas a San Celeste quase não podiam ser previstas; além disso, usava veículos diferentes a cada vez. Parecia até que sabia estar sendo perseguido. Quanto ao prefeito, era o mais esperto de todos. Estava sempre sob proteção policial, e Daniel precisaria abordá-lo com a máxima cautela, pois, sem dúvida, a equipe de segurança já devia ter antecipado a maioria dos ângulos de ataque a que poderia estar sujeito.

Levou meses, mas no fim deu tudo certo, como sucedia a qualquer iniciativa Capricorniana. Os dois estavam prontos. Sentaram-se, uma noite, à mesa da cozinha da casa alugada, com uma garrafa de uísque entre ambos, em memória aos tempos passados.

– Sábado de manhã será melhor – disse Cray. – Com Williams de folga e quase todos os vizinhos fora, vou poder entrar e sair em um minuto.

Daniel balançou a cabeça em uma negativa.

– Desse, eu mesmo quero me encarregar.

Cray se mostrou cético, mas Daniel manteve-se firme.

– A vida inteira paguei outros para fazerem coisas em meu lugar – explicou ele. – Esta será minha vingança. Não vou me privar dela.

CAPÍTULO SESSENTA E NOVE

Sábado de manhã, Daniel e Cray estacionaram na esquina perto da casa de Williams. Daniel ficou um pouco afastado, longe do campo de visão de quem aparecesse à porta, enquanto Cray tocava a campainha.

Após alguns segundos, a porta se abriu. Daniel ouviu Cray usar a desculpa que haviam combinado:

– Chefe Williams? Desculpe-me incomodá-lo em casa, mas tenho algo a lhe dizer e não convém fazer isso na delegacia. É sobre o Ascendente Áries. Posso entrar?

– O que há com o Ascendente Áries?

Daniel viu Cray deslocar o peso do corpo de um pé para o outro. Tinham achado que Williams morderia a isca logo ao ouvir as primeiras frases. Se isso não acontecesse, Cray deveria improvisar.

– Fui membro da organização durante uns cinco anos, mas me expulsaram depois que discuti com Solomon Mahout. Mas sei de muitas coisas. Por exemplo, você tem alguns simpatizantes dos Arianos trabalhando na Homicídios e na Narcóticos. Lamento, cara, mas não posso falar sobre isso na rua.

Seguiu-se uma pausa. Daniel não podia ver Williams, mas supunha que agora ele havia entrado na conversa de Cray.

– Certo – disse o policial por fim. – Espere aqui. Vou chamar um amigo do Esquadrão Aríete.

– Não, cara. Vim aqui conversar com você pessoalmente. Não confio em mais ninguém – e Cray deu um passo à frente, mas Williams barrou-lhe o caminho.

– Fique onde está!

Aquilo já tinha ido longe demais. Daniel saiu do esconderijo e viu Cray chutando a porta com a bota. Williams foi rápido. Desviou o pé de Cray e bateu a porta em sua cara.

Daniel sabia que o sistema de alarme da casa tinha dois botões, um no dormitório e outro na sala. Se Williams acionasse qualquer um deles, Daniel e Cray estariam em uma bela encrenca. Cray forçou a porta com o ombro. Ela estremeceu, mas não se abriu. Na segunda tentativa, cedeu.

Daniel percebeu movimento lá dentro. Williams correu para a direita, em direção ao quarto. Cray sacou a faca enquanto o perseguia.

– A caixa! – gritou Daniel. – Vá até a caixa!

Cray virou à esquerda no final do corredor, à procura da caixa do sistema de segurança. Daniel esperava ouvir o som agudo do alarme a qualquer momento, mas só houve silêncio. Cray devia ter cortado o fio antes que Williams pudesse pressionar o botão.

Daniel chegou à porta mancando. Cray, após mexer no sistema de alarme, saiu, fez sinal a Daniel e correu para o quarto com a faca em punho. Viraram no corredor. Williams estava na porta do quarto com um taco de beisebol nas mãos para se defender.

– Deem o fora de minha casa, seus Arianos de merda!

Aquilo ia ser mais fácil do que Daniel pensara. Sacou o revólver do coldre preso ao ombro, sob o casaco, e o apontou para Williams.

– Abaixe isto! – gritou.

Williams hesitava, avaliando os dois homens, de olho na faca e no revólver.

– Agora! – ordenou Cray.

Williams abaixou o taco e mostrou-lhes as mãos espalmadas. Manteve os ombros encurvados e os joelhos semiflexionados, pronto para correr se fosse preciso.

– Trouxe a fita? – perguntou Daniel.

Cray assentiu com um gesto de cabeça. Pôs a faca na bainha presa ao cinto e pegou um rolo de fita adesiva, do qual retirou meio metro.

Quando Cray se aproximou, Williams reagiu. Era surpreendentemente rápido para um homem idoso: cerrou o punho e desferiu um golpe para cima, tentando quebrar o nariz de Cray, mas este virou o rosto e foi atingido no queixo.

O velho estendeu o braço para agarrar a arma de Daniel, mas Cray empurrou-o. Williams bateu contra a parede do corredor e caiu no chão. Cray imobilizou-o.

– Basta – disse Daniel, apontando a arma para a cabeça de Williams. – Não resista. Vamos amarrá-lo, pegar alguns objetos e ir embora. Se facilitar as coisas para nós, estaremos fora de sua casa em dez minutos, e você poderá continuar com sua vida. Combinado? Então, fique quieto.

Cray tapou a boca de Williams com fita; depois, atou seus punhos e pernas.

– Muito bem – disse a Daniel depois de fazer o trabalho. – Onde vai ser?

– Estava pensando no quintal – respondeu Daniel. – Ele mandou cavar ali umas valas para os canos de drenagem da piscina. Vamos então deixá-lo se entregar ao elemento dele.

Williams arregalou os olhos de um para o outro, dando-se conta enfim de que haviam mentido.

– Ah! – exclamou Cray, com um largo sorriso no rosto. – Um bom trabalho de *serial killer*.

Williams se esticou todo para a frente, na tentativa de se afastar dos dois, rastejando. Um gesto inútil. Cray segurou-o pelos cabelos, a fim de mantê-lo imóvel, e olhou para Daniel.

– Lá fora é perigoso. Tem certeza de que quer fazer o trabalho lá?

Daniel baixou os olhos para Williams.

– Sim. Quero chamar a atenção das pessoas. Quero horrorizá-las. Quero expor as vísceras de Werner Kruger. Se é para fazer, vamos fazer bem-feito.

Cray segurou Williams pelas axilas, e Daniel levantou-o pelas pernas. Arrastaram-no pela casa até os três degraus de ladrilhos brancos que desciam para a sala. Williams se contorcia nos braços deles.

– Sossegue! – irritou-se Cray.

Soltou Williams no chão e deu-lhe um pontapé, mas isso não impediu o velho de se agitar. Por que o faria? Não ignorava o que aconteceria com ele.

Cray destrancou e abriu a porta corrediça de vidro que dava para o quintal. Foi até lá para ver se a barra estava limpa e voltou.

– Como quer fazer? – perguntou a Daniel. – Vai lhe dizer por que vai matá-lo?

– Seria bom, não?

– Seja lá o que for fazer, faça depressa.

Daniel se inclinou para Williams.

– Isto é por minha filha – explicou. – Por tudo o que aprontou junto com Redfield, Kruger e Hammond. Por ter obrigado pessoas a se adaptar à sua mesquinha realidade. Por pensar que está acima da lei. Mas... adivinhe só? Eu também penso assim! Esqueça tudo isso. Você vai morrer porque quero matá-lo.

Williams balançou a cabeça. Lágrimas começaram a correr por suas faces. Parecia implorar a Daniel pela vida, mas já era tarde demais para isso.

Cray levantou-o de novo pelas axilas e levou-o para fora, largando-o ao lado da vala perto da piscina. Daniel se aproximou, mancando, postou-se ao lado de Williams e apontou a arma para sua cabeça.

– Mas que droga você acha que está fazendo? – alarmou-se Cray. – Isso vai ser barulhento demais!

– O que quer que eu faça, então? Que o estrangule?

Cray levou a mão à bainha da faca e sacou-a, entregando-a a Daniel pelo cabo.

– Vamos lá – disse, dando um passo para trás.

Daniel apontou a faca para Williams, que se contorcia em desespero.

– Vamos lá!

Daniel se debruçou sobre a vítima e enfiou a faca em seu flanco. Fez isso bem devagar, sentindo a lâmina cortar e rasgar a pele e os músculos. Williams gemeu atrás da fita que lhe cobria a boca. Seus olhos reviraram, e o corpo inteiro foi tomado de espasmos. Sangue quente espirrou na mão de Daniel. Aquilo era pior do que havia imaginado, mas não perdeu o controle.

Você quer isto.

Valendo-se das mãos e de todo o peso do corpo, deslocou a faca para o lado, abrindo a barriga de Williams. A vítima gemeu de novo por trás da fita, e as narinas inflaram. Teria vomitado se pudesse; tinha entrado em choque. Os intestinos saltaram pelo corte. O cheiro era indescritível.

– Você está fazendo uma bagunça dos infernos – recriminou Cray. – Era só ter cortado a garganta dele.

– Olá! Serviço Expresso de Arrumadeira.

A voz vinha de dentro da casa. Cray e Daniel se viraram naquela direção.

– Havia alguém com ele lá? – sussurrou Cray.

– Não sei.

– Droga!

Daniel voltou mancando para a casa. Atrás dele, Cray empurrou o corpo de Williams para a vala.

– Olá!

A voz vinha da porta da frente, e era de uma moça com sotaque pisciano. O interfone tocou. Daniel caminhou em silêncio pela casa até chegar a um canto próximo da porta. A luz ainda penetrava pela fresta, e uma sombra o informou de que alguém estava bem ali, na soleira.

Após alguns momentos, ela começou a falar com alguém em voz baixa. Daniel não conseguia entender as palavras. Achou que a jovem pudesse ter companhia, mas a entonação revelou que falava ao celular.

A sombra se moveu enquanto ela se afastava. Daniel se aproximou mais e olhou pela fresta. Lá estava a jovem, de vestido azul xadrez e avental, com cabelos loiros e rabo de cavalo, falando ao celular. Contornou o canto da casa e desapareceu do campo de visão de Daniel. Pensou que a moça tivesse ido embora, mas logo ouviu o ruído de um portão lateral se abrindo.

Droga.

– Alô? Senhor Williams? – chamou de novo a jovem.

Daniel se esgueirou para a sala o mais rápido que pôde. Cray estava lá dentro, espiando por entre as cortinas cor de creme. Daniel se juntou a ele em silêncio. Após um instante, a moça apareceu no passeio que ladeava a casa e se dirigiu ao quintal. Caminhava devagar e com cautela, ainda falando ao telefone. Olhava em volta com movimentos nervosos.

Daniel continuou imóvel. Sabia que seria difícil alguém vê-lo na escuridão da casa. Lentamente, Cray tirou seu lenço preto do bolso e cobriu a parte inferior do rosto.

A jovem se aproximou da piscina e parou, assombrada. Tinha avistado Williams na vala. Deixou cair a sacola de plástico que carregava e correu naquela direção, o celular encostado ao rosto como para lhe passar tranquilidade. Não tirava os olhos do corpo, e Daniel percebeu que chorava.

Daniel pensou em gritar: *Não, pare! Ele é um monstro*, mas o que fez foi sussurrar para Cray:

– Vou pegar o carro.

Cray assentiu, mas sempre de olho na moça.

Daniel foi mancando até a porta da frente e saiu para a rua. O carro estava na esquina. Entrou e deu a partida.

Quando o motor pegou, viu o portão lateral da casa de Williams se abrir.

– Droga!

A moça saiu e bateu o portão. Daniel pisou no acelerador e avançou contra ela, pensando em atropelá-la. Ela correu para o meio da rua com a mão levantada e, no último momento, Daniel mudou de ideia e freou bem à sua frente. A jovem deu a volta e se aproximou da janela do motorista.

– Ajude-me! – gritou. – Deixe-me entrar, por favor!

A moça pensava que ele tinha parado para ajudá-la. Cray, saindo às pressas pelo portão lateral, apareceu de repente às suas costas. Daniel destravou a porta de trás e a garota se jogou para dentro. Tentou bater a porta, mas Cray segurou-a com firmeza. Ela tentou empurrá-lo.

– Acelere! – gritou para Daniel. – Acelere já!

– Fique quieta – disse Daniel, apontando-lhe a arma. – Bem quietinha.

Antes que pudessem prendê-la com fita adesiva, sirenes ecoaram a distância. Daniel acelerou e voltou para a casa alugada.

O assassinato tinha demorado menos de dez minutos. E, além da jovem, ninguém vira nada.

CAPÍTULO SETENTA

Burton estava vendo televisão, com um copo de uísque na mesinha de canto. Não era de beber muito, mas o uísque – presente de Natal do cunhado – tinha ficado em cima do armário da cozinha por algum tempo, e aquela noite lhe parecera ideal para outro trago.

Mas Burton ainda era Burton. Após meia garrafa, disse a si mesmo que embriagar-se não resolveria nada e que não valia a pena distrair-se com o que passava na televisão. Não era homem de afogar mágoas em um copo. E, fisicamente, pouco podia fazer para resolver seus problemas.

Telefonara à esposa no início da noite. Kate parecia ótima. Disse que Hugo e Shelley estavam cuidando bem dela. Tinham até comprado um assento de bebê para o carro. Burton contou-lhe sobre sua situação, pois nunca mentia para ela, mas controlou-se para que o medo não se insinuasse em sua voz. Kate encarou tudo com solidariedade e tranquilidade, dizendo-se esperançosa de que aquilo terminasse logo.

Burton reproduziu a conversa mentalmente. Não queria que Kate se preocupasse, mas qualquer reação emocional dela seria melhor que sua indiferença. Consciente ou inconscientemente, sabia que a esposa estava saindo de sua vida.

Refletiu sobre o caso. Estava sendo vítima de uma armação. Tinha sido enganado mais de uma vez. O assassino sabia de sua visita ao prefeito. Cronometrara tudo para que Burton encontrasse o corpo. Era evidente que havia sondado a vítima e que conhecia a rotina do policial. Era quase certo que tinha grampeado o telefone do prefeito para saber quando ele receberia visitas.

Ou, talvez, o assassino houvesse grampeado Burton também, pois estava sempre um passo à frente.

Burton saboreou outro gole de uísque e pegou o telefone de casa. Ouviu por alguns instantes, à espera do zumbido típico de linha grampeada. Não detectou nada. Repôs o fone no gancho e olhou ao redor. Onde estariam os equipamentos de escuta?

Tateou sob a mesa e examinou o vaso cheio de ramos secos na cornija. Vasculhou móveis, olhou atrás da escrivaninha e do aparelho de TV. Tirou todos os livros da estante e, acidentalmente, derrubou outro vaso, que se espatifou no chão. Pela janela, viu as luzes dos vizinhos se acendendo. Continuou procurando pela casa os equipamentos de escuta. Tinha que estar em algum lugar.

Após meia hora, sentou-se de novo e repensou o caso. O assassino poderia ter descoberto sobre o encontro por outros meios. Talvez alguém no gabinete do prefeito tivesse lhe dado a dica. Nenhum dos outros policiais era digno de confiança...

E havia aquilo que Lindi encontrara nos quatro mapas. A *grand crux*. Qual seria o significado disso?

Alguma coisa estava acontecendo, nas estrelas ou nas sombras. Alguma coisa ligava Kruger, Williams, Hammond, Redfield e o Esquadrão Aríete. Burton não podia telefonar para Lindi e falar a respeito do assunto, pois passava da meia-noite. Decidiu então ir ao computador e pesquisar sobre o termo *crux*.

De imediato, foi bombardeado pela paranoia. Muitos dos websites que encontrou traziam imagens de crânios e pentagramas repletos de textos com letras maiúsculas. Alguns insistiam em que as *cruxes* eram um veneno para a sociedade, enquanto outros sugeriam rituais para criá-las. Burton levou algum tempo até encontrar uma fonte que lhe pareceu acadêmica o suficiente para ter credibilidade.

Uma *grand crux* é uma estrutura teórica na Astrologia interpessoal. Nela, quatro entidades com sóis alinhados podem se unir em uma entidade única, com a mesma essência singular. Isso é possível porque o sol, fonte do eu, é anulado pelo aspecto da quadratura, ficando as quatro entidades sob a influência da união, e não da energia solar comum que as define. Uma *grand crux* não ocorre de modo espontâneo, e nenhuma foi gerada com sucesso em condições de pesquisa. Ultimamente, sua viabilidade tem sido posta em dúvida pela comunidade astrológica ortodoxa.

Burton ficou boquiaberto com o texto. *Essência singular?* Que droga era aquela?

Alguém começou a esmurrar a porta da frente.

– Abra!

Burton se levantou de um salto.

– Abra logo ou vamos arrombar! – gritou outra voz.

Burton disparou para o corredor. Os agressores tinham voltado, mas ele estava pronto para recebê-los.

– Vão pro inferno ! – replicou.

Entrou na cozinha e abriu a gaveta do armário. Junto aos talheres havia um conjunto de facas. Pegou uma de cabo vermelho, própria para fatiar, sentindo o peso na mão.

Um segundo depois, a porta estremeceu. Os agressores tentavam derrubá-la. Burton não sabia por quanto tempo ela resistiria às investidas.

Voltou correndo e postou-se diante da porta, a faca em punho. Ergueu os ombros e preparou-se.

– Se não abrir esta porta, seremos obrigados a arrombá-la!

– Façam isso! – retrucou Burton. – Venham me pegar!

Já não estava preocupado. Se os agressores entrassem em sua casa, mereceriam o que os esperava. Apertou com mais força o cabo da faca.

Esperou que os golpes na porta continuassem. Em vez disso, porém, houve silêncio, cortado apenas pelo som distante de um rádio. Burton manteve-se imóvel, com receio de uma armadilha. Por um momento aterrorizante, lembrou-se do papelão com que havia coberto a janela da sala. Talvez a porta fosse só para despistar, e os agressores estivessem entrando por trás. Voltou para ver. Luzes penetravam pela janela. Vermelhas. Azuis. Vermelhas.

Foi então destrancar a porta, abrindo-a com cautela. Duas viaturas da polícia estavam estacionadas lá fora, e dois policiais barravam seu caminho. Atrás deles, avistou uma van preta.

– Abaixe a arma! Abaixe a droga da arma!

Burton ficou tão chocado que precisou de alguns instantes para se mover. Enquanto isso, um terceiro policial saiu do lado do passageiro de um dos veículos e apontou também a arma para ele.

Não havia agressor nenhum.

– Mandei abaixar!

Burton deixou a faca escorregar de seus dedos e, instintivamente, levantou as mãos.

– Está tudo bem! Sou um...

O policial mais próximo correu para ele. Agarrou-o pelo ombro e derrubou-o no chão. O joelho de Burton bateu em uma das placas de concreto quadradas que cobriam a entrada da rua até sua porta.

– Sou um policial! – gritou. – Sou policial, droga!

– Cale a boca! – ordenou o patrulheiro, mantendo-o no chão com o joelho pressionado contra seu pescoço, enquanto o algemava.

CAPÍTULO SETENTA E UM

O pânico invadiu Rachel. Seus braços e pernas se enrijeceram como que por conta própria. Estava com os olhos vendados e amordaçada no banco traseiro de um carro; não podia fazer nada a não ser ouvir a conversa dos sequestradores.

– Você fez uma bagunça dos infernos – disse o homem a seu lado.

– Da próxima vez, eu cuido disso.

– Não estou pagando ninguém para matar por mim – replicou o motorista, o velho Capricorniano cuja face ela conseguira ver.

– Bem, quase fomos pegos. Eu mesmo farei o serviço, ou então daqui por diante fica tudo por sua conta.

– Ótimo.

Fez-se silêncio por alguns minutos. Então, o homem ao lado de Rachel falou:

– O que está fazendo? Não volte para a casa. A garota viu seu rosto. Conheço um velho pântano depois da Praia Norte. Bastante mato. Ninguém vai ouvir nada. Ali, não seremos interrompidos.

Rachel gemeu por trás da mordaça e jogou-se contra a porta do carro. Forçou-a com o antebraço, tentando abri-la. "Faça qualquer coisa, mas dê o fora daqui."

– Ei, fique quieta! – alertou o homem a seu lado. – Estamos a mais de cem por hora. Se você cair, o asfalto vai arrancar sua pele.

– Não quero matá-la – disse o motorista Capricorniano.

– Cabeça-dura – resmungou o outro. Parecia Ariano. – A garota viu seu rosto. E, se pegarem você, me pegarão também. Vamos fazer o serviço ou terei que recusar seu dinheiro. Uma coisa ou outra.

– Não vão me pegar. Depois disto, sairei de San Celeste para sempre.

– E se ela vir sua cara nos jornais? E se a polícia convocá-la para testemunhar?

– Nunca saio nos jornais. E, mesmo que ela testemunhar, jamais me levarão ao tribunal. Confie em mim.

– Você acaba de enfiar uma faca nas tripas de um sujeito! – espantou-se o Ariano. – Para que colocar nós dois em risco só para manter uma estranha com vida? Está pensando que é algum tipo de herói? Perdeu o juízo?

– Perdi. Contratei um bandido. Quem mais faria isso?

Outro silêncio. Então, o velho disse:

– Você não corre perigo nenhum. Mesmo assim, vai desaparecer depois de fazermos o trabalho. Uma vez eliminados os outros três, poderá fugir para qualquer lugar do mundo. Nem eu vou conseguir encontrá-lo.

– Se libertar a garota, ela vai direto para uma delegacia.

– Então vou mantê-la presa no porão – rebateu o velho. – Feito o trabalho e com você em segurança longe da cidade, vendarei de novo os olhos dela e a deixarei perto de uma estrada. Depois, eu mesmo vou desaparecer daqui.

– Tanto trabalho por causa dela! – suspirou o outro.

– Sim – concordou o velho. – E estou tendo muito trabalho também para que você saia disto rico e feliz. Fizemos um acordo. O problema é meu, não seu.

Rachel sentiu uma pontinha de esperança, mas não podia ter certeza de nada. Talvez aqueles homens fossem sádicos, fingindo querer libertá-la para logo depois mudar de ideia.

Por algum tempo, não ouviu nenhum barulho, exceto o ronco monótono do motor, que foi ficando cada vez mais baixo à medida que a velocidade do carro diminuía. Rachel percebeu que viravam uma esquina.

– É melhor mesmo que o problema não seja meu – disse o Ariano. – Se fosse, faria tudo à minha maneira. – Inclinou-se para a jovem. – Se disser qualquer coisa sobre nós a alguém, vou matar sua família inteira. Entendeu, menina? Sim, ela entendeu.

CAPÍTULO SETENTA E DOIS

Burton passou a noite em uma cela desconhecida. Não estava na Delegacia Central de San Celeste, onde os suspeitos que ele prendia ficavam acomodados em celas de grande dimensão. O lugar onde estava tinha uma única cama e um único banheiro, e o piso era branco como o de um hospital. Era uma cela em meio a muitas outras, idênticas e com grades, isoladas umas das outras. Havia uma pequena câmera de segurança no teto do corredor, apontando diretamente para ele.

A princípio, Burton pensou que o tivessem levado para uma das delegacias mais confortáveis do sul, mas esse não parecia ser o caso. O edifício era silencioso demais para um posto policial em pleno funcionamento, além de recender a cimento fresco e amônia. Após horas sem ouvir outra voz ou ver outro prisioneiro, concluiu que estava no novo prédio do Esquadrão Aríete, no centro de Ariesville.

Queria gritar e perguntar por que tinha ido parar ali e por quanto tempo o deteriam; sabia, porém, o que os policiais faziam com quem se comportava daquela maneira. Hesitante, acomodou-se na cama e procurou dormir. Pelo menos, o colchão e o travesseiro eram limpos, sem uso anterior.

Acordou ao som de tossidelas vindas de uma cela no fim do corredor. Não sabia se era dia ainda. Não havia janelas, e a luz das lâmpadas de neon no corredor tinham um brilho constante.

– Olá! – gritou. – Tem alguém aí?

Após um instante de silêncio, uma voz respondeu:

– Prisioneiro ou guarda?

– Prisioneiro – respondeu Burton.

– Qual o seu signo?

– Essa pergunta é difícil de responder.

– Você parece Taurino – arriscou o desconhecido, tossindo de novo.

A voz, de quem quer que fosse, soou familiar a Burton. Era grave e confiante.

– Solomon Mahout?

– Em carne e osso – respondeu Mahout. – E você?

– Jerome Burton.

– Já? As rodas da justiça giram rápido em San Celeste.

– O que quer dizer com "já"? – estranhou Burton.

– Venho acompanhando seus passos, Burton. Mal acabaram de considerá-lo um Ariano e você correu para o lado errado da lei. Portanto, ou o Canal 23 tem razão e todos os Arianos são imorais, ou eu é que estou certo e ser Ariano é, por si só, ilegal. O que acha?

– Acho que você fala demais, Mahout.

Mahout riu.

– É o que me dizem sempre. Mas todos queremos ser ouvidos, não é?

Mahout não falou mais nada pelos minutos seguintes. Burton pensou que a conversa estava encerrada e recostou-se de novo na cama. Mas Mahout voltou a falar:

– As rodas estão sempre girando. O chefe de polícia. O prefeito intocável. O Esquadrão Aríete. Você. Eu. Não existem bons rapazes,

Burton. Os céus são muito complicados. Só resta esperar que a roda não nos esmague enquanto gira. As pessoas agora vêm tratando você de maneira diferente?

– O que acha?

– Acho que você precisa de novos amigos.

Burton não respondeu. A câmera, no corredor, ainda apontava em sua direção. Veio-lhe a ideia paranoica de que não estava na verdade conversando com Mahout, mas com um imitador que tentava descobrir se ele continuava fiel à polícia.

– Queria mesmo falar com você – disse Mahout. – Sua posição é interessante. Um policial heroico torna-se Ariano. As pessoas não nos escutam, mas sem dúvida o escutarão caso se junte a nós.

– Isso está fora de questão.

– Por quê? Ninguém mais o aceitará, sendo quem é.

– Pouco me importa. Não mudei. Continuo sendo eu mesmo – garantiu Burton.

O riso de Mahout ecoou pelo corredor.

– Qual é a graça? – irritou-se Burton.

– Não subestime este lugar.

Uma tranca rangeu perto do corredor onde estava Burton.

– Merda – esbravejou Mahout.

– O que houve?

– Vão me levar de volta ao quarto – respondeu Mahout, tentando disfarçar o medo.

– Que quarto?

Outra tranca rangeu e a porta se abriu. Botas ressoaram pelo corredor.

– O que eles estão fazendo aqui, Mahout?

Três policiais do Esquadrão Aríete, de uniformes pretos, passaram diante da cela de Burton, em direção à de Mahout. Estavam de capacete, os rostos invisíveis por trás das viseiras escuras.

Mahout falou rápido. Tinha pouco tempo.

– Não posso explicar. Trouxeram um astrólogo para cá e ele montou um Quarto do Fogo. Puseram-me nele na escola e vai acontecer de novo...

As botas se detiveram e um dos policiais do Esquadrão Aríete disse:

– Muito bem, Mahout, já chega. É hora de outra sessão. Não resista.

A porta de uma cela se abriu com estrépito.

– Lute, Burton. Não acredite...

Sua voz ficou abafada. Estavam amordaçando-o.

– Levem-no para Kruger – ordenou o policial.

As botas voltaram na direção de Burton. Ouvia-se o som de um corpo sendo arrastado.

Os policiais passaram de novo diante da cela. Um deles seguia na frente, e os outros dois arrastavam Mahout pelos braços. Estava amordaçado, com os punhos e os tornozelos amarrados, e descalço.

Os olhos de Mahout cruzaram com os de Burton por um breve segundo, e Burton pôde notar neles um brilho desafiador. Em seguida, desapareceu. A porta bateu e as trancas voltaram a ranger.

CAPÍTULO SETENTA E TRÊS

Os sequestradores tiraram Rachel do carro e subiram com ela alguns degraus. Pela mudança no som, a jovem percebeu que estava dentro de uma casa. O Ariano obrigou-a a sentar-se em algo que parecia um sofá e afastou-se. Ao que tudo indicava, ele e o velho arrastavam coisas em algum lugar da casa.

Rachel continuava aterrorizada, e agora sentia a bexiga cheia. Se não a desamarrassem logo, teria de molhar o sofá. Gostaria mesmo de fazer isso, por pirraça. Endireitou-se e esfregou a nuca no encosto, tentando deslocar a fita adesiva e talvez arrancá-la. Não funcionou.

E agora? Poderia tentar rastejar, mas, com os olhos vendados, não iria muito longe. Por mais que isto a deixasse furiosa, só lhe restava esperar.

O Ariano voltou e colocou-a novamente de pé. Desceu com ela uma escada até um recinto bem mais frio, onde a fez sentar-se no chão de concreto. Rachel ouviu seus passos se afastando em direção à escada. Pensou ter ficado sozinha até que mãos tocaram sua nuca e arrancaram a fita de sua boca, machucando-lhe a pele. Ela gritou.

– Quieta! – ordenou-lhe o velho.

Rachel sentiu de novo as mãos do homem, desta vez tirando a venda de seus olhos.

Estava em um porão com paredes de tijolos cinzentos e quase vazio por completo. Viu uma bancada em um canto e, no meio, perto de uma coluna de cimento, uma cama de campanha com um saco de dormir em cima. No fundo, um balde com um esfregão ao lado. A luz vinha de uma velha lâmpada incandescente pendurada no teto, que parecia a parte de baixo de um piso de madeira.

Enfim, podia dar uma boa olhada no velho, que enrolava com cuidado a fita adesiva usada. Não era na verdade tão velho assim, mas sua aparência e o jeito de se movimentar lembravam alguém de outra época.

– Sempre que eu descer aqui – disse ele –, você deve ir até aquela parede e tocá-la. – Apontou para a parede oposta à porta e à escada. – Então, o que deve fazer?

– Tocar aquela parede – respondeu Rachel. Sua voz saiu um pouco trêmula, mas conseguiu se controlar.

– Faça isso agora.

Rachel se dirigiu à parede do fundo e pousou as mãos nela. Em seguida, olhou para o velho.

– Ótimo – disse ele. – Como se chama?

– Rachel.

– Muito bem, Rachel. Sinto muito por tudo isto. Como sabe, não gostaria de tê-la sequestrado, mas, considerando a outra alternativa...

– Por que matou aquele homem?

– Quanto menos perguntas fizer, mais disposto estarei a deixá-la ir embora. Entendeu?

O homem era educado, mas ser educado não significava ser gentil. Aquilo não passava de um hábito, de uma máscara. Rachel não sabia se devia concordar, mas concordou mesmo assim com um gesto de cabeça.

– Ótimo – disse o homem. – Vou lhe trazer comida de manhã e à noite. A refeição matinal incluirá petiscos para você passar o dia. Se quiser alguma coisa que seja razoável, peça e eu trarei. Fique aí mesmo até eu cruzar a porta.

Subiu a escada devagar. Parecia mancar um pouco.

Antes que ele saísse, ela perguntou:

– Por quanto tempo vai me manter aqui?

– Ainda não sei – respondeu o homem. – Talvez algumas semanas. Vou avisá-la, para que fique tranquila.

Depois que ele se foi, ela enfim se entregou a um choro baixinho.

Poucas horas depois, ouviu de novo a voz do velho do outro lado da porta:

– Rachel, mãos na parede!

Ela se levantou da cama de campanha e obedeceu.

– Está com as mãos na parede?

– Sim – confirmou Rachel.

Ouviu o barulho da fechadura e a porta se abriu. Rachel teve o vislumbre de uma cozinha: a parte superior de uma grande geladeira e algumas prateleiras brancas. Parecia tudo muito caro.

O homem desceu as escadas com um prato na mão. Frango frito, purê e ervilhas. Rachel não comia desde o café da manhã. A comida lhe pareceu apetitosa.

– Espere aí – disse ele, deixando o prato na cama. – Não se mova.

Dirigiu-se para a escada, cruzou a porta e fechou-a atrás de si. Após um minuto, a porta se abriu de novo, e ele apareceu carregando uma pilha de livros.

– Não é uma grande seleção – explicou. – Sinto muito. As pessoas de quem alugo a casa não têm um gosto literário muito apurado.

– Onde está seu amigo? – perguntou Rachel.

O homem franziu o cenho para ela, com ar sério, mas ao mesmo tempo ligeiramente divertido.

– O que eu lhe disse a respeito de perguntas?

– Deixe-me mandar uma mensagem para minha mãe – pediu Rachel. – Para que ela saiba que estou bem.

O homem balançou a cabeça.

– Lamento. Isso eu não posso permitir.

– Por favor! – insistiu a jovem. – Há muitas maneiras de avisá-la sem que ninguém descubra! Ela deve estar em pânico, pensando que morri!

O rosto do homem se contraiu.

– Eu disse não, Rachel. Não peça de novo.

Caminhou devagar para a escada. No alto, virou-se e olhou para ela.

– Depois que eu fechar a porta, você pode pegar sua comida. *Bon appétit!*

Saiu e trancou a porta. Rachel se precipitou para o prato e comeu sentada na cama.

Na manhã seguinte, o homem chamou-a por detrás da porta e mandou que colocasse as mãos na parede. Desceu a escada trazendo um balde e um prato com bacon e ovos.

– Como passou a noite? Algum dos livros valeu a pena?

– Não gosto de ler – respondeu Rachel.

– Sinto muito. Foi o melhor que pude conseguir.

– Não seria possível ter uma TV aqui?

– Receio que não. Você poderia quebrar a tela e usar os cacos como arma.

Rachel passou o resto do dia lendo os livros – todos grandes e grossos, com nomes de autores em vistosas letras prateadas na capa. Metade eram romances; os outros, histórias policiais e de aventura. Muito chatos. Mas não havia mais nada para fazer.

Passaram-se os dias. O homem lhe trouxe uma muda de roupa e alguns absorventes que ela lhe pedira. A princípio, Rachel disse a si mesma: "Você é Libriana. Os nativos desse signo são bons para lidar com pessoas. Apenas obedeça e não provoque confusão, pois assim você vai sair dessa".

No quinto dia, pensou: "Sem dúvida, há um motivo para os Librianos não governarem o mundo".

Esperou por duas horas após o café da manhã. Então, foi escutar à porta e, não ouvindo nenhum som vindo do restante da casa, começou a bater. Depois de alguns minutos sem resposta, tentou arrombar a porta, jogando todo o peso do corpo contra ela. A porta não cedeu.

Procurou em volta algum objeto com que pudesse abri-la e descobriu que a cama de campanha era desmontável: feita de lona com barras metálicas de encaixe, como uma barraca, levemente recurvadas para manter a lona esticada. Pegou uma delas e tentou enfiá-la entre a porta e o batente, como uma alavanca, mas a fresta era fina demais.

A única opção que lhe restava era fazer barulho. Postou-se junto à porta e gritou por socorro o mais alto que pôde.

Após cerca de dez minutos, parou para tomar fôlego e ouviu passos que se aproximavam. Teve um breve momento de esperança, que se desvaneceu quando o velho falou. Parecia irritado.

– Mãos na parede, Rachel!

Ela permaneceu onde estava, ofegante, o corpo tenso.

– Está junto à parede? – perguntou o velho.

– Sim.

– Não parece.

Rachel desceu lentamente os degraus e foi para o fundo do quarto.

– Pronto – disse por fim.

A tranca rangeu, e a porta se abriu. O velho ficou parado no alto da escada, com a silhueta recortada contra a luz do dia.

– Devo informá-la de que não há nenhuma outra construção nas imediações de onde se possa ouvi-la – disse ele com frieza. – Só o que vai conseguir gritando será arranhar a garganta e acabar com minha paciência.

– Está bem – retrucou Rachel, cuspindo as palavras.

– Minha paciência é o que a mantém viva, querida.

Examinou a porta.

– Tentou arrombá-la?

Rachel ficou em silêncio.

– Tentou, sem dúvida. Se continuar fazendo isso e meu amigo surpreendê-la... lamento, mas não poderei ajudá-la.

– Então seu amigo voltou?

Rachel não escutava a voz do outro homem havia vários dias e começava a alimentar a esperança de que tivesse sido preso.

– Voltou – falou o velho.

Rachel não sabia se ele estava mentindo ou não. Não queria acreditar naquele sujeito. Mas à noite, depois que ele lhe trouxe o jantar, escutou à porta e ouviu os dois conversando na cozinha.

– Quem está no caso? – perguntou o Ariano.

– O principal é um detetive da Homicídios chamado Burton, pelo que soube. Você o conhece?

– Não.

– Estou de olho nele – continuou o velho. – Precisamos também investigar seu passado. Deve haver alguma maneira de acabar com a reputação dele.

– Como, por exemplo...? – indagou o Ariano.

– Não sei. Atividades suspeitas. Quem é a família dele? Qual é sua formação? Vou descobrir alguma coisa.

– Com certeza. Ninguém tem um passado todo limpo, principalmente os tiras.

Passou o tempo e o velho não dava mostras de que iria libertá-la logo. Desde o primeiro momento, Rachel pensava na história de mulheres raptadas que viviam décadas em um cubículo, enquanto o mundo seguia adiante sem elas e todas as pessoas que as haviam amado pensavam que estavam mortas.

Certo dia, não aguentou mais. Aquilo precisava ter um fim.

Quando o velho chegou à porta e mandou que colocasse as mãos na parede, Rachel se preparou. Respondeu do fundo do quarto e, quando a porta começou a se abrir, correu.

Os degraus retardaram seus passos, mas mesmo assim conseguiu chegar ao alto antes que a porta estivesse totalmente aberta. Passou correndo pelo velho e já estava quase fora de seu alcance quando a dor explodiu em suas costas. Seus braços e pernas ficaram paralisados; ela tombou para a frente, estatelando-se no piso da cozinha, contorcendo-se em espasmos de dor que invadiam todo o seu corpo. O homem empunhava uma arma de eletrochoque. Como ela não vira essa maldita arma?

– Ah, Rachel, Rachel! – suspirou o homem, afastando a arma de suas costas.

A dor cessou, mas ainda assim não conseguia se mover.

– Vamos – disse ele, levantando-a pelas axilas.

Levou-a de volta ao porão, deixou-a no alto da escada e fechou a porta. Rachel ainda se contorcia de dor e ali ficou, em plena escuridão.

Naquela tarde, o velho apareceu carregando uma corrente, algemas e um cadeado. Rachel esperou com as mãos na parede, enquanto ele passava a corrente em volta da coluna no meio do quarto e a fechava a chave. Depois, enfiou as algemas na corrente e chamou Rachel para mais perto.

– Lamento ter de fazer isto – disse ele. – Estamos quase terminando o trabalho. Precisamos cuidar só de mais uma pessoa e pronto. Mas ainda não posso deixá-la ir.

– Não – pediu Rachel.

Pegou a barra metálica que tinha escondido atrás das costas. Era a barra central recurvada da cama de campanha, cuja ponta passara o dia todo esfregando no concreto áspero do chão, até torná-la tão fina quanto a ponta de uma caneta. Antes que o velho pudesse reagir, Rachel ergueu-a e enfiou-a com toda a força em sua axila. Ele gritou.

CAPÍTULO SETENTA E QUATRO

Após várias horas, Burton ouviu a porta do corredor se abrir de novo. Era o Esquadrão Aríete que voltava com Mahout. Ele vinha sem a mordaça, mãos e pés livres, os olhos revirados.

Burton não se conteve e perguntou aos policiais:

– O que fizeram com ele? Ei, estou falando com vocês!

– Espere sua vez – respondeu um dos policiais.

Burton ouviu-os jogando Mahout dentro da cela e batendo a porta gradeada. Após alguns segundos, outro barulho: Mahout vomitando no chão.

– *Timing* perfeito – disse um dos policiais. O outro riu.

Burton sentiu que os músculos de suas costas se enrijeciam. As botas avançaram pelo corredor e os três policiais pararam diante de sua cela. O da frente ergueu a viseira, revelando a face de Vince Hare. Ele abriu um sorriso para Burton.

– Vamos, Jerry – disse ele. – Chegou a hora de sua consulta com o médico.

– O que está fazendo, Hare? Isto aqui é um hospício?

– Não, Jerry, é o único lugar são na cidade.

Hare abriu a porta da cela e puxou Burton para fora. Ele não resistiu como Mahout; sabia que era inútil.

Atravessaram uma porta grossa e subiram um lance de escada até o andar superior, os policiais escoltando-o de perto para que não fugisse. No final do corredor havia uma porta de vaivém que dava em outra área pintada de branco, onde se viam duas fileiras de camas de hospital alinhadas contra as paredes. Os policiais entraram com ele por uma porta lateral em um recinto que parecia uma sala de interrogatório. As paredes tinham revestimento à prova de som e havia ali uma mesa com duas cadeiras, uma em frente à outra – tudo limpo e novo. Só não se viam o espelho de duas faces ou câmeras nos cantos. Os policiais algemaram Burton, passando as algemas por uma alça na mesa. Depois, deixaram-no ali, fechando a porta atrás de si. Ele puxou as algemas, mas a mesa estava presa no chão.

Sabia que o melhor seria esperar com calma, mas a raiva ia crescendo em seu íntimo. Que loucura! Não conseguia ficar ali sentado esperando que aquela gente desse o ar de sua graça.

– Ei! – gritou. – O que estou fazendo aqui? O que querem de mim? Ei!

Puxou de novo as algemas, com toda a força, até o metal machucar sua carne.

– Ei! – insistiu. Sua garganta começou a ficar seca.

A porta se abriu e o doutor Werner Kruger entrou. Em uma das mãos, trazia um sanduíche em uma embalagem triangular de plástico e, na outra, um copo de água. Cumprimentou Burton com um ligeiro aceno de dedos.

– Só um instantinho, detetive – disse ele, sentando-se à sua frente. – Fiquei ocupado durante toda a manhã e ainda não comi nada. Espero que não se importe.

Deu uma mordida no sanduíche, como se os dois fossem colegas em uma pausa do trabalho.

– Comida de loja de conveniência – resmungou ele, fazendo uma careta. – Nunca presta.

– Tenho direito a um advogado, Kruger – observou Burton. – Você sabe disso.

Kruger engoliu e limpou as migalhas da boca com o dorso da mão.

– Sinto informar que, nos termos da Lei de Resposta Civil, você não tem legalmente direito a nada, detetive. Além do mais, não sou policial e você não está sendo processado.

Burton puxou de novo as algemas. Não importava que doesse. A dor era a única coisa que, no momento, fazia algum sentido.

– Você não pode fazer isso. Me solte.

– Não se preocupe, detetive, o plano é esse. Você foi considerado um elemento perturbador na sociedade, infelizmente. Mas a boa notícia é que vim para ajudá-lo com terapia astrológica.

Empurrou o copo de água para Burton, que não bebia nada desde que fora preso. Sua cela tinha vaso sanitário, mas não lavatório.

– Vai conseguir beber com as algemas?

Burton tentou. Segurou o copo entre as mãos e jogou a água na boca. Estava gelada, com um leve gosto de produtos químicos.

– Sinto muito não ter lhe contado sobre meu trabalho atual com o Esquadrão Aríete quando nos encontramos – disse Kruger. – Com isso, você teria economizado um bom tempo de investigação, é claro, mas trata-se de segredo de Estado, previsto pela Lei de Resposta Civil.

Burton engoliu o resto da água e jogou o copo na mesa. Ele deslizou e parou na metade do tampo.

– Você matou os outros? – perguntou.

– Que outros? – estranhou Kruger, parecendo um tanto intrigado.

– Williams – prosseguiu Burton. – Hammond. Redfield.

– Oh, não. Não e não. O responsável deve ter sido algum paranoico que descobriu nossa *grand crux* na internet. Acho que isso perturba muito uma mente não científica. Eu, porém, sinto-me bem seguro aqui nesta pequena fortaleza, e o Esquadrão Aríete vem trabalhando duro com seus ex-colegas para encontrar o assassino. Na verdade, é um caso sem importância.

Deu de ombros. Burton sentiu os cabelos se eriçarem na nuca. Kruger era um psicopata. Agradável, encantador... e sem nenhuma humanidade.

– Uma conspiração, então? – indagou Burton.

– Você torna tudo tão sinistro, detetive! – exclamou Kruger. – Pense na *crux* como... um clube de cavalheiros. Secreto, mas de modo algum perigoso. Trabalhamos em equipe por um objetivo maior que os nossos ou os de nossos signos. Já éramos amigos. Criei a *crux* apenas para nos unir com mais força e consolidar a confiança mútua. Ninguém pode sair do clube sem expor os demais.

– E que objetivo maior é esse?

– Paz, detetive Burton. O Esquadrão Aríete é muito bom para derrubar portas, mas assusta as pessoas com sua atitude. A fim de manter a paz, precisamos harmonizar a sociedade. Conforme já lhe disse, ela é uma máquina quebrada. Só voltará a funcionar bem se todas as engrenagens se ajustarem. E eu posso fazer esse ajuste.

Burton transpirava. O recinto era quente demais. Esperava que Kruger também estivesse sentindo calor, mas o homem parecia impassível e descontraído. Sorria com calma para Burton.

– Você vai fazer alguma coisa comigo.

– Sim – disse Kruger, em tom amistoso.

– Vi o que aprontou com Mahout. Não pretendo ir ao seu quarto misterioso.

Kruger sorriu e seus olhos brilharam.

– Ora, detetive, você já está nele!

As luzes se apagaram, deixando Burton em plena escuridão.

CAPÍTULO SETENTA E CINCO

Rachel já vira vídeos de autodefesa na internet. Sabia que esfaquear uma pessoa na axila interrompia o ataque. O velho gritou e se contorceu, incapacitado pela dor.

Ela retirou a ponta afiada da barra metálica, provocando um leve ruído gorgolejante, e encostou-a à garganta do homem. Fez isso com tanta força que quase furou sua pele.

– As chaves do carro! – quase cuspiu as palavras em seu rosto. – Agora!

Os olhos do velho reviravam. Rachel o apalpou de alto a baixo e tirou as chaves do bolso de sua calça.

– Sua filha da mãe! – balbuciou ele.

Rachel subiu correndo as escadas, deixando-o para trás, bateu a porta e a trancou. Atravessou a casa, aterrorizada a cada passo com a possibilidade de dar de cara com o assassino Ariano. Mas lá estava ela, à porta de entrada, com a luz do sol se filtrando pelo vitral.

Escancarou-a e correu para fora. Um gramado descia até o portão aberto. Um sedã preto estava parado ao lado da casa. Rachel apontou o controle remoto preso ao chaveiro para o carro, apertou o botão e as portas destravaram.

Entrou e girou a chave na ignição. Nada aconteceu.

Girou-a de novo. Nada ainda. Bateu no volante com os punhos cerrados. Pensou em sair e correr para o portão aberto, mas conteve-se e tentou de novo, desta vez pressionando a embreagem antes de girar a chave. O motor funcionou de imediato. Rachel se sentiu tão aliviada que lágrimas escorreram de seus olhos.

A alavanca de câmbio rangeu quando ela engatou marcha a ré. Atravessou então o portão e saiu para a rua ladeada de árvores. Ao que parecia, estava em algum ponto do sul da cidade. Se continuasse rumo a oeste, chegaria à Beach Road, de onde seria fácil achar o caminho para o centro.

Enquanto dirigia, ocorreu-lhe que deveria ter tomado o celular do velho. Nem havia pensado nisso. Sem dúvida ele ligaria para o amigo, que se apressaria em libertá-lo antes da chegada da polícia.

Pior ainda: o amigo poderia persegui-la ou à mãe dela. Afundou o pé no acelerador.

CAPÍTULO SETENTA E SEIS

Primeiro Lindi pensou em ligar para Burton porque se sentia entediada. Estava na delegacia e o capitão Mendez lhe pedira que prosseguisse com a investigação, lendo os mapas natais de todos os ativistas do Ascendente Áries presos nos últimos dias, a fim de avaliar quais poderiam se tornar informantes. Mas, como nem Rico nem Kolacny queriam nada com ela, precisava ficar longe da sala deles. O tempo que havia passado com Burton lhe dera a reputação de pessoa liberal, defensora dos Arianos. Na opinião do Departamento de Homicídios, ela poderia estragar a carreira de qualquer um.

Burton não respondia às suas chamadas, que caíam na caixa postal. Não respondia também às mensagens de texto, e foi por isso que, ali pela hora do almoço, Lindi começou a ficar preocupada. Decidiu procurá-lo, e deixou um bilhete para Rico dizendo que iria trabalhar em casa. Sabia que Rico pouco se importaria com isso.

Quando chegou à casa de Burton, teve certeza de que algo estava errado, pois viu o carro dele estacionado do lado de fora e a porta aberta. Entrou.

– Olá? Burton?

As latas de tinta continuavam ao lado da porta, uma delas com o pincel sobre a tampa.

– Oi? – chamou de novo, enquanto caminhava pela casa vazia.

Tudo estava revirado. Mesas haviam sido afastadas das paredes e quadros tinham sido jogados ao chão. Lindi avistou uma cadeira junto à janela vedada com papelão e uma garrafa de uísque vazia ao lado, no assoalho.

Contudo, não parecia que Burton tivesse sido roubado. O aparelho de TV continuava na sala e o monitor do computador, na escrivaninha. Só a CPU havia desaparecido.

Lindi voltou à porta e esquadrinhou o espaço ao redor. Percebeu movimentação na janela da casa do outro lado da rua. Alguém a observava por trás das cortinas. Lindi foi até lá e tocou a campainha. Segundos depois, a porta foi aberta por um homem de cabelos brancos e óculos de leitura pendurados no pescoço.

– Desculpe – disse Lindi. – Estou trabalhando com Jerome Burton, da casa ali da frente, e ele desapareceu. A porta da casa está aberta. Sabe para onde ele possa ter ido?

O homem assentiu, parecendo um tanto perturbado.

– Sim. Ele fez muito barulho ontem à noite e já estamos fartos. Estamos cuidando de nossos netos, que merecem um pouco de silêncio. Por isso chamamos a polícia. Mas acho que apenas o aconselharam a fazer menos barulho. Não devem tê-lo prendido.

Lindi franziu o cenho, incrédula.

– O senhor não poderia ter ido lá e falado com ele?

– Bem, poderia. Mas, como ouvimos dizer que é um Ariano... achei mais seguro chamar a polícia.

"Que idiota", pensou Lindi.

– Obrigada pela atenção – despediu-se.

Atravessou a rua e ligou para Kolacny.

– Burton foi preso ontem à noite – informou ela. – Está na delegacia?

– Não.

– Poderia verificar?

– Não é preciso – respondeu Kolacny, impaciente. – Acredite em mim. Todos nós saberíamos.

– Então ele desapareceu.

– Pode ter ido a qualquer lugar – disse Kolacny. – Ele vem se comportando como um maluco ultimamente. Talvez esteja com a esposa. Ouvi dizer que se separaram, mas quem sabe fizeram as pazes? Desculpe, preciso desligar.

E foi o que fez.

Lindi fechou a porta da casa de Burton e empurrou-a depois para se certificar de que estava trancada. Voltou ao carro e usou o telefone para entrar no grupo de bate-papo ACTIVENATION.

LChildsSky: Detetive Burton desaparecido. Porta de entrada da casa aberta (agora, fechada). Nenhum sinal dele. Aparentemente preso, mas não na delegacia. Talvez suicídio. Não sei mais a quem recorrer. Por favor, ajudem-me a encontrá-lo.

Incluiu os links para suas contas de mídia social e aguardou. Quase de imediato, as respostas foram aparecendo.

Kart33: Caramba, é verdade?

AKT: Não se preocupe. Vamos ficar de olho.

Só lhe restava voltar à delegacia. A caminho de lá, passou em revista as possibilidades. Poderia conseguir o número do telefone da esposa de Burton, mas seria uma conversa difícil. Poderia também dar, ela mesma, uma olhada nas celas. E poderia, é claro, fazer um mapa horário.

Estacionou na frente da delegacia. Na entrada, um grupo de pessoas se apinhava diante da mesa de recepção, mas os guardas não deixavam ninguém entrar.

– Só quem tiver crachá – dizia o segurança, com ar enfastiado.

– E como vamos comunicar um crime? – perguntou um homem na multidão.

– O lugar mais próximo é Midtown, a três quarteirões daqui. Lá eles recebem denúncias.

– Não, por favor! – gritou uma mulher idosa à frente do grupo. Abraçava, em um gesto protetor, uma jovem loira. – Precisamos falar com um detetive. Ele disse que eu poderia falar com ele, mas não responde às minhas chamadas! Nos deixe entrar. É uma emergência!

– Tudo é emergência! – replicou o homem.

O resto do grupo também gritou, reclamando.

– Ninguém vai entrar sem crachá! – bradou o guarda. – Afastem-se, todos vocês!

Lindi abriu caminho até a frente, com seu crachá de visitante erguido sobre a cabeça. A idosa e a jovem continuavam lá, reclamando.

– ...vou morrer – dizia a jovem. – Por favor. Ele é do Departamento de Homicídios!

– Para trás, já falei! – rosnou o guarda.

A idosa começou a chorar e a jovem pousou a mão em seu braço, para acalmá-la. Lindi ia passar por elas quando reparou no rosto da loirinha.

Era Rachel Wells.

CAPÍTULO SETENTA E SETE

Cray destrancou a porta e espreitou o porão quase às escuras. Daniel estava encostado à coluna, pálido e com uma das mãos comprimindo a axila. Havia sangue escorrendo por entre os dedos, empapando a camisa branca e respingando no chão.

– A garota me feriu.

– Vadia! – exclamou Cray, descendo as escadas. – Eu disse a ela que a mataria. E é o que vou fazer.

– Temos de fazer uma boa limpeza neste lugar – disse Daniel.

Segurou o ombro de Cray para conseguir permanecer em pé. Enquanto caminhavam para a escada, Cray deu uma fungada.

– Está com um hálito horrível – observou Daniel.

– E daí? – retrucou Cray. – Fiquei sentado num carro durante cinco dias. Precisava beber alguma coisa para manter a mente arejada.

Tinha ficado de prontidão diante da nova delegacia de Ariesville, sempre de olho na entrada. Kruger, que trabalhava no prédio, ia e vinha protegido por uma escolta. Cray aguardara uma oportunidade para atacar, mas fora em vão. Era um trabalho muito entediante e havia levado uma garrafa para lhe fazer companhia.

Deixou Daniel no alto da escada e foi buscar o estojo de primeiros socorros sob a pia da cozinha.

– O que vai fazer? – perguntou Daniel.

– Um curativo.

– Não há tempo. Temos de limpar a casa.

– Você ainda está sangrando – disse Cray. – Vai deixar evidências.

Daniel olhou para baixo e viu manchas vermelhas no piso da cozinha.

– Droga! – murmurou. – Arranje uma toalha. Vou ficar bem. Precisamos limpar este lugar sem demora.

Cray jogou-lhe um pano de prato, que ele pôs sob o braço, enquanto elaboravam um plano de evacuação. Cray fez as malas e enfiou as roupas de cama em sacolas. Daniel enxugou o piso e limpou torneiras, maçanetas e tudo quanto haviam tocado. Jogou o esfregão no porta-malas, junto com as roupas de cama e as malas. Após uma última verificação nos quartos, Cray trancou as portas e os dois partiram, sem deixar nada na casa que pudesse incriminá-los.

Enquanto dirigia, Cray observou Daniel, que, encolhido, ajustava o pano sob o braço.

– Vou levá-lo ao hospital – disse Cray.

– Não, a polícia deve estar atrás de alguém com um ferimento igual ao meu. Vou ficar bem. É só colocar uma faixa.

– Precisamos encontrar um lugar para nos esconder.

– Não – repetiu Daniel. – Vamos matar Kruger. Agora.

– Ficou louco?

– Nada mudou.

Pararam em um sinal vermelho. Cray deu um soco no volante, irritado.

– Tudo mudou! – disse ele. – Kruger está fora de alcance. E esperando por nós. Perdemos a casa. A moça que viu seu rosto e que não matamos já foi à polícia. Nosso plano já era.

– Isso significa apenas que temos de apressar as coisas.

O carro atrás deles começou a buzinar. Cray percebeu que o sinal havia ficado verde. Sua vontade era sair e atirar na cara do motorista impaciente. Mas, em vez disso, pisou no acelerador e partiu, cantando os pneus.

– Há uma multidão diante da delegacia – disse ele. – Vão arrebentar as portas. O melhor é esperar e deixar que eles matem Kruger por nós.

– Não – disse Daniel, olhando à frente, o maxilar contraído. – Se alguém mais o matar, tudo o que planejamos foi para nada. Quero fazer isso pessoalmente. Não vou permitir que uma multidão de merda me roube sua morte!

– Liquidei três deles – replicou Cray. – Não vou conseguir pegar o quarto. O que mais quer de mim?

– Quero que cumpra o nosso acordo! – gritou Daniel.

Cray diminuiu a velocidade e parou junto à calçada. O carro que vinha atrás buzinou ao ultrapassá-los.

– Grite comigo de novo! – vociferou Cray para Daniel. – Tente!

– Quer desistir agora? Quer perder cem mil dólares? E não é só isso, você sabe. Pretendo ajudá-lo com coisas que não se compram com dinheiro. Quer Ella de volta? Seu filho? Vai precisar de influência. De advogados. Se desistir agora, vai ficar sem nada.

Cray olhou para Daniel, incrédulo.

– Acha que sou uma criança? – zombou. – Acha que pode brincar comigo assim?

– Você foi um bom pai? – retrucou Daniel. – Um bom marido?

Os lábios de Cray se contraíram.

– Eu poderia torcer seu pescoço agora mesmo.

– É claro. Para matar, você é competente. Mas quem lhe pagaria por isso? De que outra maneira vai poder embolsar cem mil dólares hoje?

– Tive uma ideia – disse Cray.

Sentia o peso da arma no coldre, embaixo da jaqueta. Nada mais fácil. Levaria Daniel a um lugar sossegado e, com uma tesoura de jardineiro, cortaria primeiro os dedos dos pés, depois os das mãos. Daniel lhe diria onde encontrar o advogado e como pegar a chave. Cray poderia até arrancar mais grana dele, se tentasse.

Mas Daniel leu seus pensamentos.

– Não sou idiota, Cray. Acha que confio em sua boa natureza? Julga mesmo que não me preparei para o caso de se voltar contra mim? Estou pronto para reagir. Se tentar me forçar a lhe dar o dinheiro, acabarei com você.

Cray viu firmeza nos olhos de Daniel. Ele não mentia.

– O que andou aprontando? – perguntou. – Tem algum assassino de prontidão para me tirar do caminho? Ou seu advogado vai me entregar à polícia?

– As precauções que tomei não importam mais – replicou Daniel. – Pois você vai matar Kruger. Hoje.

A cólera de Cray transformou-se em amargura. Poderia acabar com o velho em um segundo, mas isso não significaria nada. Era ele quem tinha as rédeas na mão.

– Fui leal com você – disse Daniel, com franqueza. – Mais leal do que você foi comigo. Estou lhe propondo um acordo honesto. A cidade vai pegar fogo. Quer receber Ella e seu filho com um punhado de cinzas ou quer dar o fora daqui como uma pessoa poderosa? É isso o que desejo para você. Mas terá de merecer.

– Dane-se você – xingou Cray. – O que deseja é que eu morra para facilitar essa sua droga de vingança.

– Droga de vingança? Kruger o torturou! Ele assassinou minha filha! Isto é justiça! Ele tem de morrer.

– Cale a boca!

Daniel estreitou os olhos e o encarou.

– Sei o que está acontecendo aqui. Está com medo. Medo do Quarto do Fogo.

Cray sentiu um nó no peito.

– Vá pro inferno! – vociferou. – Você não sabe o que era aquilo!

Seu maxilar se contraiu enquanto falava. Daniel sabia o que dizer, sem dúvida. Filho da mãe cruel e manipulador. Levantou o rosto, esperando ver, no semblante do velho, uma expressão de triunfo por ter acertado na mosca; mas Daniel mantinha a cabeça baixa. Sua voz era tranquila.

– Sim – disse ele. – Fique com raiva. Faça Kruger pagar. Ele o meteu naquele quarto, onde você ainda está. Você está queimando desde criança, e sua única saída é Kruger. Acabe logo com isso, Cray.

Cray sentia-se envergonhado. E furioso com Daniel por ter descoberto sua única parte ainda vulnerável.

– Vou fazer isso. Por mim. Não por você.

– Ótimo! – falou Daniel, disfarçando sua satisfação.

"O cara está todo orgulhoso de si mesmo", pensou Cray. "Ele me convenceu a fazer seu trabalho sujo como se a escolha fosse minha."

Mataria Kruger e pegaria o dinheiro de Daniel. E, no momento oportuno, mataria Daniel Lapton também.

CAPÍTULO SETENTA E OITO

A escuridão se transformou na estática de um velho televisor. Cada ponto se diluiu em uma linha, e cada linha se projetou em um olho que observava.

– Você sempre experimentou a vida a partir de dentro de si mesmo – ouviu-se a voz de Kruger na penumbra. Chegava ao cérebro de Burton separada em sílabas sem sentido e verdades destituídas de palavras.

– O que está acontecendo?

Milhares de rostos fulguraram diante dele, sobrepondo-se e misturando-se. Seu pai. Kate, Hugo e Shelley. Sua mãe. Imagens e mais imagens, como fotogramas em sequência. Cada uma registrando um momento de sua vida.

– Enfim, você experimenta o mundo do ponto de vista exterior – disse Kruger. – Você se julgava uma pessoa. Uma pequena alma contida num invólucro. Mas não o é. A energia que o controla não vem de dentro. O invólucro não passa de uma marionete. Você é o cosmo.

Os rostos sobrepostos se distorciam para revelar formas ocultas em seu interior. Arquétipos cintilantes. Deuses e monstros. Burton tentava se livrar das algemas. Não conseguia ver nada com os olhos, mas sentia o brilho de tudo.

– Esqueça as perdas, as decepções. Eles foram apenas a dura estrada que teve de percorrer aos trancos e barrancos para chegar até aqui. Agora, a verdade. Saia de si mesmo. Torne-se o que realmente é.

Burton piscava na escuridão.

– Você colocou alguma droga na água – disse. – Me envenenou.

– Não se trata de envenenar, Burton. Trata-se de descobrir a verdade. Pode negar o que está sentindo?

Coisas rastejavam em sua direção no escuro. Escorpiões. Caranguejos. Animais maiores, ainda fora de seu alcance, mas cada vez mais próximos. Podia sentir o cheiro de seu suor, sua respiração abrasadora. A única escapatória era a luz mística.

Astroterapia química.

– Sinta as energias do cosmo. Terra. Ar. Água.

Kruger fazia uma pausa após cada palavra. Burton avistou uma planta brotando do solo, um furacão fustigando palmeiras durante uma tempestade que enegreceu o céu e uma catarata ruidosa.

Aquilo não era real.

– Você, porém, não é nenhuma dessas coisas – disse Kruger. – Você é...

O corpo de Burton ardia. Quando olhou para as mãos, a escuridão se fendeu, revelando a lava sob a crosta do mundo.

– ... inferno.

E o inferno se escancarou diante de Burton. Sofrimento infinito, perda sem fim. Ele ficou paralisado de horror, à beira da morte.

– Quero conversar com você sobre os coiotes – disse Kruger. – Lembra-se dos meus coiotes?

Sim, Burton se lembrava daqueles demônios enjaulados. Presas afiadas e puro instinto.

– Vamos transformá-los em algo melhor. Há esperança para eles. Muitos, porém, são resistentes e intratáveis. Não servem para nada. Por isso vão desaparecer, e o que subsistir será a nova verdade. Todo progresso implica sacrifício.

Kruger fazia aquilo parecer razoável. Burton podia perceber a verdade profunda daquelas palavras.

– Não se enquadram no mundo que estamos construindo – prosseguiu Kruger. – Se não morrerem, nada mudará.

Não era morte. Era domesticação.

Não. Era insanidade. Burton estava encerrado em um quarto escuro com um médico louco que o havia drogado para enlouquecê-lo também. Esbravejando, forçou as algemas.

– Isso mesmo, sinta a energia, a cólera – incentivou Kruger. – Você foi maltratado. Boa parte sua desapareceu. E o que restou? Seu eu real. Você não é terra passiva. Você é fogo!

Uma longínqua supernova explodiu diante de Burton. Era a primeira luz verdadeira desde que o quarto escurecera, e feriu seus olhos.

Uma chama. A face de Kruger se iluminou nas trevas sob a luminosidade de um isqueiro. Parecia minúscula em comparação com o vasto cosmo na mente de Burton.

– Vou colocar esta chama sob suas mãos – disse Kruger. – E você não sentirá dor. Fogo não queima fogo.

A chama se aproximou até tocar as pontas dos dedos de sua mão direita. Kruger estava errado. Burton sentiu dor, mas uma dor distante, que não o incomodou. Viu a ponta do indicador ficar preta com a fumaça.

– Ótimo! – murmurou Kruger.

Uma luz cortou a escuridão como uma lâmina, transformando os cabelos brancos de Kruger em uma auréola. A porta do quarto se abriu às suas costas, e um policial do Esquadrão Aríete entrou com a viseira erguida. Faixas de luz se refletiam nas laterais de seu capacete preto e polido. Kruger se virou na cadeira, tomado de uma raiva súbita. Burton estremeceu ao ver o monstro dentro daquele homem.

– O que está fazendo? Estou no meio de uma sessão!

– Os tumultos estão cada vez mais violentos, doutor Kruger. Não há defesas suficientes aqui. Muitas janelas ainda não têm grades. O capitão Hare acha que devemos evacuá-lo em uma viatura.

A máscara de despreocupação cínica de Kruger voltou a seu rosto e ele fez um gesto de desdém para o policial.

– Não há perigo. Elaborei um mapa. Não vão nos causar nenhum mal.

– Lamento, doutor. O capitão me pediu que lhe dissesse que, se o senhor for fazer o que ele lhe pediu que fizesse, este é o momento.

Kruger olhou para Burton e passou a mão pelo rosto. Parecia cansado, mas não inquieto.

– Bom, precisamos verificar também se esta terapia funcionou. – Acenou para o guarda. – Entre e solte-o. Daremos continuidade na cela.

O policial soltou as algemas da corrente que prendia Burton à mesa e pegou-o pelo colarinho.

– Pode andar?

Burton não respondeu. O policial colocou-o de pé e empurrou-o para fora.

O quarto branco onde entrou deixou-o desorientado. Conseguia ver cada arranhão no piso e cada mancha nas paredes recém-pintadas. As manchas pareciam flutuar sobre a geometria alva e pura das paredes.

Atravessaram as portas até a escada. Burton estacou no degrau superior. Não parecia capaz de descer. As distâncias mudavam e ele não confiava nas pernas.

Tentou dar um passo, mas foi tomado pela vertigem.

– Mandei andar!

O guarda empurrou-o e Burton rolou pelos degraus.

No andar de baixo, conduziram-no de novo ao corredor. Pensou que o policial e Kruger permitiriam que se recuperasse, mas eles passaram por sua cela e continuaram até o fim do corredor. Solomon Mahout estava ali, estendido de lado na cama e com um braço esticado, o rosto sem cor e cadavérico. O policial empurrou Burton para dentro da sela de Mahout. Burton se virou e fitou Kruger, enquanto a porta se fechava com estrondo.

– O que está fazendo?

– Ordens especiais do capitão Vince Hare – respondeu Kruger. – Mahout é nosso maior problema. Nem o Esquadrão Aríete pode fazer com ele o que gostaria. É um mártir em potencial. Felizmente, há outras maneiras de destruir uma pessoa. Queimá-la, por exemplo. E você é fogo, Burton. Precisamos de um sacrifício.

A palavra soava estranha. Burton repetiu-a mentalmente: *sacrifício.*

– Oficial – disse Kruger ao guarda a seu lado –, está com a ferramenta?

O guarda tirou algo pontudo da bolsa presa ao cinto. Burton reconheceu ser uma lâmina de metal bem afiada, com uma das extremidades envolta em plástico, como um cabo. O guarda jogou-a ao chão e chutou-a para dentro da cela. Ela foi parar junto aos pés de Burton.

– Não podemos machucar nenhum de vocês – disse Kruger. – Isto é, literalmente. Só o que podemos fazer é expor sua verdadeira essência e permitir que a natureza siga seu curso. Todos esses manifestantes se esqueceram do que um Ariano na verdade é. Isso os fará se lembrar.

Burton olhou para a lâmina que brilhava a seus pés. Sentiu o riso crescer dentro de si. Aquilo era terrivelmente absurdo. Soltou uma gargalhada.

– Ei, cara! – advertiu o policial. – Ele está drogado.

Kruger permaneceu impassível diante do riso de Burton.

– Então esse é o seu grande plano? – zombou Burton. – Acha que vou matar o sujeito? Está doido. Não pode drogar alguém com LSD, pó de anjo ou... ou o que quer que tenha me dado e pensar que vou matar por você. Eu... fui drogado, mas não sofri lavagem cerebral.

– É verdade – reconheceu Kruger em tom distraído. Olhava por cima do ombro de Burton. – Teve apenas uma sessão.

Com um estalido, a cabeça de Burton pendeu para um lado. Havia sido esmurrado por trás. A dor se apossou da orelha direita, expandindo-se para a nuca. Cambaleou para a frente e agarrou-se às grades, na tentativa de continuar de pé.

– Mas Mahout teve todas – informou Kruger.

Burton, ainda agarrado às grades, virou-se. Mahout estava de pé, o suor escorrendo do rosto, os olhos arregalados e as pupilas avermelhadas, com os lábios retorcidos de medo.

Agachou-se para pegar a lâmina. Burton desferiu-lhe um chute no ombro e Mahout foi para trás, mas equilibrou-se, pronto para o ataque.

– Esta é a verdadeira natureza deles – disse Kruger ao policial. – As engrenagens se encaixam. Não importa quem vença, Mahout será destruído. O problema com os Arianos se resolverá se os deixarmos aceitar a verdade deles.

CAPÍTULO SETENTA E NOVE

Não havia mais tempo. Os manifestantes que exigiam a libertação de Mahout estavam cada vez mais agressivos, e os guardas, à entrada da delegacia, pouco poderiam fazer contra eles. Logo tudo viria abaixo, e Cray tinha de agir sem demora. Avançou com a multidão, chegando o mais perto possível e aguardando sua oportunidade.

Observou os policiais do Esquadrão Aríete. Os dois postados diante da delegacia mantinham as armas abaixadas, prontos para apontá-las contra quem quer que se aproximasse demais. Centenas de celulares se agitavam no ar, os manifestantes posicionados para captar quaisquer abusos de autoridade. Outros três policiais rondavam a multidão como lobos em volta de um rebanho de ovelhas, deixando claro que ela estava cercada. Era daqueles policiais que Cray não desgrudava o olho.

Um manifestante jovem, cheio de espinhas e longos cabelos puxados para trás por uma faixa, cometeu o erro de se afastar da retaguarda da multidão. Correu para um beco do outro lado da delegacia, provavelmente em busca de um cantinho para urinar. Um dos patrulheiros seguiu-o. Os manifestantes não perceberam nada. Cray esperou que o policial e o garoto desaparecessem no beco e foi atrás deles.

O beco era um espaço em L entre um prédio de tijolinhos de dois andares e um estacionamento coberto mas sem janelas. Na esquina, Cray ouviu a voz do policial:

– Mandei largar!

– O quê? Não!

Cray dobrou a esquina, procurando andar sem fazer barulho. O policial havia encostado o rapaz na parede de tijolos.

– É uma prova – disse ele. – Quero saber quem organizou o protesto. Passe para cá.

– Não pode tomar meu telefone!

O policial encostou o cassetete no pescoço do jovem.

– Já ouviu falar em confisco civil?

Vestia colete à prova de balas e capacete, tendo a viseira baixada. Cray se aproximou até ficar bem atrás dele.

– Ei! – gritou.

O policial largou o rapaz e girou nos calcanhares, brandindo o cassetete em um movimento defensivo. Tarde demais. Cray disparou sua arma de eletrochoque contra o rosto dele. Uma das descargas pegou seu lábio e a outra atingiu a região logo acima do olho. O policial gemeu e caiu no chão, contorcendo-se. Cray trocou um olhar com o jovem manifestante, que parecia agradecido, mas aterrorizado.

– Silêncio! – disse Cray, levando um dedo aos lábios. – Dê o fora daqui.

O rapaz agradeceu com um gesto de cabeça e saiu correndo do beco. Assim que ele se foi, Cray entrou em ação. Já estava vestido de preto; só precisava do cinto, do capacete e do colete. Arrancou-os do guarda, para não sujá-los, e, com rapidez e eficiência, cortou sua garganta. O homem soltou um grunhido e revirou os olhos. Sangue escorreu de seu pescoço. Cray se vestiu, sem sequer olhar para o moribundo.

Saiu do beco com a viseira abaixada. Um dos guardas postados à entrada da delegacia viu-o e ergueu um dos braços, como se dissesse: “Estamos aqui!”. Cray respondeu com o mesmo gesto, e o guarda acenou-lhe de volta.

Estava funcionando. Cray contornou a multidão por trás e se aproximou da delegacia. Quando estava na metade do caminho, um grito se fez ouvir:

– Ma-hout! Ma-hout!

A multidão, cada vez mais perto da entrada, espalhava-se diante do prédio, bloqueando os passos de Cray. Os guardas ergueram as armas, mas desta vez ninguém recuou.

– Abaixe-se! – gritou um dos policiais bem na cara de um manifestante. – De joelhos!

A multidão se aproximava. Os manifestantes de trás empurravam os da frente, que, querendo ou não, avançavam contra os policiais. Um destes apontou a arma e disparou por cima da multidão. Pelo menos a metade dos manifestantes se dispersou.

Cray quase foi ao chão em meio à debandada geral.

Droga.

Um dos manifestantes atacou-o com uma barra de ferro, dando com ela na lateral de sua viseira. Cray revidou com um golpe de cassetete contra o flanco do agressor. O homem se desequilibrou. Cray golpeou-o de novo, desta vez no rosto, e viu um dente sangrento saltar no chão, entre os pés que fugiam.

Empurrou para o lado a vítima que gritava e continuou avançando rumo à entrada do prédio. Mãos agarravam seu colete, retardando-o. Agitou de novo o cassetete para afastar os manifestantes e correu para a escada.

– Peguem os escudos! – gritou um dos policiais na porta, abrindo caminho para Cray entrar. – Peguem agora!

A turba irrompia como uma onda, envolvendo os guardas, desarmando-os e arrancando seus capacetes.

Cray atravessou a porta dupla de vidro. Fechou-a atrás de si, trancando-a. Mas isso de nada adiantaria. Os corpos continuavam avançando e forçando a porta, as silhuetas como zumbis no vidro. A porta rangia e sacudia sob a pressão. Um dos painéis se estilhaçou.

Cray correu para dentro do prédio. Atrás dele, as portas se escancararam e corpos vestindo camisas vermelhas jorraram delegacia adentro.

CAPÍTULO OITENTA

O tiroteio, do lado de fora do prédio, parecia um espetáculo de fogos de artifício. O policial olhou para Kruger.

– Está acontecendo, doutor. Temos de dar o fora.

– Quieto! – resmungou Kruger, de olho em Burton e Mahout. – Quero ver o que vai acontecer aqui.

Burton agachou-se para pegar a lâmina no chão. Mahout saltou sobre ele e agarrou-o. Os dois se estatelaram juntos e Burton conseguiu se apossar da arma. Seria fácil segurá-la com a ponta para cima e deixar que Mahout caísse sobre ela, mas Burton se controlou. Chutou a lâmina para fora da cela, longe do alcance de Mahout, e em seguida encostou-o a um canto, detendo-o ali apesar de seus dedos queimados.

– Mahout, pare com isso! – berrou.

A cela girava em torno dele.

Mahout se enrijeceu como um animal acuado. Seus olhos tinham um brilho insano e os dentes estavam à mostra.

– As rodas – gaguejou ele. – As rodas.

Ouviu-se um estrondo e o som de vidro se espatifando no andar de baixo. Vozes rugiam lá fora e sirenes uivavam pelo edifício.

– Já chega, doutor! – insistiu o guarda, pegando Kruger pelo braço. – Vamos para a viatura. Agora!

Kruger tentou se desvencilhar.

– Não seja paranoico! – disse ao policial. – Esses desordeiros não vão conseguir entrar.

– O uivo das sirenes significa que já estão quase dentro.

– Mas estes dois...

– Agora, doutor! – falou o policial, enfático, segurando-o com firmeza.

Kruger lançou um olhar aos dois e fez um gesto para o guarda, que o soltou. Mahout esticava o braço por entre as grades, tentando pegar a lâmina que fora parar junto aos pés de Kruger. Este se inclinou e a apanhou.

– Só mais uma coisinha antes – disse ele.

Com um movimento súbito, mergulhou a lâmina na jugular de Mahout, tão devagar quanto se aplicasse uma injeção.

Os olhos de Mahout quase saltaram das órbitas. Ele levou as mãos à garganta, enquanto Kruger e o policial do Esquadrão Aríete saíam da cela, batendo a porta.

O sangue escorria do pescoço de Mahout e borbulhava em sua boca. Ele agarrou o cabo da lâmina e a puxou.

– Mahout, não! – gritou Burton.

Era tarde demais. A lâmina estancava o ferimento e, quando saiu, o sangue jorrou. Mahout caiu de joelhos e depois se estirou no chão.

Burton correu para ele e pressionou o ferimento com a mão, tentando estancar a hemorragia. Ouviu então um ruído na extremidade do corredor. Passos se aproximavam, e uma dezena de vozes se misturava em um só alarido.

– Estão todas vazias.

– Lá!

Aquilo foi demais para Burton. Largou Mahout e pegou a lâmina do chão, mantendo-a em riste enquanto se afastava das grades. Tudo, em sua visão periférica, girava, e tinha de se concentrar na própria respiração para não entrar em pânico.

Os invasores chegaram à porta da cela. A princípio, Burton pensou que também estivessem cobertos de sangue e ameaçou-os com a lâmina. Mas eram apenas roupas vermelhas. Pareciam mover-se em câmera lenta, deixando um rastro no ar.

– Que diabo é isto?

– Ele esfaqueou Mahout! Ele o matou!

– Não! – bradou Burton. – Não fui eu!

Os invasores olharam para dentro da cela, horrorizados. Todos pareciam inacreditavelmente jovens.

– É Burton – disse uma moça. As laterais de sua cabeça eram raspadas, cobertas apenas por uma ligeira penugem, e ela erguia o celular para filmar a cena. – É um policial.

Burton virou o rosto para o lado.

– Por favor, não. Afaste isso.

Não queria que ninguém o visse daquele jeito.

– Ele matou Mahout! – gritou um dos jovens.

– Não – replicou Burton. – Não fui eu. Kruger nos drogou. Queria que eu o matasse. Mas quem fez isso foi Kruger, juro. Eu juro!

A jovem olhou para Burton.

– Meu Deus, ele é um psicopata!

Mahout cuspiu mais uma golfada de sangue. Ainda respirava.

– Está vivo – observou a moça. – Temos de entrar.

– Esse louco continua com a arma na mão – disse um dos rapazes.

A jovem olhou para Burton.

– Vamos entrar na cela – falou com firmeza. – Quero que abaixe essa lâmina.

– Não – retrucou Burton. – Vocês pensam que matei Mahout. E vão me matar também. – Tremia e transpirava em abundância.

– Não é verdade – contemporizou a moça. – Tem de acreditar que acredito em você. Agora, abaixe a arma.

Burton hesitou, mas sabia que não poderia enfrentá-los. Deixou a lâmina escorregar de seus dedos.

Os manifestantes acharam o controle da porta e abriram-na. Entraram e tentaram erguer o ferido do chão. Mahout se contorceu nos braços deles, mas o seguraram com força.

A moça postou-se ao lado de Burton.

– Detetive – disse com suavidade –, o senhor está em condições de andar?

– Vocês entraram na delegacia – respondeu ele. Não conseguia parar de bater os dentes.

– Sim, é verdade – ela concordou, como se falasse com uma criança. – Está tudo bem agora.

– Vocês não sabem o que é o Esquadrão Aríete – disse Burton. – Eles estavam se contendo, mas agora têm uma justificativa. Vão nos matar. Vão matar todos nós.

CAPÍTULO OITENTA E UM

Lindi esperava em companhia de Rachel e sua mãe, Angela, em um canto do saguão do Departamento de Homicídios. Havia ali quatro cadeiras de plástico branco, junto a uma máquina de café instantâneo. Viam-se copos descartáveis sujos e cartazes nas paredes elencando as obrigações dos funcionários.

Lindi havia conseguido permissão para que as duas mulheres entrassem na delegacia, mas nem por isso Kolacny e Rico as atenderam. Nenhum dos dois estava no escritório que dividiam, e os outros com quem Lindi falou pareciam estressados e ansiosos para ir a algum outro lugar. A polícia se preparava para uma guerra.

Enquanto esperavam, a mãe de Rachel foi ficando cada vez mais irritada e amedrontada.

– Por que não podem recebê-la? Esperam que façamos o quê? Depois de tudo pelo que minha filha passou, terá de resolver o problema sozinha? Assassinos estão à procura dela! Ninguém se importa com isso?

Lindi pousou uma mão compreensiva no joelho de Angela, tentando acalmá-la. Isso não ajudaria em nada Rachel, que balançava para a frente e para trás em sua cadeira de plástico. Com os lábios cerrados, seu olhar era pura desconfiança. Parecia prestes a se levantar e sair correndo.

– Estou envolvida na investigação – disse Lindi, tirando uma agenda e uma caneta da bolsa. – Enquanto esperamos os detetives, preciso saber o máximo possível sobre os sequestradores.

Rachel parecia insegura. Aquela era uma tentativa óbvia de tranquilizá-la, mas estava traumatizada e, depois da terrível experiência, tinha necessidade de que alguém a ouvisse.

– Eram dois. Um velho rico e um jovem de aparência assustadora. O velho era Capricorniano. Pensava que estava sendo legal comigo, mas me dava arrepios, pois falava o tempo todo em matar umas pessoas. Nunca vi o rosto do jovem, mas seu signo é Áries. Sei onde fica a casa deles, mas não sei o nome dos bandidos.

Dizer aquilo em voz alta aliviou Rachel. Conseguiu segurar as lágrimas.

– E o velho de Capricórnio? Viu o rosto dele?

– Sim. Era grisalho e mancava. Estava sempre de terno. Posso tentar fazer um retrato dele. Ele disse que haviam matado três homens e que restava um.

– Sim, tínhamos previsto isso mesmo – murmurou Lindi.

Kruger.

As portas do elevador, do outro lado do saguão, se abriram, e Lindi, ao levantar o rosto, viu Kolacny saindo e se dirigindo, distraído, para a Homicídios.

– Ei! – gritou ela, levantando-se para correr atrás dele. – Kolacny!

O detetive se virou.

– O quê?

– Rachel Wells. A garota sequestrada. – Apontou para a jovem às suas costas.

– Caramba! – exclamou Kolacny. Sua irritação desapareceu de imediato. – Por onde ela andou?

– Foi sequestrada e escapou.

– Caramba! – repetiu o detetive.

Passou os dedos pelos cabelos, tentando melhorar a aparência, e foi até as mulheres. Elas se levantaram ao vê-lo se aproximar, e ele apertou a mão das duas.

– Senhorita Wells – começou, dando à voz um tom tranquilizador –, sou o detetive Kolacny. Estou contente por sua visita. Lamento não termos lhe dado antes a devida atenção. Ouviu sem dúvida que estamos às voltas com um tumulto em larga escala, mas você é nossa prioridade. Por favor, sigam-me.

Lindi sabia que Kolacny colocara uma máscara dissimulada de competência, mas ainda assim ficou satisfeita por ver que ele assumia o controle da situação. Rachel e Angela pareciam agradecidas. Kolacny conduziu-as pelo departamento até chegarem a seu escritório. À porta, deixou as duas entrarem, mas barrou a passagem de Lindi.

– Só elas – disse. – Você, não.

– Como? Por quê?

O detetive inclinou-se para ela. Seus olhos estavam avermelhados. Parecia exausto.

– Vimos o que aconteceu com Jerry, senhorita Childs. Não digo que a culpa seja sua. Digo que há políticas. Sendo assim, obrigado por isto – disse, apontando para a sala –, mas, se precisar de você, eu a chamarei. Combinado?

A porta se fechou.

Lindi rangeu os dentes e voltou para as cadeiras de plástico. *Droga.* Tudo acontecia sem a participação dela. E tudo estava desmoronando.

Sentou-se e pegou o celular. Entrou de novo na página ACTIVE-NATION para ver se mais alguém havia respondido ao seu pedido de ajuda. As postagens recentes mostravam uma multidão invadindo a delegacia de Ariesville.

Octagon: Começou.

Gilloteen: Tiros!

RomanRoulette: Ninguém foi atingido, ouviu isso?

AKT: ESTAMOS AQUI DENTRO! Procurando Mahout. Precisamos de sorte.

Apareceram imagens borradas do interior da nova delegacia, todas postadas por AKT, o amigo Ariano de Bram.

AKT: Encontrado.

DeepFryer: Fotos, por favor.

Uma foto surgiu embaixo da tela. Era o rosto de Mahout, suado e com aparência doentia. Via-se uma mão apertando seu pescoço com uma camiseta enrolada.

AKT: Ele foi esfaqueado!

DeepFryer: Que merda!

AKT: Foi drogado. Provavelmente torturado. Está sendo levado lá para fora. Encontraram o detetive Burton, drogado também.

Lindi teve um sobressalto. Seus dedos deslizaram pelo teclado.

LChildsSky: Onde está Burton?

AKT: Vamos tirá-lo de lá. Precisa ser levado ao hospital. Venha AGORA; não há muito tempo. Logo vão cortar de novo a comunicação.

Lindi digitou outra mensagem. Uma mensagem insana, mas digitou-a assim mesmo:

LChildsSky: A caminho.

Lançou um olhar para o escritório de Kolacny e Rico. Eles não a ajudariam; e, se lhes dissesse para onde estava indo, provavelmente a impediriam. Ela própria deveria se impedir. Mas não tinha a quem apelar e, se não fosse, ninguém mais socorreria Burton.

Correu para o elevador, passando por policiais que ajustavam seus coletes à prova de balas.

CAPÍTULO OITENTA E DOIS

"O que estou fazendo?" Era o que Lindi se perguntava a caminho de Ariesville. O sol se punha, dando à cidade um tom âmbar. As ruas iam se tornando estreitas por causa do trânsito cada vez mais pesado. Carros fugiam de Ariesville e muitos motoristas buzinavam sem parar.

Mais à frente, a esquina da Ninth Avenue com a Trinity Street estava bloqueada. Alguns automóveis haviam ignorado os semáforos, provocando ali um gigantesco engarrafamento.

– Merda! – praguejou Lindi.

Tentou dar marcha a ré, mas outro carro se aproximou e impediu sua manobra. Resolveu buzinar, gritando:

– Vamos, andem!

Ouviu um barulho e viu, pelo retrovisor, uma coluna de fumaça cor-de-rosa se erguendo. Virou-se para olhar. A um quarteirão de distância, alguém atirara uma bomba de gás lacrimogêneo. Pessoas gritavam e carros tentavam escapar dos efeitos da bomba, atulhando a rua lá atrás. Sirenes uivaram e um comboio de veículos pretos, de aparência militar e com vidros escuros, emergiu da fumaça. Pararam ao lado de Lindi e um alto-falante foi ligado.

– Saiam da frente! – gritou uma voz metálica. – Deixem a pista livre!

Essa voz era abafada pelo alarido das buzinas, e ninguém, à frente de Lindi, conseguia ouvir a instrução. De qualquer maneira, teria sido impossível que os motoristas obedecessem, pois os carros da frente estavam bloqueados, e os veículos semelhantes a tanques impediam que os de trás se movessem.

– Vamos, vamos! – insistiu Lindi, frustrada consigo mesma e com os outros.

Algumas pessoas correram em sua direção, vindo lá da frente, ziguezagueando entre os carros e as viaturas do Esquadrão Aríete. Uma delas, ao passar, apertou a buzina do carro de Lindi.

– Ei, o que é isso? – gritou ela, mas o homem já estava longe.

Outros surgiam. A princípio, eram apenas um ou dois correndo, mas o número aumentou, até que aquilo ficasse parecendo uma maratona. Quase todos estavam vestidos de vermelho, embora a movimentação não fosse de modo algum um protesto. Não havia cartazes nem palavras de ordem. As pessoas apenas extravasavam sua cólera e seu medo.

Um grupo se acercou do carro da frente e começou a sacudi-lo, como se tentasse virá-lo com o motorista dentro. O veículo acelerou, cantando os pneus, e bateu na lateral de outro que bloqueava o cruzamento.

– Não, não, não! – exclamou Lindi.

Tentou ir para a calçada, mas o carro da frente estava próximo demais, e os para-lamas de ambos colidiram. O de trás começou a buzinar.

Corpos passavam sem parar ao lado dos carros, impedindo a entrada de luz pelas janelas. Punhos batiam em buzinas, portas e capôs. O ruído era ensurdecedor.

O vidro ao lado da cabeça de Lindi vibrou e se espatifou. Alguém enfiou a mão pela abertura e abriu a porta. Os vândalos arrastaram-na para a rua e ela sentiu que puxavam sua bolsa.

– Ei!

Pegaram a bolsa dela e correram, deixando-a estirada na rua. Lindi se levantou e partiu atrás deles.

– Seus malditos filhos da...

Mas os ladrões já se perdiam entre os veículos negros. Antes que Lindi os alcançasse, as portas de trás se abriram e policiais do Esquadrão Aríete desceram. Um deles levantou a mão.

– Pare! Fique onde está!

Um objeto cilíndrico bateu no chão perto dela, soltando gás lacrimogêneo. O alto-falante esgoelava-se às suas costas.

– Esta manifestação é ilegal. Por favor, evacuem a área. Pela Lei de Resposta Civil, todos os civis encontrados nas imediações serão considerados contraventores pelas forças da ordem, que reagirão à altura.

Lindi se virou e correu. Atravessou o cruzamento bloqueado e se embrenhou em Ariesville.

Não tinha mais carro, telefone ou mesmo a carteira de identidade para provar que era Aquariana. Estava em meio ao tumulto. Não tinha sido atingida diretamente pelo gás, mas ainda havia boa quantidade dele no ar para irritar seus olhos e pulmões.

Mais adiante, os carros escasseavam, deixando uma clareira perto da delegacia. Lindi passou por outros desordeiros, que tossiam e lacrimejavam. Um helicóptero sobrevoava a área, baixo o suficiente para provocar uma revoada de detritos deixados pelo protesto. A delegacia era uma construção em concreto bem alta. Uma multidão se juntara diante da porta, alguns tentando entrar, outros querendo sair. Muitos pareciam aterrorizados. Quando Lindi se aproximou mais, um cordão de isolamento formado por membros do Ascendente Áries irrompeu do edifício carregando Solomon Mahout. Ele agonizava, e havia sangue escorrendo sob a camiseta que apertavam contra seu pescoço.

– Para trás! – gritou um homem à frente do grupo para as pessoas que se apinhavam ao redor. – Abram caminho.

– Lindi Childs!

Uma jovem com as laterais da cabeça raspadas e rosto pintalgado de sardas saía da delegacia atrás de Mahout. Amparavam Burton, que, coberto de sangue, tremia.

– Que bom ver você! – disse a jovem, aproximando-se.

– Já nos conhecemos? – perguntou Lindi.

– Oficialmente, não. Sou AKT no fórum. Sherry Reynard. – Ajudou Lindi a amparar Burton. – Obrigada por vir. Precisamos tirá-lo daqui. Muita gente acha que ele matou Mahout.

– Droga! – exclamou Lindi. – Fiquei sem carro e sem dinheiro. Fui assaltada.

– Você não deveria estar aqui – interveio Burton. – Ficou louca? Lá vêm eles! Veja!

Ouviu-se o som de metal chocando-se com metal. As viaturas blindadas do Esquadrão Aríete abriam caminho em meio aos carros, estraçalhando janelas e retrovisores laterais enquanto os empurravam para o lado.

Os manifestantes, diante da delegacia, correram na direção oposta, mas por ali também chegavam outros veículos. Havia becos entre os edifícios próximos, que no entanto não comportavam todas as pessoas que tentavam fugir. Algumas eram pisoteadas na confusão.

Bombas de gás lacrimogêneo caíam, provocando grossas trilhas de fumaça. Pessoas choravam. O grupo que carregava Mahout virou-se em direção à porta.

– Entrem! – gritou Sherry.

Levou Lindi e Burton para dentro do edifício, atrás de Mahout. Lindi correu o olhar ao redor. Tudo ali era novo, recendendo a cimento e tinta fresca. Os manifestantes deixaram Mahout na mesa de recepção, enquanto outros trouxeram cadeiras e restos de material de construção para fazer uma barricada na porta.

Sherry foi dar uma olhada lá fora, através do vidro estilhaçado. Os veículos pretos estacionavam à entrada. Um alto-falante começou a esbravejar:

– Membros do movimento Ascendente Áries! Por terem invadido ilegalmente um edifício público, vocês cometeram um crime. Saiam daí com as mãos para cima ou vamos atirar!

Sherry abriu a porta, apenas uma fresta, e gritou tão alto e claro quanto podia:

– Que tal negociarmos?

– Vou lá fora conversar com eles – disse um homem de cabelo cortado rente e *piercing* na sobrancelha. Era um dos que tinham carregado Mahout.

Sherry avisou:

– Estamos mandando alguém para falar com vocês. Combinado?

Não houve nenhuma resposta pelo alto-falante. O rapaz Ariano respirou fundo e saiu com as mãos para cima, andando devagar em direção às viaturas. Estava a meio caminho no pátio quando as primeiras balas de borracha o atingiram. Ele protegeu o rosto e gritou. Outras balas atingiram seu corpo. Caiu ao chão, com bombas de gás lacrimogêneo explodindo à sua volta. Uma bomba entrou pelo buraco no vidro do prédio, e nuvens de fumaça densa começaram a sair lá de dentro. Burton e Lindi se dispersaram, junto com o resto dos manifestantes. Mesmo sem contato direto com a fumaça, todos sufocavam.

Lindi correu com Burton para o corredor e, virando-se, viu Sherry usando seu boné como luva para pegar a bomba e jogá-la de volta pela porta.

Penetraram no edifício. Em uma sala, uma pilha de mesas tinha sido colocada na porta para barrar a entrada, e um grupo de manifestantes adolescentes se encostara à parede do fundo. Olharam para Lindi e Burton com terror estampado no rosto.

– Tudo bem – Lindi os tranquilizou e continuou andando.

– Eles vão morrer – balbuciou Burton. – Kruger. Kruger está aqui.

– É mesmo? – perguntou Lindi. Não sabia até que ponto Burton continuava drogado.

– Falo sério. Kruger foi para a garagem. Se os manifestantes bloquearam a saída, ele continua no prédio. Fez isto comigo. Queria que Mahout me matasse. Ou que um matasse o outro.

– Acalme-se, Burton – pediu Lindi.

– Você não está me ouvindo! Estou contando o que aconteceu! – disse Burton. – Kruger matou Mahout! Ele é um louco!

Passaram por uma fileira de armários de cor escura. O sol se punha e, lá fora, a luminosidade ia diminuindo. Ninguém tinha se lembrado de acender as luzes do corredor.

– O que estamos procurando? – perguntou Burton.

– Um lugar seguro.

– Lindi! – exclamou Burton, em tom firme.

Ela não lhe deu ouvidos.

– Se nos fecharmos numa cela, talvez tenhamos mais chance...

– Lindi!

Apontava para o final do corredor escuro. Ela estreitou os olhos, tentando ver o que ele via. Vislumbrou duas figuras na penumbra, perto da escada. Pela auréola de cabelos brancos, reconheceu Kruger. O outro vestia colete à prova de balas e capacete, e tinha uma arma encostada nas costas de Kruger.

CAPÍTULO OITENTA E TRÊS

– Por favor, abaixe esta arma! – pediu Lindi, com o máximo de calma que lhe foi possível.

O homem apertou ainda mais o cano do revólver nas costas de Kruger.

– Sabe quem é este cara? – perguntou a Lindi.

– Sei.

– Ele não merece viver. Ande!

Kruger começou a subir a escada com relutância. Burton e Lindi seguiram os dois.

– Parem! – ordenou o policial, virando-se para eles. – Se chegarem mais perto, acabarei com isto agora mesmo.

– Você não quer mesmo fazer isso – disse Lindi.

– Querem que eu o entregue à polícia? – replicou o homem. E, cravando mais fundo o cano da arma nas costas de Kruger, acrescentou: – Acho que mandei você andar!

– Aonde vamos? – perguntou Kruger.

– Suba!

Também estavam às escuras o segundo, o terceiro e o quarto andares do prédio. A escada ia até uma porta de acesso ao telhado. Lindi ajudou Burton a subir, sem tirar os olhos do assassino e de Kruger.

– Você matou os outros três, não foi? – perguntou Lindi.

O assassino permaneceu em silêncio, sempre empurrando Kruger.

– Escute – disse-lhe Kruger –, você pensa que está destruindo uma conspiração, mas não é nada disso. A *crux* foi algo com que sonhei na universidade. Uma espécie de fantasia. Não é algo real, é uma ficção!

– Estou pouco me lixando para sua *crux* – replicou o assassino. – Abra a porta.

Kruger se atrapalhou com a fechadura, por causa da escuridão do local.

– Está trancada.

O assassino apontou a arma para a fechadura e atirou duas vezes. Empurrou a porta e saiu com Kruger para o telhado, com Lindi e Burton seguindo-os a curta distância. Ele estava com a viseira erguida, e a luz do crepúsculo era suficiente para Lindi ver seu rosto. Tinha penetrantes olhos azuis.

Kruger também o viu.

– Lembro-me de você – disse ele ao assassino. – Esteve na Academia.

O assassino continuou em silêncio. Arrastou Kruger até a beirada do telhado.

– Aonde está me levando?

– Você vai se entregar ao seu elemento – respondeu o assassino.

A voz de Kruger vacilou.

– Meu Deus, não... Estou apenas tentando acertar as coisas. Tudo o que aconteceu é porque a sociedade perdeu o rumo. Só eu posso colocá-la nos eixos! E é o que procurei fazer! Se me matar, a sociedade inteira perecerá também!

– Ótimo!

O assassino colocou a mão nas costas de Kruger e o empurrou.

CAPÍTULO OITENTA E QUATRO

Da janela de seu pesado veículo policial, Vince Hare viu o corpo cair e bater nos degraus da entrada da delegacia com um baque horrível.

– Que diabo foi isso?

No telhado, a silhueta de um homem com colete à prova de balas se recortava contra o céu. Ele olhou para baixo, a fim de ver se sua vítima estava mesmo morta e voltou para o telhado.

– Aquele é um dos nossos? – perguntou Vince.

– Não, senhor – respondeu o sargento a seu lado. – Acabamos de encontrar o corpo de Polsen. Alguém roubou o colete dele.

– Querem fazer as pessoas acreditarem que estamos matando civis.

– E agora, capitão?

– Vamos em frente. Derrubem a porta e evacuem esse lugar. Usem toda a força necessária. Queimem tudo, se for preciso. Andem!

CAPÍTULO OITENTA E CINCO

Na penumbra, o sangue de Kruger escorria, negro, pelos degraus do prédio. Cray observou aquilo por alguns instantes, sentindo uma imensa calma invadi-lo. Enfim, estava consumado; mas ainda não era tudo. Virou-se para a porta de acesso ao telhado, bloqueada pela astróloga e pelo policial. Eles tinham de sair dali. Levantou a arma e disparou três vezes para o ar.

A astróloga empurrou o policial para um lado e foi para o outro. Ia deixar o assassino fugir. Cray poderia cuidar deles ali mesmo, mas precisava de balas para escapar da polícia. Correu para a porta desimpedida e desceu a escada. Achou que os dois fossem espertos o bastante para não detê-lo, mas, após alguns segundos, ouviu passos atrás de si.

– Burton! Deixe-o ir! – disse a astróloga, do telhado.

Cray se virou e disparou de novo, mas o projétil atingiu a parede escura da escada. Lá de baixo, veio um ruído de metal se despedaçando. O Esquadrão usava um aríete para arrombar a porta da frente.

Tinha de haver outra saída. Com a fuga dos manifestantes, a porta da garagem devia estar livre. Ele só precisava chegar até lá.

No térreo, o corredor estava cheio de fumaça, que irritava os olhos. Ouviu-se um barulho de botas se aproximando. Cray avistou os homens do Esquadrão Aríete, de máscaras contra gás, avançando pelo corredor e brandindo os cassetetes contra os manifestantes que, tossindo e gritando, barravam seu caminho. Um dos policiais puxou o pino de outra bomba de gás lacrimogêneo e atirou-a por uma porta aberta.

Um policial na linha de frente avistou Cray e o apontou.

– Suspeito armado!

Cray, instintivamente, ergueu a arma e disparou. O policial recuou com o impacto, mas não caiu. Reequilibrou-se e correu em direção ao agressor.

Cray continuou disparando até ficar sem munição; em seguida, jogou fora a arma e se precipitou para a escada. Um projétil nas costas lhe tirou o ar, mas o colete salvou sua vida. Subiu os degraus e enveredou pelo corredor do segundo andar. Havia portas abertas de ambos os lados. Entrou em uma das salas escuras, onde uma janela ampla, sem grades, dava para o exterior. Era apenas o segundo andar. Valia o risco. Abriu a vidraça e olhou para baixo. Seria uma longa queda, mas bem menor que a de Kruger.

Dependurou-se no parapeito justamente quando o policial chegava à porta do quarto.

– Pare! – gritou ele, mas já era tarde.

Cray se soltou e despencou para o chão.

CAPÍTULO OITENTA E SEIS

O ar, na delegacia, feria os olhos de Burton. Lá de baixo, vinha o som de gritos e disparos. O efeito das drogas estava passando, mas o terror persistia.

– Burton, pare! – gritou Lindi às suas costas. – Para onde está indo?

– Deve haver uma saída de incêndio por aqui.

Desceu correndo a escada, com Lindi em seu encalço. Alguns policiais subiam do térreo.

– Parem!

Lindi e Burton se afastaram da escada e enveredaram pelo corredor do segundo andar. Um policial armado até os dentes saiu de uma porta à frente e atirou uma bomba de gás lacrimogêneo contra eles. Burton conseguiu entrar em uma sala para evitá-la, mas a fumaça atingiu em cheio o rosto de Lindi. Ela gritou.

– Venha! – chamou Burton, puxando-a pela porta.

– Não consigo enxergar! – gemeu ela, em choque. – Meu Deus, não consigo enxergar!

– Tudo bem. Sairemos pela janela.

– Mas é o segundo andar!

– Você consegue.

Burton abriu a janela e fez com que ela subisse no parapeito.

– Tente se soltar – avisou. – Fique pendurada o máximo que conseguir e depois se solte. São apenas uns cinco metros.

Ouviu os policiais chegando das duas extremidades do corredor.

– Isto é loucura, Burton! Estou cega!

– Vai dar tudo certo, prometo. Pule!

Lindi se segurou no parapeito, soltou as mãos e caiu. Suas pernas se dobraram ao atingir o chão, mas a queda se deu em segurança.

Burton subiu no parapeito depois dela. Podia ouvir os policiais entrando no quarto às suas costas. Não tinha tempo para se pendurar; só lhe restava inclinar-se e saltar.

Atingiu o chão com violência, sentindo os tendões do calcanhar se estirando.

– Burton? – perguntou Lindi. – Tudo bem com você?

– Sim – respondeu ele, cerrando os dentes. – E você?

– Tudo certo – ela respondeu. Seus olhos estavam inchados, mas conseguiu abrir um pouco o esquerdo. – Vou ficar bem. Para onde vamos?

Burton mostrou um beco do outro lado da delegacia e começou a mancar naquela direção. Lindi o seguiu. Atravessaram a rua e passaram pelas viaturas ali estacionadas.

O calcanhar de Burton obrigava-o a seguir bem devagar. Acabava de virar a esquina da delegacia quando ouviu uma voz conhecida atrás de si.

– O que temos aqui? Nosso herói passeando com alguém da sua laia...

Burton se virou. O capitão Vince Hare caminhava em sua direção, com a viseira erguida, mas o resto do corpo inteiramente protegido. Dois policiais do Esquadrão Aríete o seguiam.

– Vince – disse Burton –, o que temos aqui é um *serial killer*. Ele matou Williams. E acaba de matar Kruger.

– Cale essa boca.

Vince desferiu um golpe de cassetete no maxilar de Burton. Estrelas faiscaram diante dos olhos dele, que caiu de joelhos.

– Você vinha pedindo isso há muito tempo, Burton – vociferou Vince, dando-lhe um chute na barriga.

Burton rolou de lado. Os outros dois policiais caíram sobre ele com seus cassetetes. Burton sentiu as costelas e os dedos se partindo.

Houve uma súbita onda de calor, e a rua se iluminou com uma luz alaranjada. A lateral de uma das viaturas negras estava em chamas.

– Droga, o que foi isso? – gritou Vince.

– Coquetel molotov, senhor.

Uma longa fila de pessoas com camisas vermelhas corria pela rua em direção a eles, bradando como guerreiros selvagens. Os da frente empunhavam garrafas com estopins.

– Linha de defesa! – ordenou Vince. – Em formação! Agora!

– Há outros vindo do norte, capitão! Conseguiram nos cercar!

– Façam um cordão!

Burton tentou se afastar rastejando, mas Vince deu-lhe outro chute.

– Vamos cuidar dos baderneiros. Pegaremos este aqui depois.

CAPÍTULO OITENTA E SETE

Lindi correu pelo beco rumo à luminosidade da rua logo em frente.

Do outro lado, uma cena tranquilizadora: uma barreira com policiais de verdade, não os capangas do Esquadrão Aríete, e atrás dela uma ambulância.

Virou-se para procurar Burton, que até então a seguia.

– Burton?

Voltou com cautela, passando por uma fileira de caixas e várias latas de lixo. Estava quase na outra entrada do beco quando uma mão a agarrou pelo colarinho.

– Devagar!

Foi arrastada para a escuridão e jogada ao chão. A seu lado estava um policial do Esquadrão Aríete totalmente couraçado e com a viseira baixa. Lindi ergueu as mãos.

– Sou Aquariana!

– Sei o que você é – disse uma voz conhecida. Do assassino.

Tinha um cassetete em uma das mãos e, com a outra, sacou uma faca. Debruçou-se sobre Lindi, que rolou pelo chão imundo. A ponta da lâmina arranhou o concreto. O assassino desferiu outro golpe, e Lindi sentiu o frio do aço entre as costelas.

Burton chegava claudicando ao beco. Percebeu a movimentação na penumbra e ouviu Lindi gritando de dor. O assassino ergueu o cassetete e atacou-a, fazendo-a ir ao chão de novo.

– Pare! – gritou Burton.

O homem se virou e disparou contra ele de cassetete erguido. Tarde demais, Burton viu a faca em sua outra mão. Tentou segurar o braço do assassino, mas só bloqueou parcialmente o ataque. A ponta da lâmina atravessou sua camisa e penetrou seu ombro.

O assassino aplicou-lhe uma estocada com o cassetete no plexo solar. Burton cambaleou para trás, mas, segurando o adversário pelo colete, arrastou-o consigo para o chão. Caíram em meio a latas, que rolaram para longe.

O assassino se lançou sobre Burton, imobilizando-o. Deu-lhe uma cabeçada tão forte que a viseira do capacete se estilhaçou. Burton tentou se desvencilhar, mas o capacete desceu de novo, atirando sua cabeça contra o concreto. Cacos de vidro cortaram seu rosto.

O assassino tirou o capacete e jogou-o longe. Pegou a faca do chão. Tudo o que restava a Burton era olhar enquanto ela se aproximava de seu pescoço.

De repente, um barulho. O assassino ficou rígido, depois caiu sobre Burton.

Lindi estava de pé ao lado deles, respirando pesadamente e com metade de um tijolo na mão. Tirou o agressor de cima de Burton e atacou-o de novo com o tijolo. E de novo. Ouviu-se o som de algo se quebrando, seguido pelo silêncio.

Lindi se deixou cair ao lado de Burton.

– Tudo bem com você?

Burton negou com um aceno de cabeça.

Ouviam-se uivos de sirenes e gritos para além do beco. Luzes vermelhas e azuis faiscavam em meio a gás e fumaça.

– Pode andar?

Burton respondeu de novo com uma negativa. Ofegava. Cerrou os dentes, tentando conter a dor.

Ali ficaram, lado a lado, esperando que tudo aquilo terminasse.

CAPÍTULO OITENTA E OITO

Lindi despertou, trêmula, sob a luz cinzenta da madrugada. A cidade estava em silêncio. Burton jazia a seu lado. Podia ver seu peito arfando com suavidade.

Ergueu-se nos cotovelos e gemeu. A ferida no flanco começou a sangrar de novo. Fora do beco, no outro lado da rua, a delegacia estava em ruínas. As janelas tinham sido arrebentadas e viam-se manchas negras em cima, devido à fumaça que havia escapado durante a noite.

Pessoas vinham caminhando pela rua, seguidas por uma caminhonete em marcha lenta. Lindi voltou para o beco, mas foi vista.

– Procuramos feridos! – gritou uma voz.

Três homens correram para ela. Um deles vestia uma roupa de alta visibilidade. Parecia ter um cargo oficial.

– Senhora, está ferida?

Depois que Lindi confirmou que sim, outro homem pegou um cobertor térmico prateado e envolveu seu corpo trêmulo.

– E seu amigo?

O homem de roupa fosforescente projetou o facho de uma caneta-lanterna nos olhos revirados de Burton e examinou-os.

– Vamos precisar de uma maca.

Em seu estado semiletárgico, Lindi sentiu uma pontada de pânico. Olhou em volta e avistou o corpo do assassino.

– Quem são vocês? – perguntou ao homem que lhe dera o cobertor.

– Reservistas – respondeu ele. Seu sotaque era Libriano. – Tem alguma identificação?

– Fui assaltada – murmurou Lindi, com voz rouca e tossindo.

– Sem problemas. Vamos cuidar de você. Os paramédicos estão chegando. Vai dar tudo certo.

CAPÍTULO OITENTA E NOVE

Burton acordou em um leito de hospital. Uma cortina verde pendia de um trilho no teto, formando como que uma tenda ao redor dele.

Kate estava sentada junto à cama, lendo um livro.

– Oi – murmurou ele.

Kate levantou o rosto e sorriu.

– Você me deu um susto – disse em tom suave.

Largou o livro e pegou a mão de Burton. Ele estremeceu. Dois de seus dedos estavam enfaixados e bolhas haviam surgido nas pontas. Tubos de plástico saíam de uma bandagem em seu punho.

– Desculpe – disse ela, diminuindo a pressão sobre a mão.

– Você emagreceu – observou Burton.

Kate riu. Ele levou alguns instantes para absorver a realidade.

– Nasceu?

Kate assentiu.

– Semana passada. Ela já está em casa, aos cuidados do meu irmão.

– É Taurina?

Kate assentiu de novo. Lágrimas afluíram aos olhos de Burton, embaçando-os.

– Perdi isso. É minha filha e perdi isso...

– Não importa – falou Kate, em tom afetuoso. – Procure ficar bom logo. Ela se ficará feliz por ter um pai.

No dia seguinte, Lindi e Kolacny apareceram para vê-lo. Lindi mostrou-lhe os pontos cirúrgicos em seu flanco.

– Cicatriz de um *serial killer*. Vou fazer sucesso agora.

Disse isso brincando, mas ele notou que a amiga ainda estava muito frágil. Lindi lhe contou que recebera a oferta de um novo emprego em Singapura, para rastrear prováveis criminosos. Embora alegasse que ainda estudava a proposta, Burton podia perceber que ela já se decidira. Estava farta de San Celeste.

Depois que Lindi se foi para o próprio quarto, Kolacny ficou mais algum tempo com Burton. Parecia embaraçado.

– Tem algo para me contar? – perguntou Burton.

– Vince Hare morreu durante o tumulto. Uma bala o pegou sob o capacete. Dizem que foi acidente, fogo amigo de um dos colegas. Haverá uma investigação. Na verdade, muitas, após a morte de Mahout e aquela bagunça toda. Mendez foi suspenso. Portanto, a boa notícia é que você está de volta à ação.

– Está falando sério?

Kolacny confirmou.

– Todos nós estamos pressionando para que você tenha uma recompensa pelos seus ferimentos.

– Obrigado, Kolacny.

– Não foi nada. Disponha.

Aquilo, pensou Burton, estava bem perto de um pedido de desculpas.

Quando Kolacny se foi, Burton abriu o jornal que Kate havia lhe deixado e correu os olhos pelas páginas. Rachel Wells era a notícia. Jovem e bonita, tinha escapado de uma situação aterrorizante graças à sua inteligência e bravura. A mídia a bajulava e Rachel se tornara uma espécie de celebridade. Segundo um artigo, ela havia vendido os direitos autorais sobre a história de sua vida.

Burton descobriu uma pequena nota na última página intitulada "*Cruxes* – o que você precisa saber sobre o assunto". A nota não passava de especulação a respeito de quais figuras públicas e gente famosa poderiam ser membros desses grupos sinistros. O texto era ilustrado pelo desenho que Rachel havia feito do velho Capricorniano que a sequestrara. A legenda dizia: "O segundo assassino *Crux* – ainda em liberdade".

Quase não se falava dos tumultos. Nenhum artigo mencionava a reconstrução de Ariesville ou a assistência médica devida aos civis vitimados.

Burton fechou o jornal e reclinou-se no leito.

CAPÍTULO NOVENTA

Burton já estava de pé após alguns dias. Ainda não tinha conhecido sua filha e isso o deixava maluco. Tinha visto apenas fotografias no celular de Kate. Aquilo não era real, mas dava-lhe motivação para se recuperar mais depressa. Caminhava pelo hospital, carregando o suporte de soro. Precisava fazer um grande esforço e o piso encerado era frio sob seus pés; mas esse esforço valia a pena, pois lhe concedia uma pequena liberdade para sair da cama.

Carregou o suporte até o corredor, passando por uma pequena área de recepção entre os quartos. Havia ali uma máquina de venda automática, três cadeiras e uma mesinha com um vaso de plástico. Um velho estava inclinado para a frente em uma das cadeiras, apoiando-se em uma bengala.

– Olá, detetive! – cumprimentou ele.

Exibia um leve sorriso amistoso, e seu sotaque era Capricorniano. Burton estremeceu.

– Fico contente ao ver que está se recuperando – prosseguiu o velho. – Fiz o possível para ajudar. Dentro de limites razoáveis, é claro. Há coisas que nem eu posso corrigir.

O corpo de Burton se enrijeceu. O desenho de Rachel era rudimentar, mas estava tudo lá: os cabelos grisalhos, o maxilar. Apoiou-se no suporte para não cair.

– Parabéns pela sua filha – disse o velho.

Burton correu os olhos pelo corredor. Havia um homem de pé junto à mesa de recepção; não olhava para eles, mas também não olhava para o outro lado. E mais um na porta de um dos quartos, as mãos no bolso do paletó. Quem usaria paletó com aquele calor? Burton olhou de novo para o velho, que continuava com um ligeiro sorriso. O velho não estaria ali sem proteção nem por acaso. A filha de Burton se encontrava na casa de Hugo, o que não significava nada contra alguém determinado, rico e demente.

– Acalme-se, detetive. Só vim lhe dizer que tudo acabou.

– Não acabou, não – contestou Burton.

O velho balançou a cabeça.

– Acabou, sim. Tudo voltou ao devido lugar. A cólera se foi. Você desempenhou bem seu papel e merece meus agradecimentos.

Burton fitou o rosto do homem para memorizar cada um de seus traços.

– Estou fazendo o possível para facilitar as coisas pra você. Ouvi dizer que voltará ao seu antigo emprego. A conta do hospital vai ser paga. Parabéns.

Burton cerrou os dentes.

– De você, não quero nada – disse ele.

– Isso é ruim, muito ruim – suspirou o velho. Ergueu-se e endireitou o corpo. – Mas já está feito.

– Não sou sua marionete – esbravejou Burton. – Se é quem penso que seja, vou acabar com você.

– Mas a que custo, detetive? Pessoas como eu mantêm o equilíbrio da sociedade.

– Prefiro ver a cidade queimar de novo a ter nela gente da sua laia.

O velho sorriu e seu maxilar pareceu torto.

– Fico contente ao ouvir isso – disse ele. – Bom dia, detetive. E parabéns de novo pela linda filhinha.

Sua bengala retinia contra o piso enquanto se afastava. Burton viu-o atravessar a porta giratória e sair para a luz do sol.

AGRADECIMENTOS

Este livro não existiria sem as seguintes pessoas:

Minha esposa, doutora Kerry Gordon, tolerou um marido mentalmente ausente por um ano, durante a redação deste livro, o que não é pouco. Obrigado por não me assassinar.

Emad Akhtar é um gênio. Esse editor pinçou *Zodíaco* de minha lista de ideias para histórias e disse: "É esta!". Depois, examinou o enredo comigo até chegar à forma final. Perdi a conta das vezes em que meu queixo caiu diante de suas sugestões. Sinceramente, este livro é tanto dele quanto meu.

Meu agente, Oliver Munson, fez o trabalho pesado. Esforçou-se incansavelmente para me promover e abriu portas de cuja existência eu nem suspeitava. Obrigado, Oli.

A editora de texto com olhos de águia, Lesley Levene, caçou as frases ruins e expressões canhestras, salvando-me de uma série de equívocos embaraçosos.

Minha amiga Sarah Lotz reservou um tempo para ler um rascunho horripilante do livro, devolvendo-me apenas críticas construtivas e observações positivas que eu não merecia.

A criativa Lauren Beukes aconselhou todo mundo a ler o livro bem antes que eu começasse a escrevê-lo. Seu apoio, incentivo, defesa e amizade constantes foram de imensa valia e, em geral, maravilhosos.

O pessoal incrível da Sunrise Productions, em particular Philip Cunningham, Brent Dawes e Matthew Brown, concedeu-me o tempo e a flexibilidade de que eu precisava para escrever o livro. Também me proporcionou o melhor ambiente de trabalho que alguém poderia desejar.

Sou muitíssimo grato aos primeiros leitores do livro, entre eles, Lauren, Sarah e Kerry (de novo), Danielle e Matthew Gair, além, sobretudo, de meus pais, Tony e Diana Wilson, que merecem um agradecimento todo especial.

Impresso por :

Graphium
gráfica e editora

Tel.:11 2769-9056